Patchwork
Japanische Blöcke

Susan Briscoe

Inhalt

Erstveröffentlichung 2007 durch A & C Black
Publishers, London/UK
www.acblack.com

Lektorat: Michelle Pickering
Lektorat künstlerische Gestaltung:
Natasha Montgomery
Gestaltung: Helen Crawford-White
Fotos: Karl Adamson, Paul Forrester
Illustrationen: Kuo Kang Chen
Art director Assistenz: Penny Cobb
Art director: Moira Clinch
Herausgeber: Paul Carlslake

Übersetzung: Sybille Heppner-Waldschütz,
Königs Wusterhausen
Lektorat: Joachim F. Baumhauer
Satz: Kerker + Baum, Hannover
Druck und Bindung:
SNP Leefung Holding Ltd., China

ISBN 978 -3-86630-925-8
Best.-Nr. 9328

Verlag Th. Schäfer im Vincentz Network
Plathnerstr. 4c
30175 Hannover

Fordern Sie ein kostenloses Gesamtverzeichnis an
und besuchen Sie uns im Internet
www.th-schaefer.de

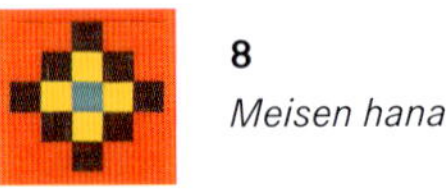

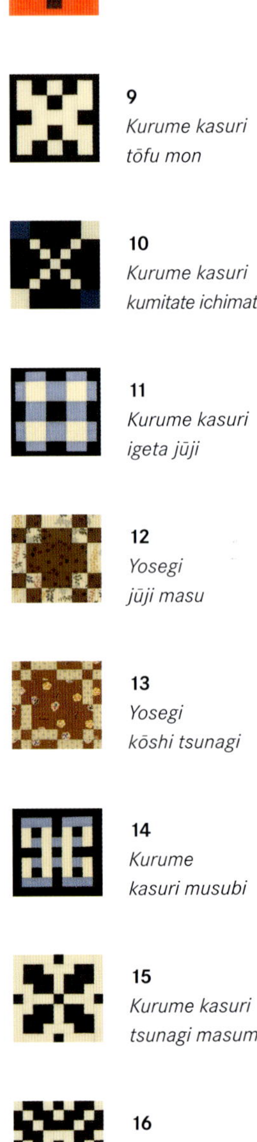

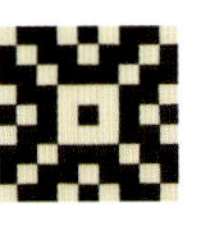

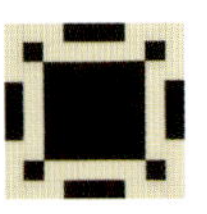

Sashikoblöcke

Patchwork
Japanische Blöcke

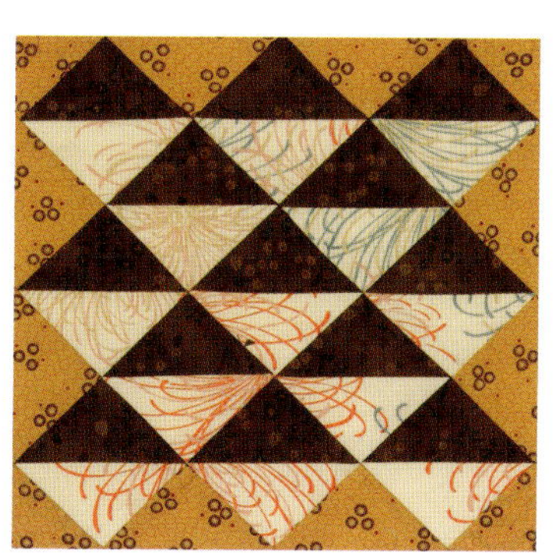

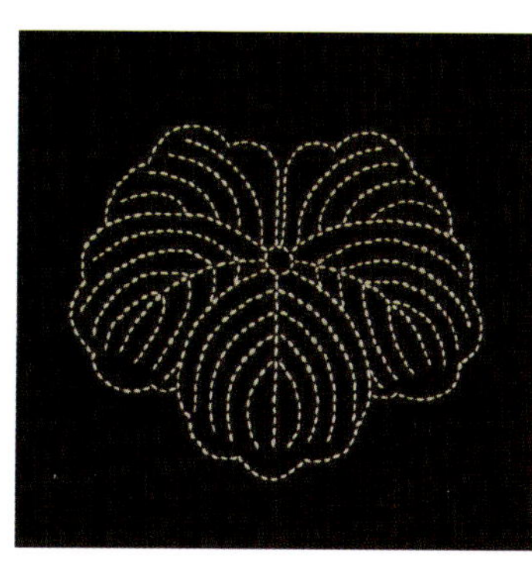

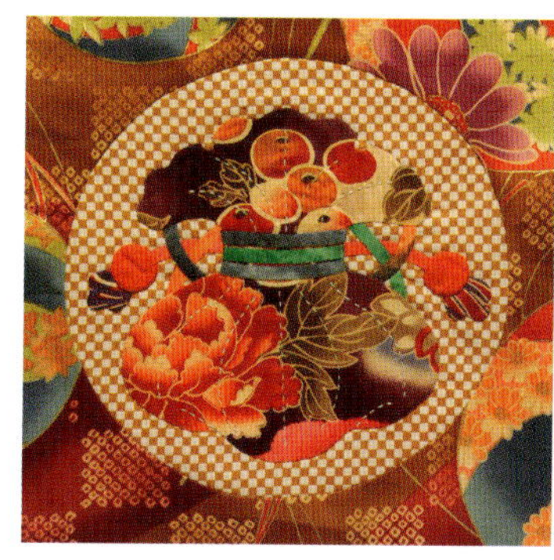

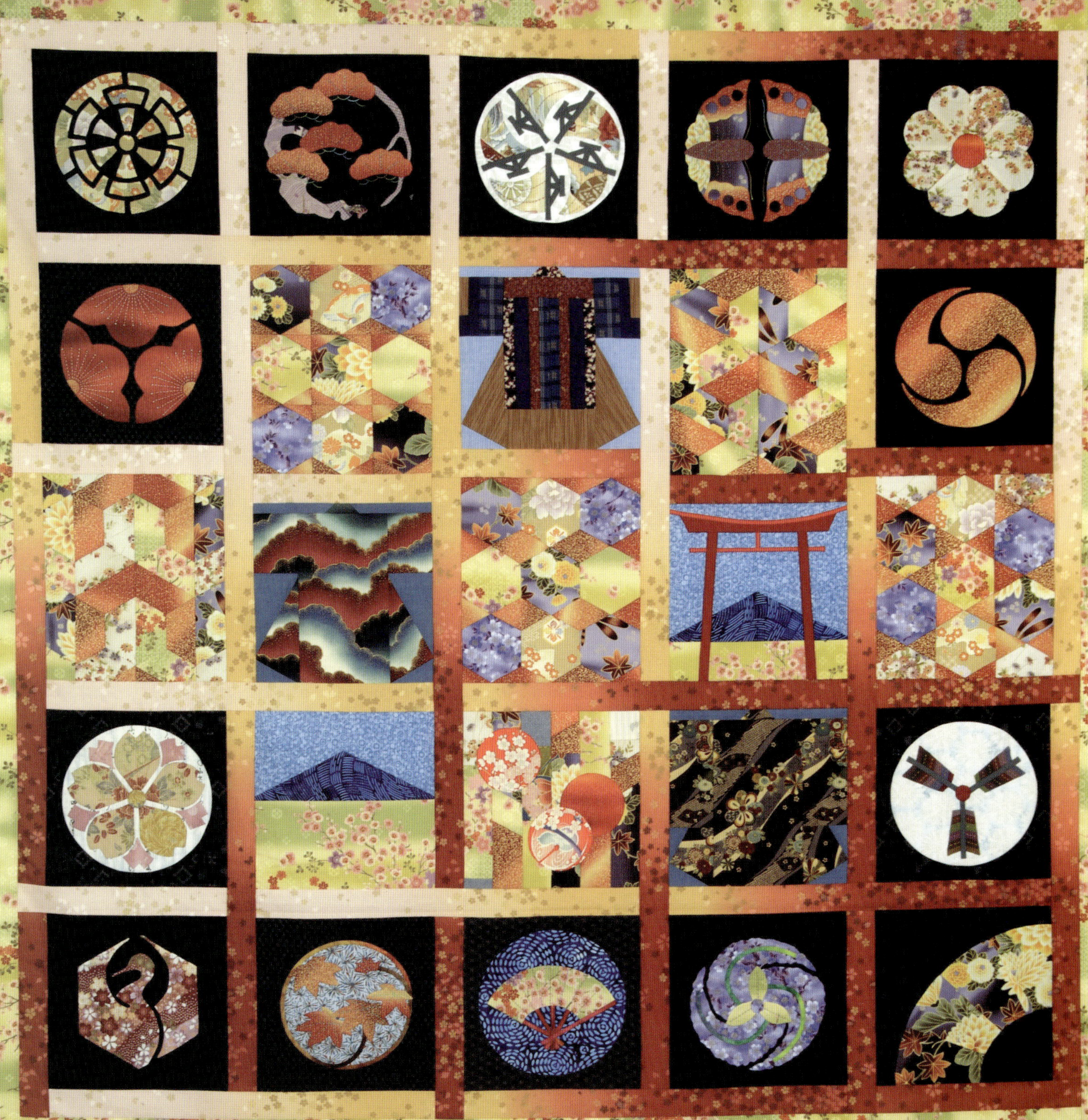

Kamon-Blöcke

Takarazukushi-Blöcke

Einleitung

Patchwork und Quilten sind in den letzten dreißig Jahren in Japan sehr populär geworden. Japanische Quilter ließen sich zuerst von westlichen Traditionen anregen, heute verbinden sie japanisches Design mit Patchwork und Quilten im westlichen Stil und kreieren so ganz einzigartige Quilts. Dieses Buch enthält eine Fülle von Blöcken, auf die Sie zurückgreifen können, wenn Sie selbst Projekte mit diesem ganz besonderen japanischen Flair nähen wollen.

Japanische Blockdesigns

„Japanische Patchwork-Blöcke" enthält über 125 Entwürfe für Blöcke, die alle auf verschiedene Quellen für traditionelle japanische Muster zurückgehen. Zu jedem Block finden Sie neben einer umfassenden Arbeitsanleitung und einem detaillierten Foto auch Symbole, an denen Sie auf einen Blick die verwendeten Arbeitstechniken und den Schwierigkeitsgrad ablesen können – es gibt sowohl Blöcke für Anfänger als auch solche für Fortgeschrittene. Alle Arbeitstechniken, vom Zuschneiden der ersten Teile bis zum Fertigstellen des Quilts, sind anhand von Fotos Schritt für Schritt erklärt, so daß sie gut nachvollziehbar sind.

Farben und Stoffe

Traditionelle japanische Stoffe und Kimonos lieferten die Anregungen für die Entwürfe und Farbstellungen der Blöcke, angefangen von den exotischen Motiven bis hin zu den ungewöhnlichen Farbtönen. Diese Stoffe schließen japanische Patchworkstoffe und solche mit fernöstlichen Mustern ebenso ein wie changierende Baumwollgewebe und einfarbige oder geometrisch gemusterte Materialien. Die japanischen Farbzusammenstellungen umfassen neben graustichigen Brauntönen auch Indigoblau mit Weiß sowie antike Farbtöne und Kimonofarben und reichen von ruhigen, Ton in Ton gehaltenen Kombinationen bis hin zu völlig ungewohnten, grell bunten Zusammenstellungen.

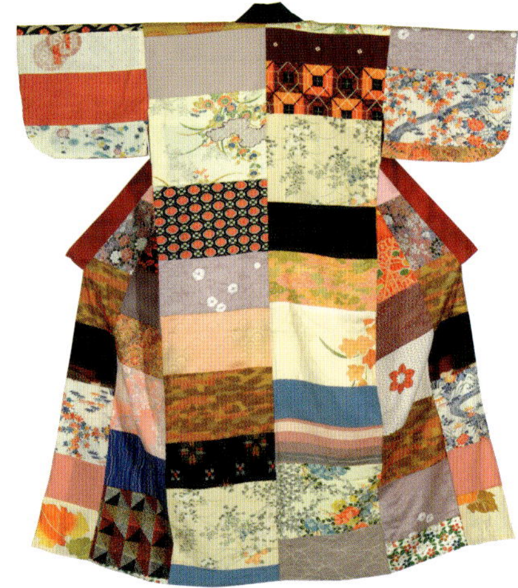

Links und unten

Dieser frei gepatchte *juban* (Unterkimono) in leuchtenden Farben aus den 1970er Jahren lieferte die Anregung für Block 82.

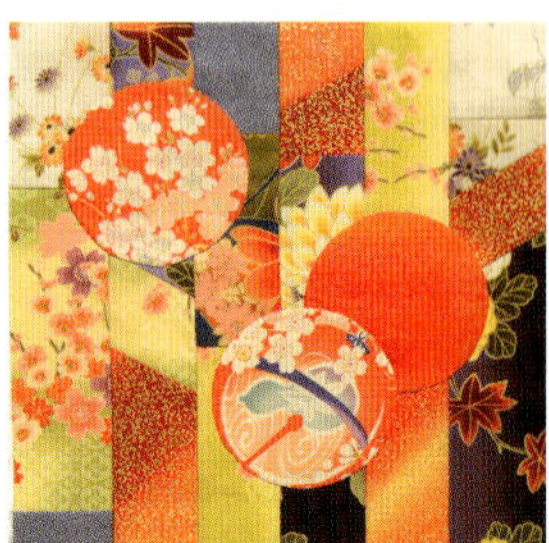

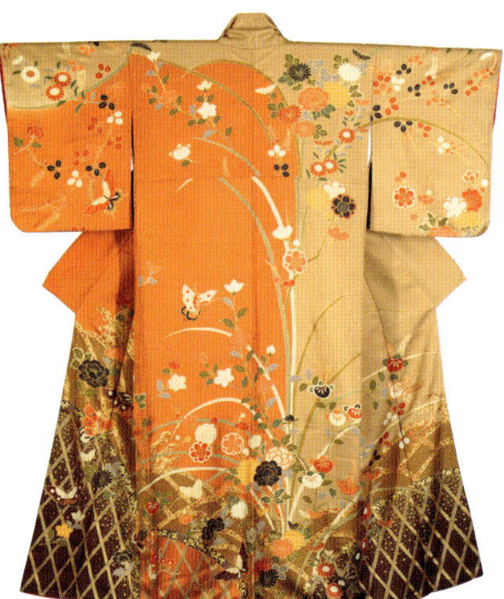

Links und unten

Zeitgenössische Kimonos sind oft in denselben Farbkombinationen gehalten wie antike Stücke, wie dieser *hōmongi* (halbformelle Kimono) und der ihm nachempfundene Block 64 zeigen.

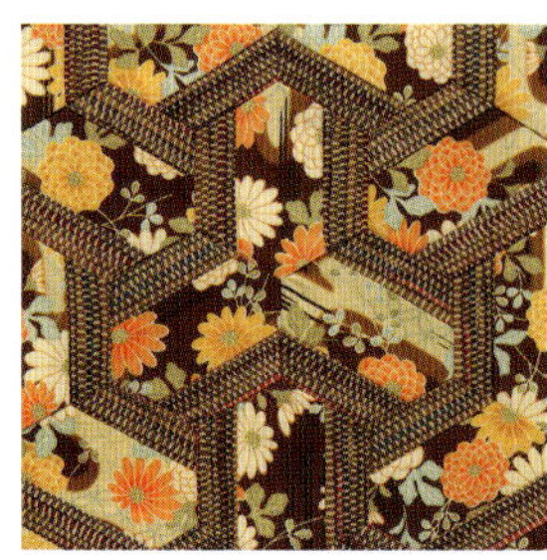

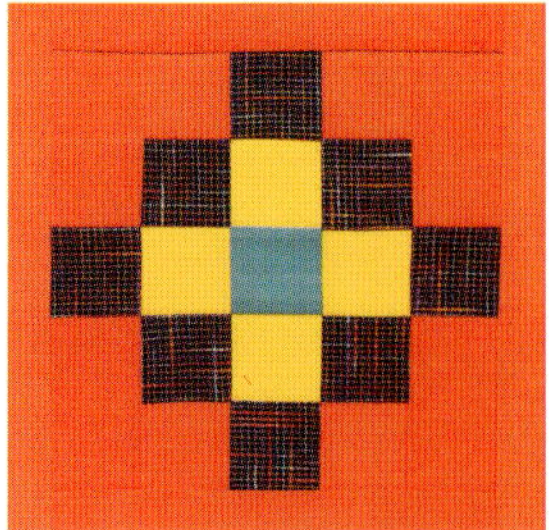

Links und unten

Das farbenfrohe Ikatmuster dieses seidenen *meisen*-Kimonos wurde in Block 8 in Patchwork umgesetzt. Solche Kimonos trug man in Japan in den 1930er Jahren gern zu Hause.

Blöcke miteinander kombinieren

Alle Blöcke lassen sich beliebig miteinander kombinieren und zu Samplerquilts zusammenstellen, und viele von ihnen eignen sich für tessellierende, also ineinandergreifende Flächenmuster. In der Blocksammlung finden Sie immer wieder Vorschläge für interessante Blockkombinationen, und die Galerie präsentiert Ihnen eine Auswahl an Samplerquilts, Kissen und Taschen. Sicher werden diese Beispiele Sie zu eigenen Quiltentwürfen anregen! Das Buch vermittelt Ihnen die nötigen Kenntnisse, mit denen Sie Ihre eigenen einzigartigen Quilts im japanischen Stil entwerfen und nähen können.

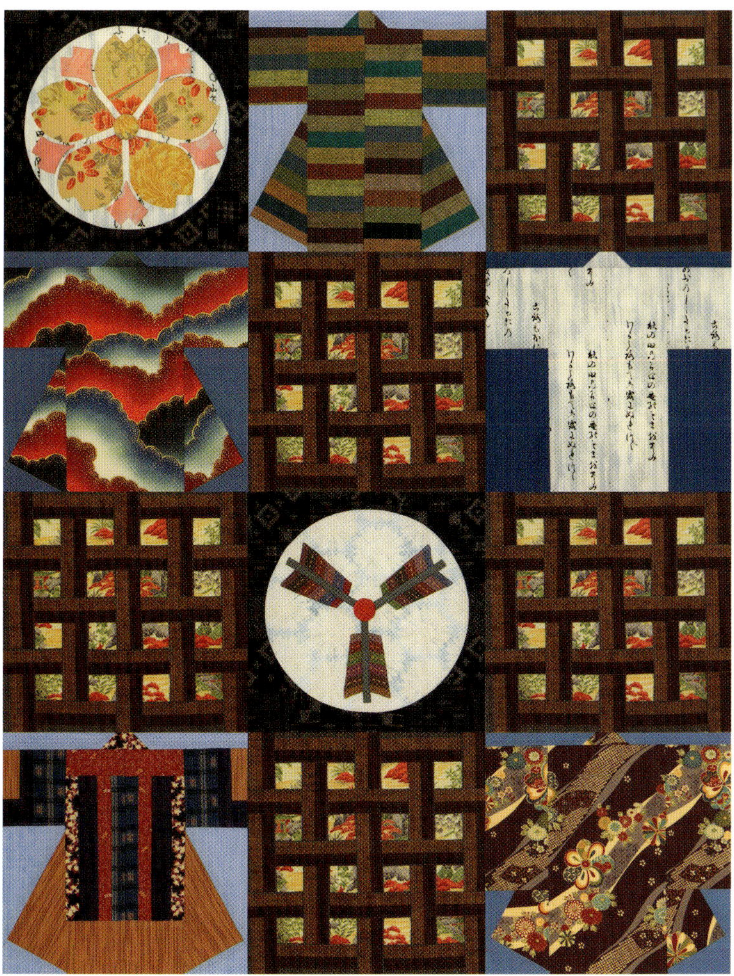

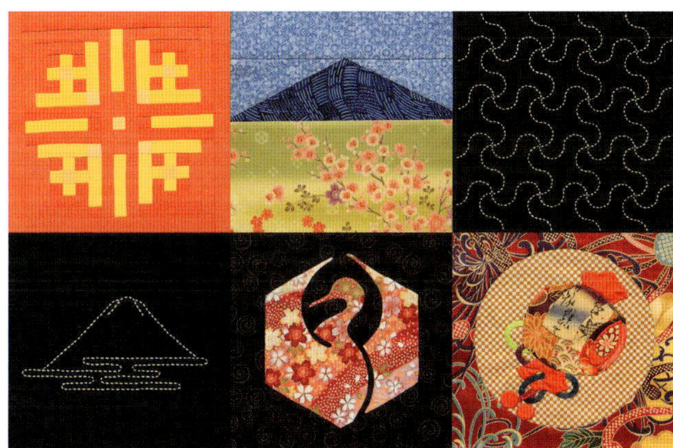

Verschiedene Arten von Blöcken

Patchworkblöcke
Dazu gehören geometrische Muster (links oben) ebenso wie bildhafte Darstellungen (Mitte oben).

Sashikoblöcke
Sashiko (rechts oben) heißt so viel wie „kleiner Einstich". Die Technik wurde traditionell für Arbeitskleidung und Haushaltstextilien verwendet, um sie wärmer, fester und haltbarer zu machen. Sashikoarbeiten für den Alltag waren schlicht, aber solche für besondere Gelegenheiten zeichneten sich durch komplizierte Muster aus. Alte Sashikotextilien sind fast immer in Blau und Weiß gehalten, doch heute verwendet man für Sashiko auch andere Farben.

***Kamon*-Blöcke**
Kamon sind traditionelle Familienwappen, die sowohl in Sashikotechnik (links unten) als auch als Applikation (Mitte unten) ausgeführt werden können.

***Takarazukushi*-Blöcke**
Diese Bestandteile einer Schatzsammlung und Glückssymbole werden appliziert (rechts unten).

Links
Stellen Sie die Blöcke aus der Blocksammlung ganz nach Belieben zu wunderschönen Quilts, Wandbehängen und Überwürfen zusammen.

So benutzen Sie dieses Buch

Am Anfang dieses Buches finden Sie ein illustriertes Verzeichnis mit Fotos aller Blöcke. Sehen Sie es durch, wählen Sie ein paar Blöcke aus, die Ihnen gefallen, und benutzen Sie diese als Ausgangspunkt für Ihren Quilt.

Blockgröße

Die endgültige Breite (also die Breite ohne Nahtzugaben) jedes in diesem Buch vorgestellten Blocks beträgt 18 cm, die Breite einschließlich der Nahtzugaben jeweils 19,5 cm; alle Nahtzugaben messen 0,75 cm. Die Länge der meisten Blöcke beträgt einschließlich der Nahtzugaben ebenfalls 19,5 cm, das heißt, sie sind quadratisch. Die Patchworkblöcke mit Sechsecken, Rauten und gleichseitigen Dreiecken sind jedoch inklusive der Nahtzugaben 22,5 cm lang, was durch die 60°-Winkel der einzelnen Elemente bedingt ist und es ermöglicht, die Blöcke für tessellierende Muster zu verwenden. Solche Blöcke können Sie bei Bedarf auf ein Quadrat von 19,5 cm Kantenlänge kürzen; alternativ lassen sich Blöcke auch mit Hilfe von Rand- und Zwischenstreifen auf dieselbe Größe bringen.

Blöcke miteinander kombinieren

Das Buch beginnt mit einer Galerie von Quilts, Wandbehängen, Kissenbezügen und Taschen, die ausnahmslos aus Blöcken in der Blocksammlung zusammengesetzt sind. Diese Arbeiten sind als Anregung dafür gedacht mit ganz verschiedenen Blockkombinationen sowie mit unterschiedlichen Stoffen und Farbzusammenstellungen zu experimentieren. Weitere Vorschläge, wie Sie die Blöcke miteinander kombinieren können, finden Sie immer wieder in der Blocksammlung.

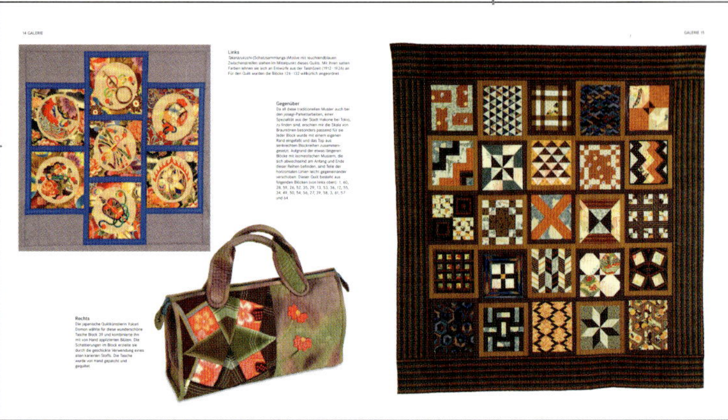

Quiltentwürfe

Jedes Beispiel aus der Galerie und jeder Vorschlag für eine Blockkombination ist mit einer Liste aller verwendeten Blöcke versehen.

Arbeitstechniken

Dieser Abschnitt enthält detaillierte Angaben zu der benötigten Ausstattung und den verwendeten Arbeitstechniken. Er zeigt anhand von Fotos Schritt für Schritt, wie Sie die verschiedenen Arten von Blöcken arbeiten müssen – gepatchte, applizierte und mit Sashiko genähte. Zuletzt kommt eine Anleitung für die Fertigstellung des Quilts, vom Zusammennähen der einzelnen Blöcke für das Top bis hin zu den wichtigsten Informationen zum Quilten und Einfassen des Randes.

Andere Projekte

Da Sie die Blöcke ebensogut für andere Projekte verwenden können wie für Quilts, enthält die Galerie auch Anregungen für Wandbehänge, Kissenhüllen und Taschen.

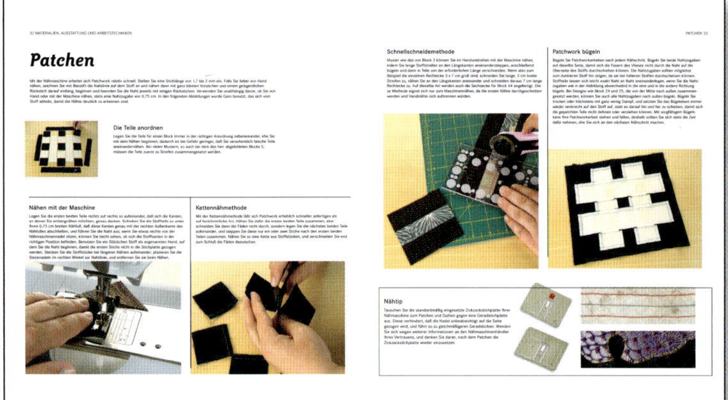

Schrittweise Anleitungen

Alle für die Blöcke benötigten Arbeitstechniken sind Schritt für Schritt erklärt.

Blocksammlung

Die Blocksammlung enthält mit dem Foto des Blocks, den Angaben zur Stoffauswahl und zum Zuschnitt, dem Nähschema oder der Mustervorlage sowie leicht verständlichen Symbolen sämtliche Informationen für Zuschnitt und Anfertigung jedes einzelnen Blocks. Bedenken Sie bitte, daß die Maßangaben im Zuschnittplan die Nahtzugaben von 0,75 cm bereits beinhalten.

Bedeutung der Symbole

Zu jedem Block finden Sie Symbole, die den Schwierigkeitsgrad, die Technik und die Eignung des Blocks für tessellierende Muster anzeigen.

Schwierigkeitsgrad

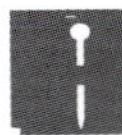

Leicht

Mittel

Schwieriger

Technik

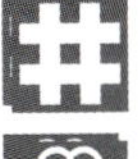

Patchwork

Applikation

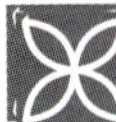

Sashiko

Tessellation

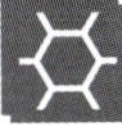

mehrere Blöcke ergeben ein tessellierendes Muster

Nähschemas für Patchwork

Die Nähschemas für die gepatchten Blöcke zeigen, in welcher Reihenfolge Sie die Teile aneinandernähen müssen.

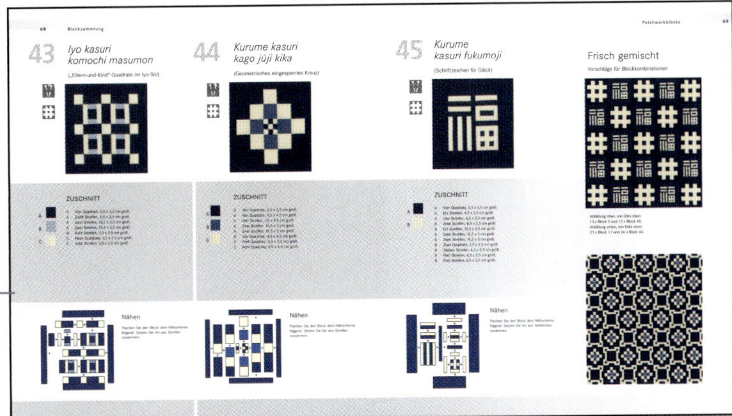

Frisch gemischt

In der Blocksammlung finden Sie immer wieder Vorschläge für verschiedene Möglichkeiten, wie Sie die Blöcke miteinander kombinieren können. Manchmal sind die Blöcke spiegelbildlich angeordnet oder um 90° gedreht, um eine andere Wirkung zu erzielen. Die vorgestellten Beispiele zeigen Quilts, die ohne Zwischen- oder Randstreifen auskommen, und enthalten auch tessellierende Muster.

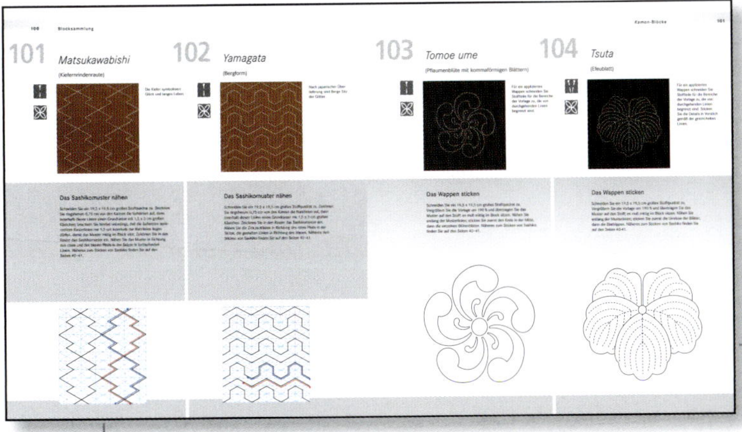

Kamon- und *takarazukushi*-Vorlagen

Alle Vorlagen für *kamon*- und *takarazukushi*-Motive sind verkleinert abgebildet. Vergrößern Sie diese für Ihren Block zunächst mit einem Fotokopiergerät um den angegebenen Faktor. Bitte beachten Sie, daß Sie die Vorlage auf ein separates Blatt Papier kopieren müssen, damit Sie das Muster zum Nachnähen in Sashiko oder als Legehilfe zum Applizieren auf den Hintergrundstoff übertragen können. Bei applizierten Blöcken schneiden Sie nach dem Anzeichnen die Schablonen für die einzelnen Applikationsteile aus.

Raster mit Sashikomustern

Wie in der Anleitung angegeben sind bei den Rastern mit Sashikomustern die Rasterlinien selbst blau eingezeichnet, die Nahtlinien dagegen als durchgehende schwarze Linien. Wo sich Raster- und Nahtlinien decken, erscheinen sie ebenfalls als schwarze durchgehende Linien. Die farbigen Pfeile beziehen sich auf die Nähfolge und die Arbeitsrichtung.

Galerie

Die fertiggestellten Arbeiten in diesem Kapitel bestehen alle aus Blöcken aus dem vorliegenden Buch. Sie können Sie kopieren oder sich von ihnen zu eigenen Entwürfen anregen lassen. Viel Spaß beim Experimentieren!

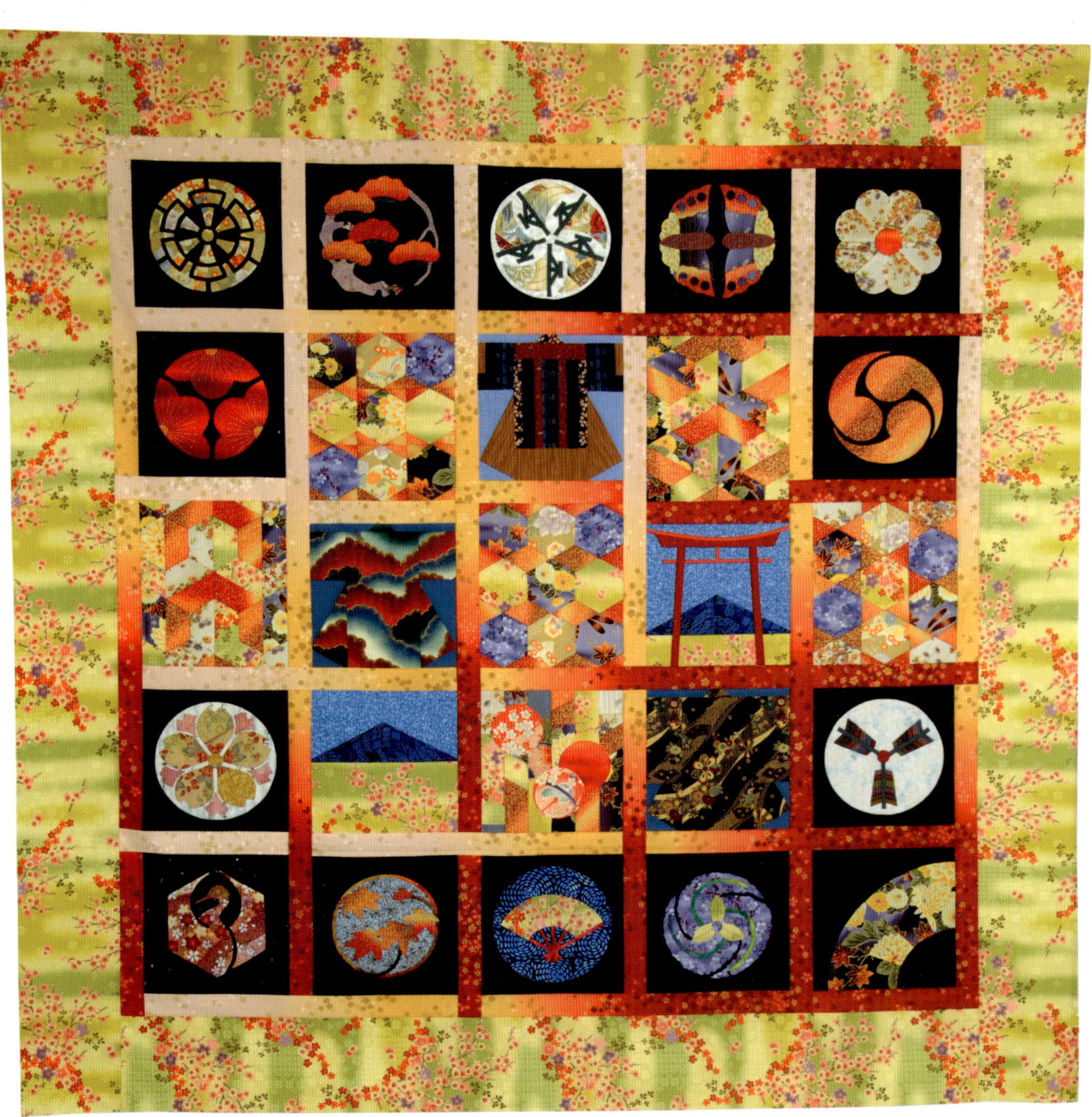

Links

Dieser Samplerquilt verbindet gepatchte Blöcke und applizierte *kamon* (Familienwappen) in leuchtenden Farben miteinander. Durch den schattierten Stoff wirken die Zwischenstreifen wie miteinander verflochten. Folgende Blöcke wurden für diese Arbeit verwendet (von links oben): 118, 124, 115, 125, 79, 120, 63, 73, 66, 119, 67, 71, 65, 75, 62, 114, 74, 82, 72, 116, 121, 124, 117, 122 und 78.

Gegenüber

Block 38, in verschiedenen Stoffen genäht, auch in gestreiften, ergibt einen wunderbar abwechslungsreichen Quilt, der durch die gegeneinander versetzten senkrechten Blockreihen noch lebendiger wirkt. Die dezenten Blau- und Brauntöne erinnern an antike ländliche japanische Textilien.

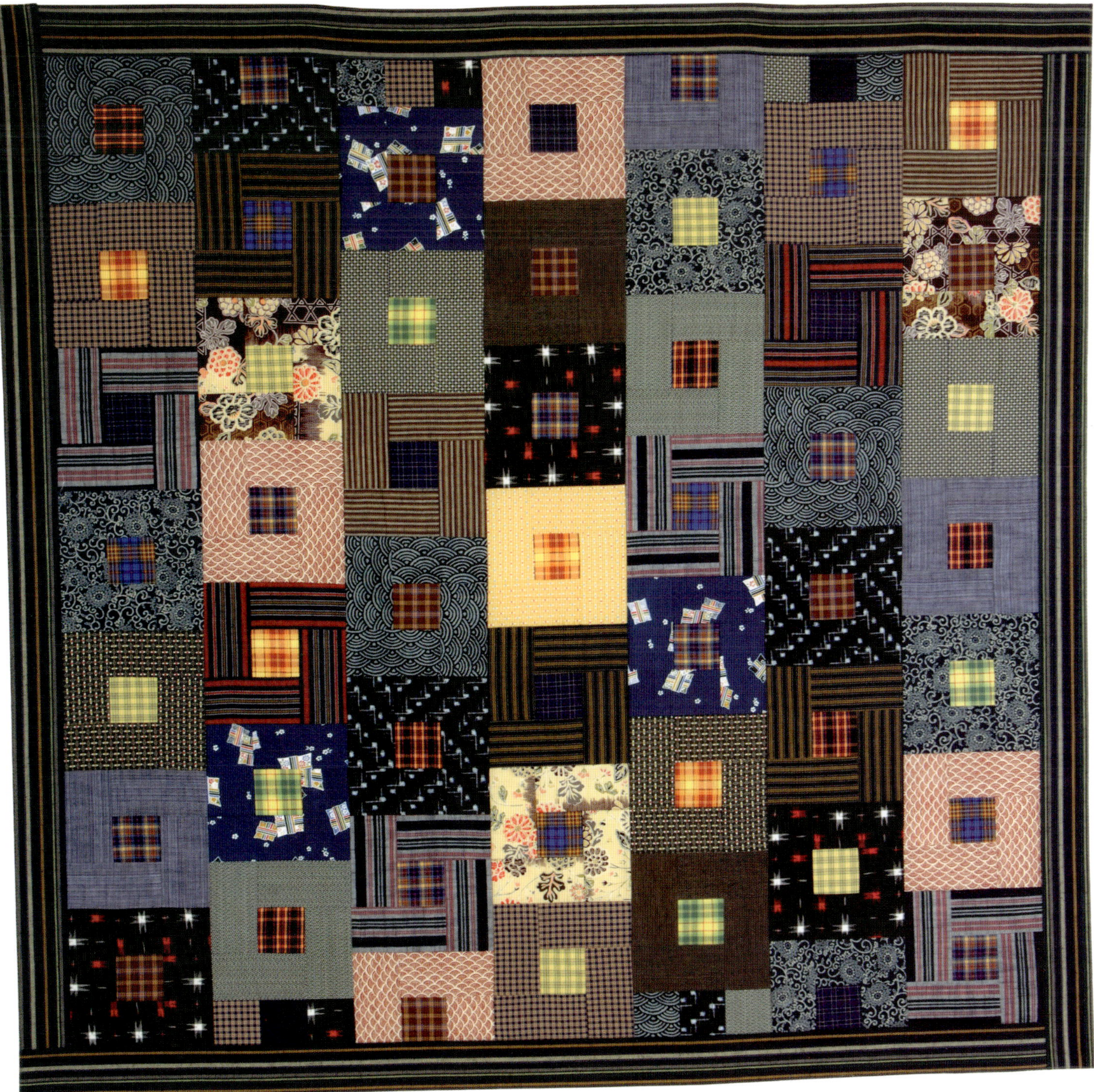

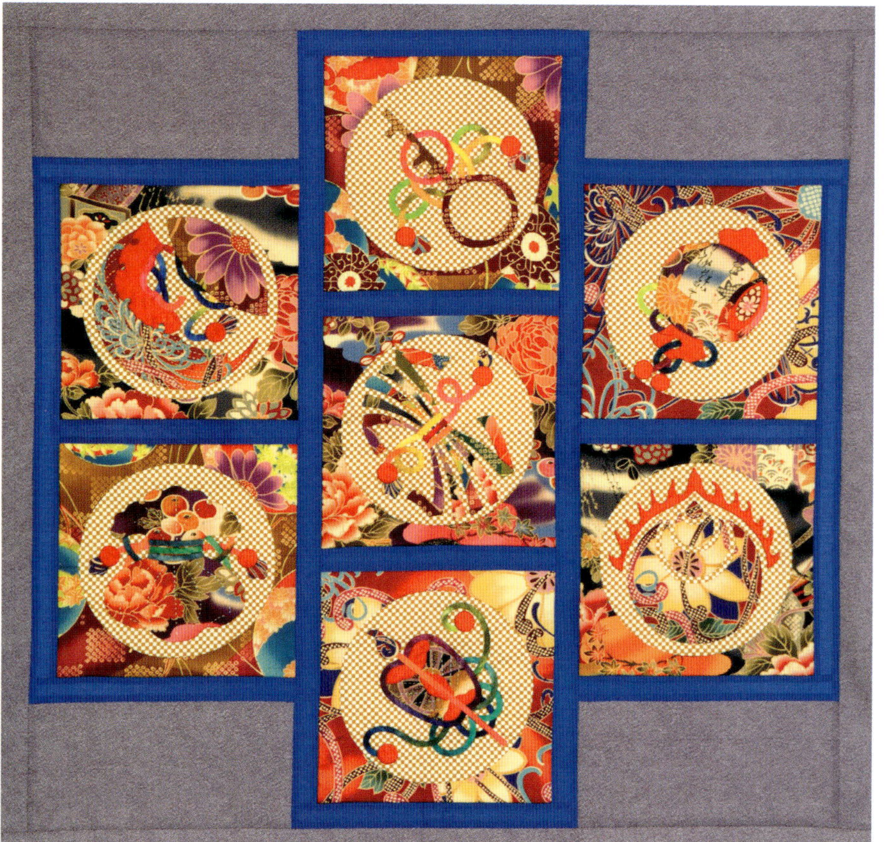

Links

Takarazukushi-(Schatzsammlungs-)Motive mit leuchtendblauen Zwischenstreifen stehen im Mittelpunkt dieses Quilts. Mit ihren satten Farben lehnen sie sich an Entwürfe aus der Taishōzeit (1912–1926) an. Für den Quilt wurden die Blöcke 126–132 willkürlich angeordnet.

Gegenüber

Da all diese traditionellen Muster auch bei den *yosegi*-Parkettarbeiten, einer Spezialität aus der Stadt Hakone bei Tokio, zu finden sind, erschien mir die Skala von Brauntönen besonders passend für sie. Jeder Block wurde mit einem eigenen Rand eingefaßt und das Top aus senkrechten Blockreihen zusammengesetzt. Aufgrund der etwas längeren Blöcke mit isometrischen Mustern, die sich abwechselnd am Anfang und Ende dieser Reihen befinden, sind Teile der horizontalen Linien leicht gegeneinander verschoben. Dieser Quilt besteht aus folgenden Blöcken (von links oben): 1, 60, 28, 59, 26, 52, 35, 29, 13, 53, 36, 12, 55, 34, 49, 50, 54, 56, 27, 39, 58, 3, 61, 57 und 64.

Rechts

Die japanische Quiltkünstlerin Yukari Domon wählte für diese wunderschöne Tasche Block 39 und kombinierte ihn mit von Hand applizierten Blüten. Die Schattierungen im Block erzielte sie durch die geschickte Verwendung eines alten karierten Stoffs. Die Tasche wurde von Hand gepatcht und gequiltet.

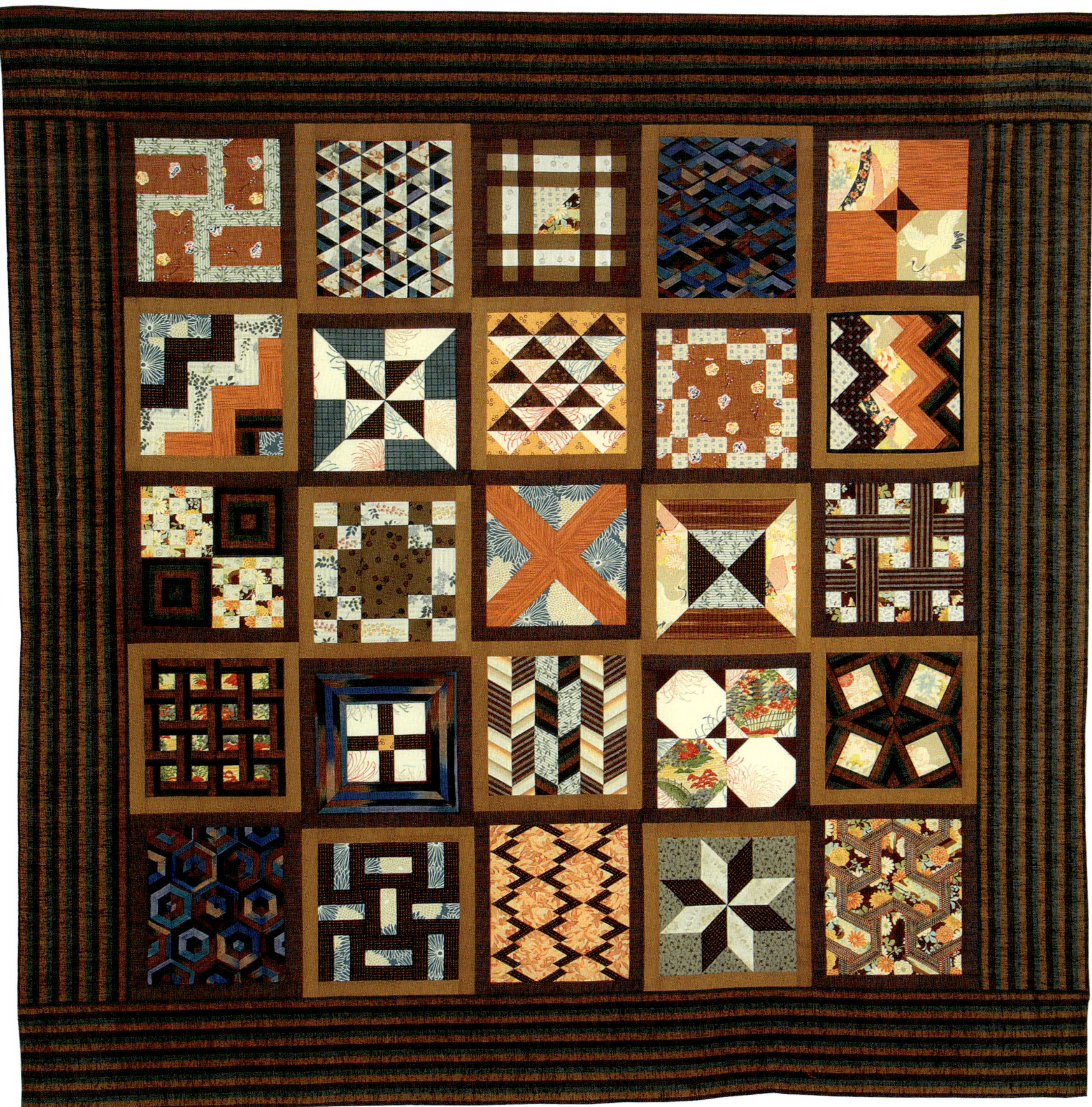

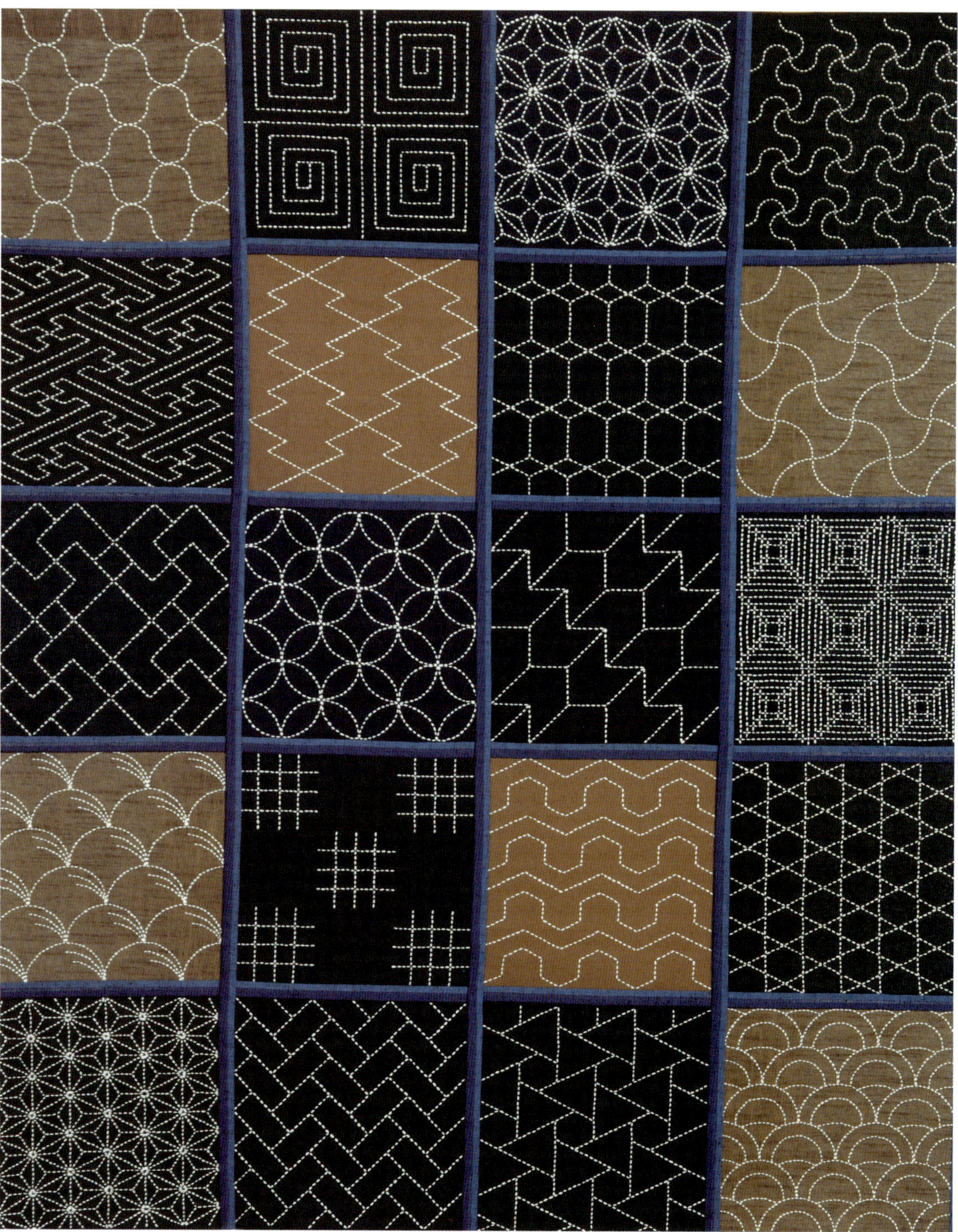

Links

Diese geometrischen Sashikoblöcke auf blauem, schwarzem und braunem Baumwollstoff beeindrucken durch die Vielfalt der Muster. Die einfachen Zwischenstreifen aus gestreiftem Stoff wirken wie dreidimensionale Rahmen und bringen die weißen Stiche optimal zur Geltung. Der Quilt besteht aus folgenden Blöcken (von links oben): 92, 85, 96, 91, 98, 101, 99, 84, 94, 83, 93, 86, 90, 87, 102, 88, 97, 95, 100 und 89.

Gegenüber, links unten

Für diese Kissenplatte nähte Julie-Elizabeth Haslam Block 62 mit der traditionellen englischen Papiermethode und erweiterte ihn zu einem tessellierenden Muster. Die Farbkombination aus Gold, Rosa und Schwarz geht auf alte Kimonos zurück.

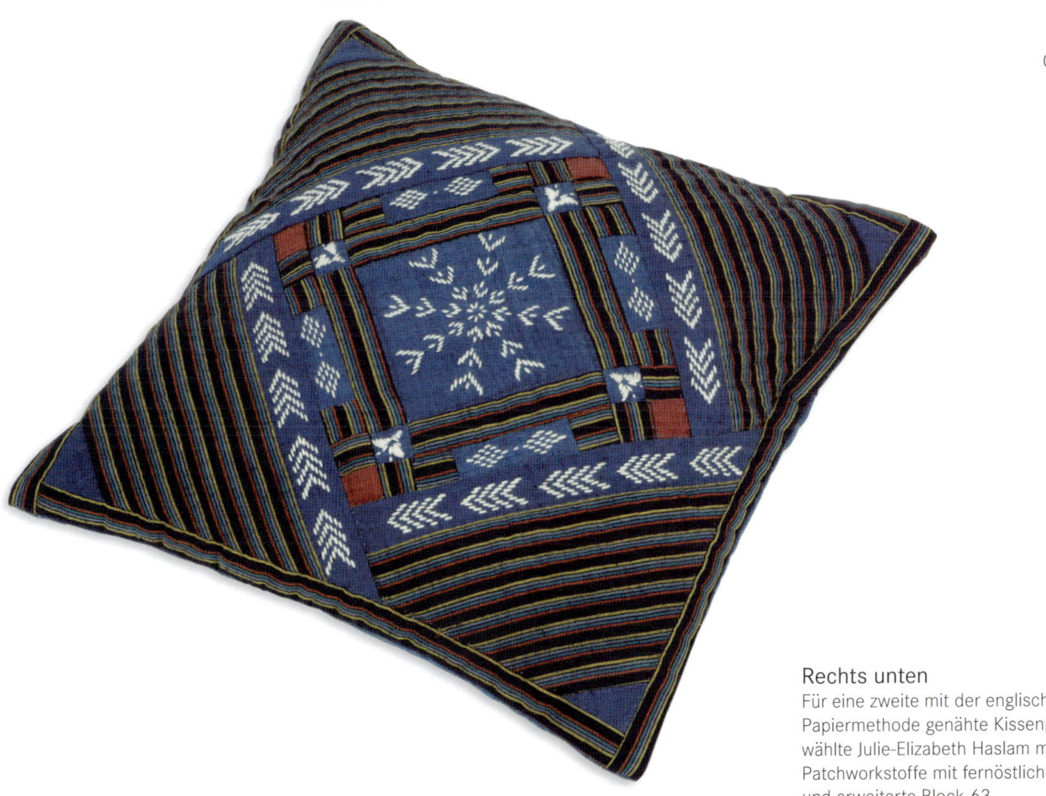

Rechts

Die japanische Sashiko-Expertin Chie Ikeda nähte diesen Kissenbezug, für den sie die Blöcke 17 und 39 abgewandelt hat, aus alten gestreiften und aus indigogefärbten Baumwollstoffen. Die Ecken von Block 17 setzte sie aus Quadraten zusammen, damit sie Stoffreste verwerten konnte, der fertige Block bildet das Mittelteil eines vergrößerten Viertels von Block 39. Die einfarbigen indigoblauen Stoffteile sind mit typischen Sashikomustern aus der nordjapanischen Region Shōnai verziert.

Rechts unten

Für eine zweite mit der englischen Papiermethode genähte Kissenplatte wählte Julie-Elizabeth Haslam moderne Patchworkstoffe mit fernöstlichen Mustern und erweiterte Block 63.

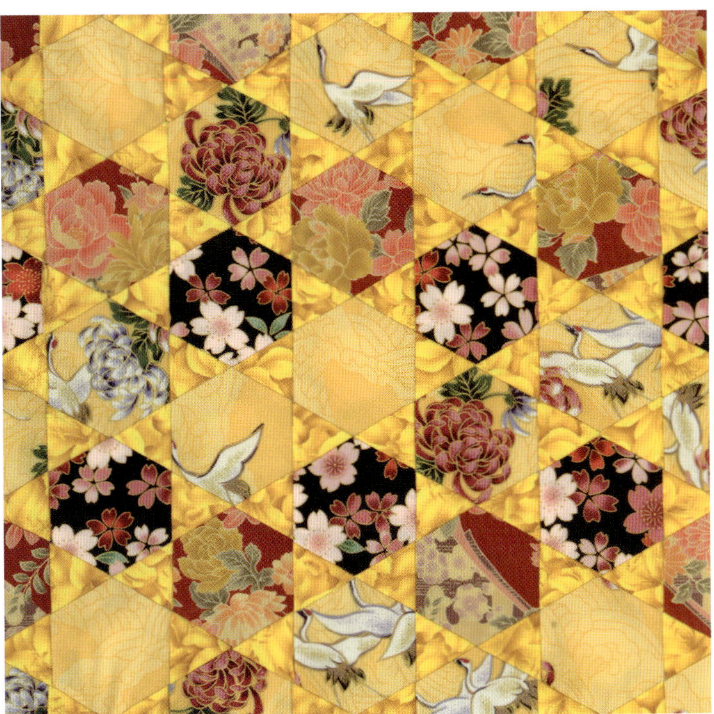

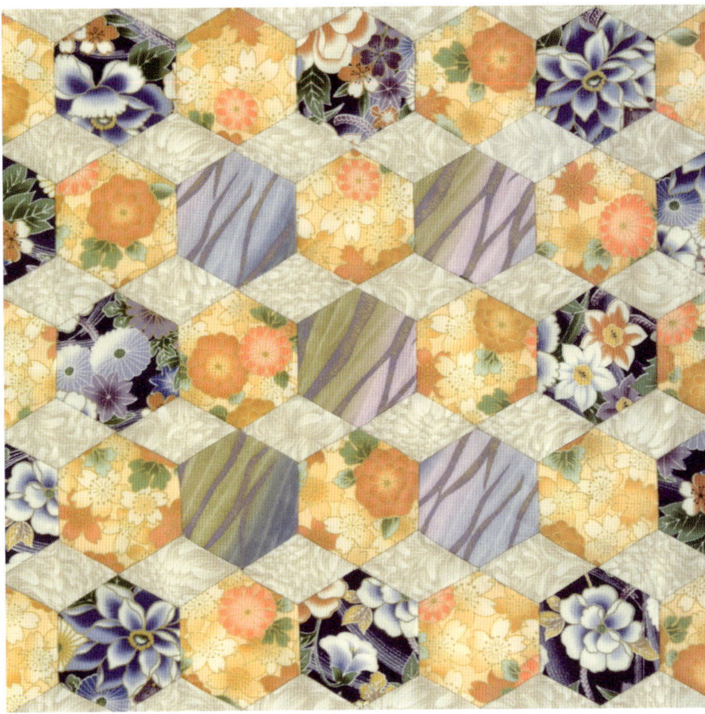

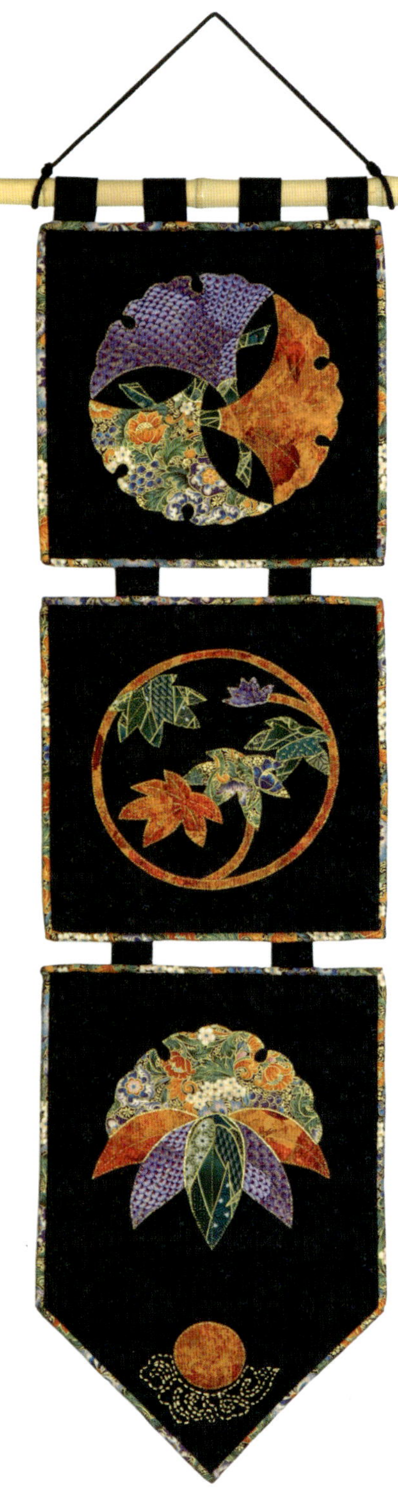

Links

Herbstfarben regten Diane Abrams zu ihrem Banner mit aufgenähten *kamon* (Familienwappen) an, die sie aus mit fernöstlichen Mustern bedruckten Patchworkstoffen mit Metallicgarn mit der Maschine applizierte. Die goldfarbenen Ränder erinnern an kostbare maschinengenähte *kinkoma*-Stickerei, wie man sie von exklusiven japanischen Hochzeitskimonos kennt, und die Blöcke sind mit exquisiten Quiltmustern versehen, für die die Künstlerin schon Preise gewonnen hat. Bei den verwendeten Blöcken (von oben) handelt es sich um die Designs 106, 123 und 108, die Spitze des Banners ziert das Wappen von Block 111.

Unten

Die japanische Quilterin Aiko Sakuraba verarbeitete für diese raffinierte handgenähte und handgequiltete Tasche alte Kimonostoffe. Der Überschlag besteht aus Block 49.

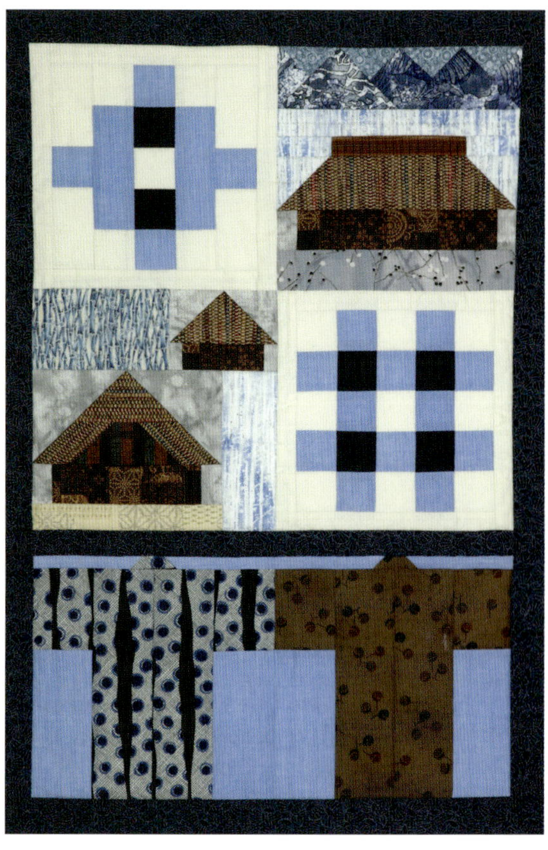

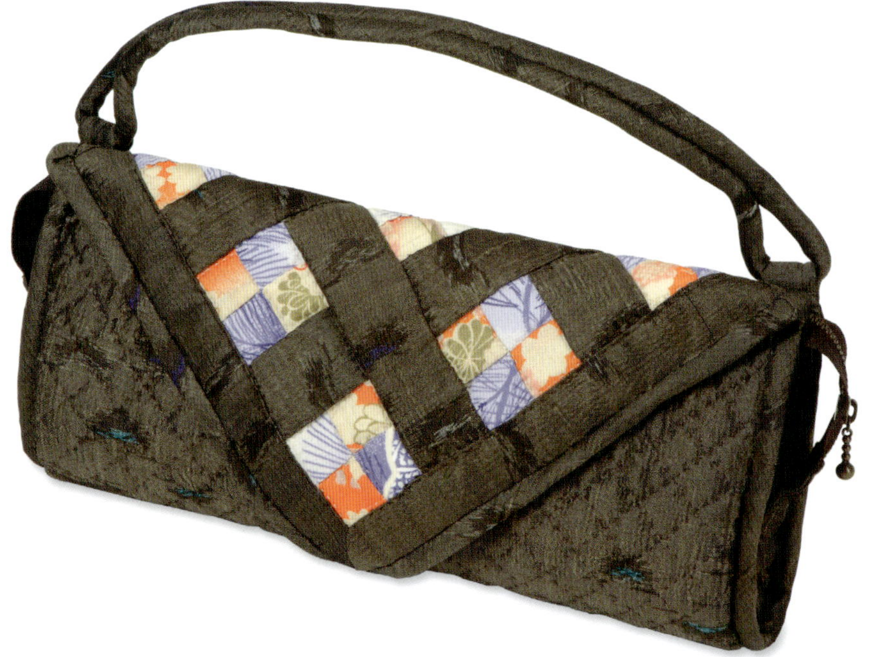

Gegenüber

Diese schneereiche Szene kombiniert geometrische und bildhafte gepatchte Blöcke miteinander. Der Kimonoblock am unteren Rand wurde wegen des optischen Gleichgewichts einmal in blau- und einmal in braungemustertem Stoff genäht. Der Quilt zeigt folgende Blöcke (von links oben): 7, 76, 77, 6 und zwei Versionen von Block 68.

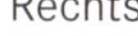

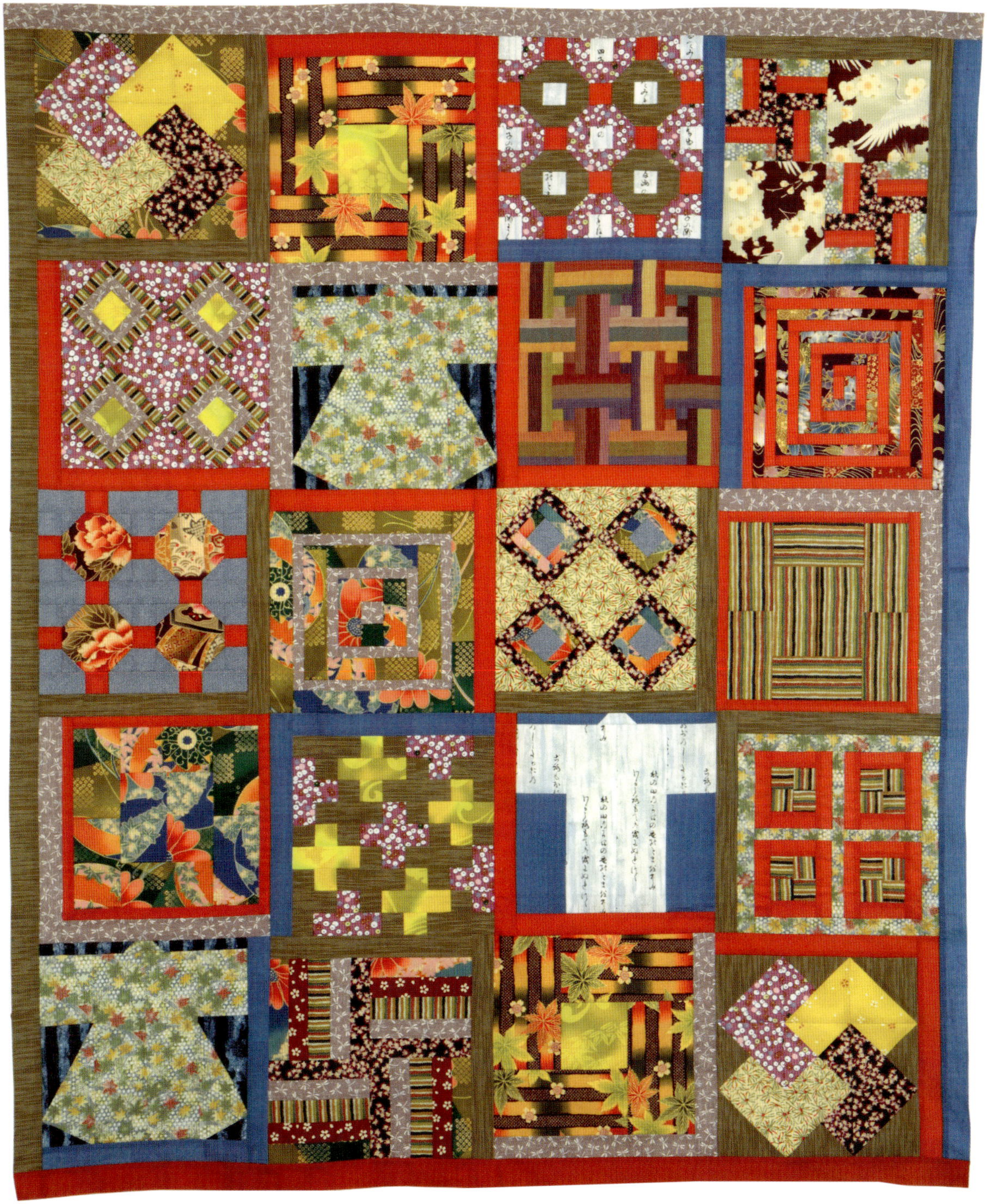

Rechts

Die kräftigen, geschmackvollen Farben dieses Quilts waren in der Taishōzeit (1912-1926) hochmodern. Die Zwischenstreifen auf zwei Seiten jedes Blocks und die mehrfarbigen Ränder betonen den lebhaften Charakter der Arbeit. Diese besteht aus folgenden Blöcken (von links oben): 33, 38, 32, 4, 48, 69, 51, 25, 31, 24, 47, zwei Versionen von Block 37, 30, 68, 22, 69, 2, 38 und 33.

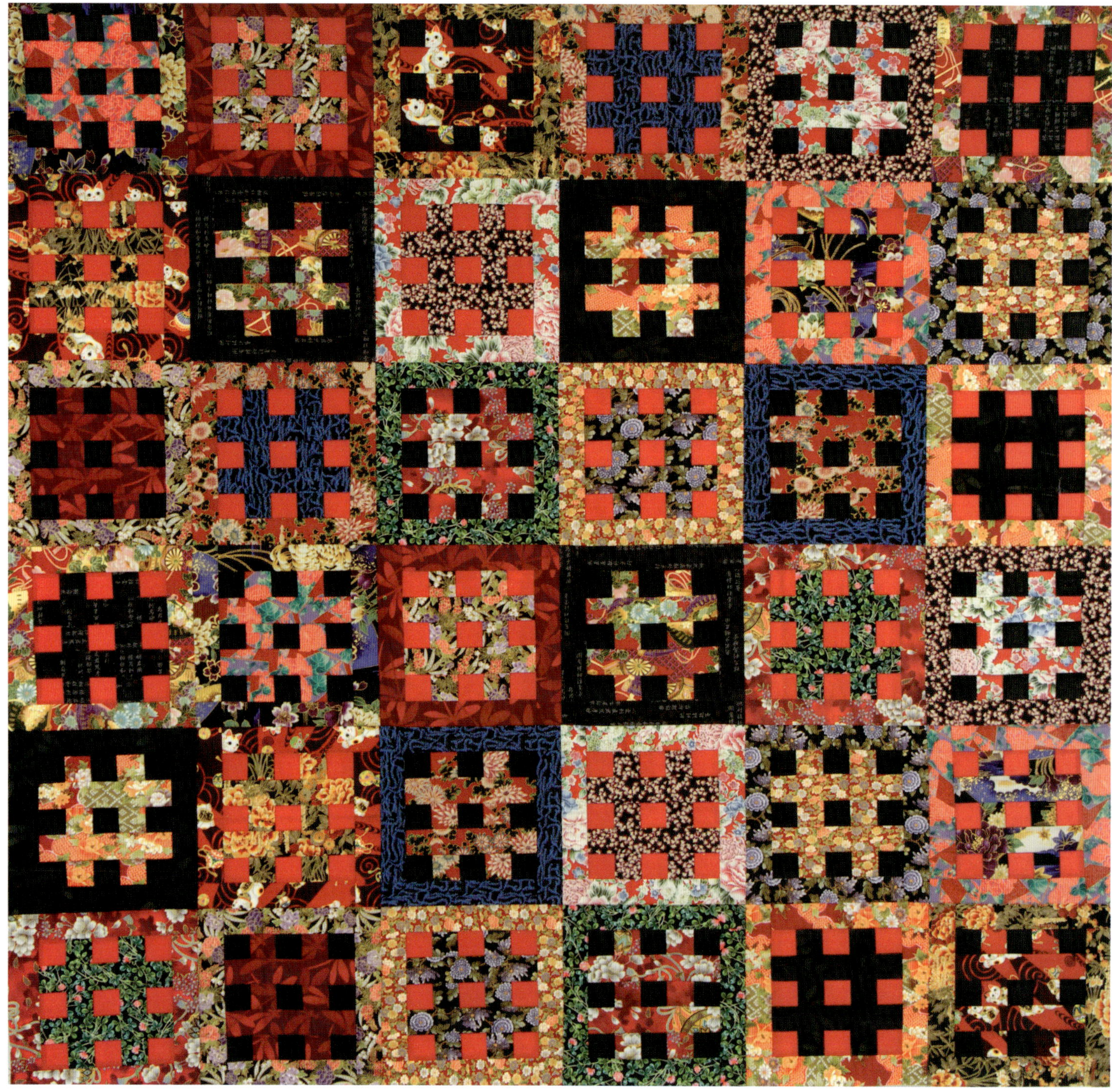

Gegenüber

Verschiedene Ausführungen von Block 5, in unterschiedlichen Stoffen genäht und abwechselnd mit schwarz- und rotgemustertem Hintergrund versehen, dazu jeweils mit einer breiten Umrandung eingefaßt, ergeben einen prächtigen, farbenfrohen Quilt.

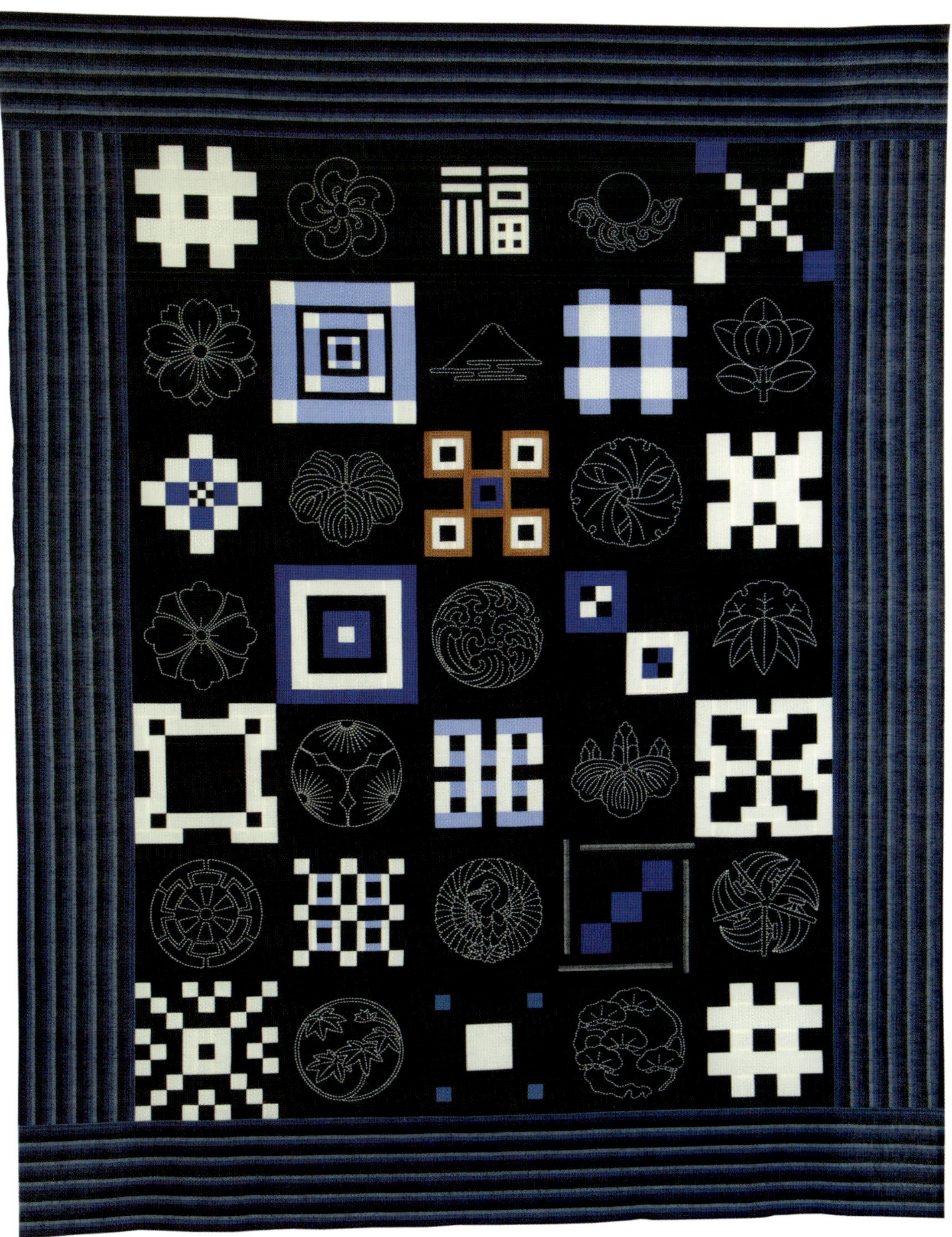

Rechts

Dieser Samplerquilt, bei dem sich in Patchwork umgesetzte *kasuri*-(Ikat-) Muster mit *kamon* (Familienwappen) in Sashikotechnik abwechseln, greift die schachbrettartige Anordnung der Muster von alten *kasuri*-Futonbezügen auf. Der Quilt, der ohne Zwischenstreifen auskommt, besteht aus folgenden Blöcken (von links oben): 5, 103, 45, 111, 10, 114, 19, 105, 11, 112, 44, 104, 42, 106, 9, 109, 23, 107, 20, 108, 17, 120, 14, 110, 15, 118, 43, 113, 40, 115, 16, 123, 18, 124 und 5.

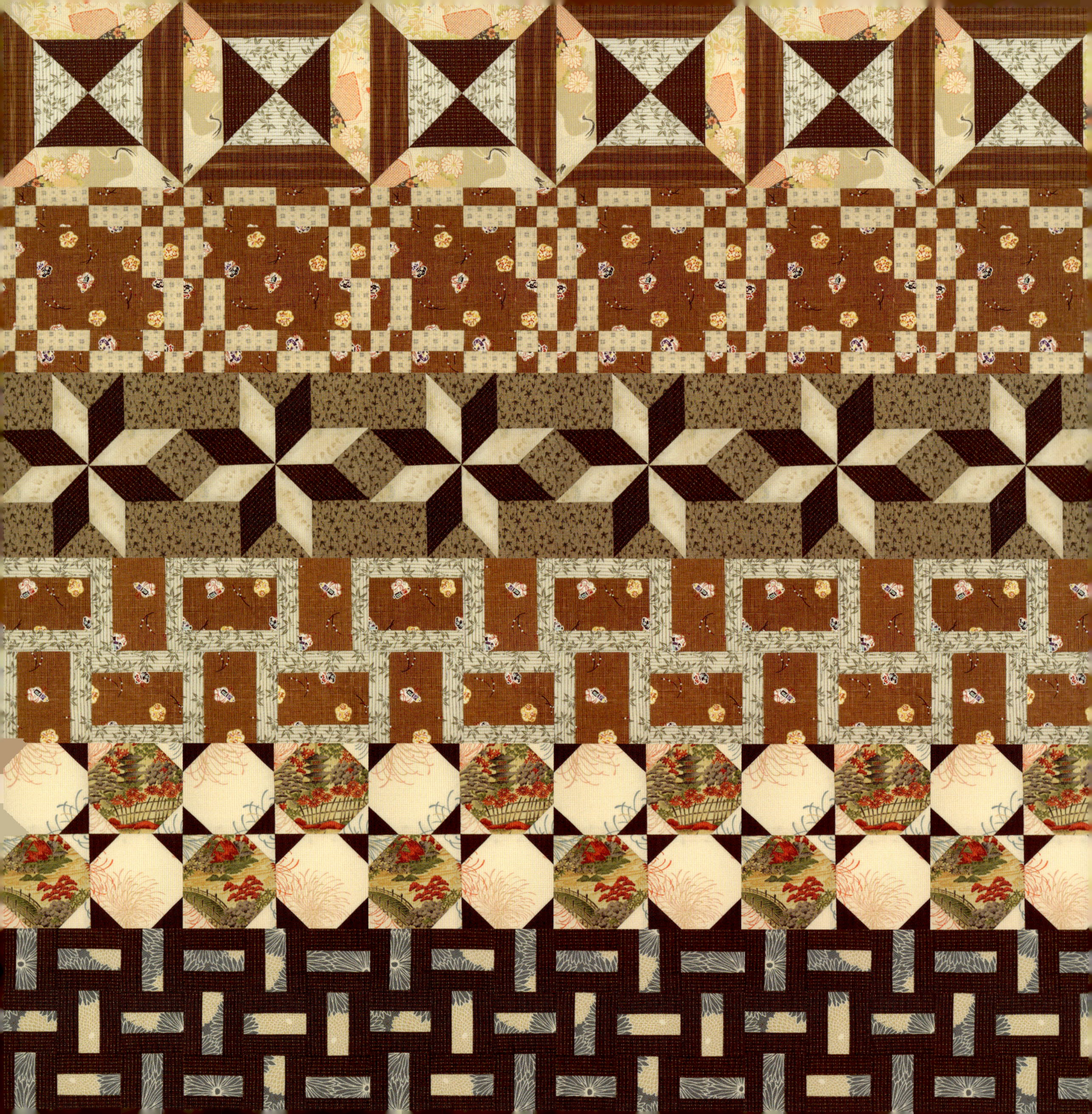

Materialien, Ausstattung und Arbeitstechniken

Das folgende Kapitel hilft Ihnen dabei, geeignete Stoffe und Farben für einen Quilt im japanischen oder ostasiatischen Stil auszusuchen. Es verrät Ihnen auch, wie Sie Stoffe mit verschiedenen Mustern am geschicktesten einsetzen und den Stoffbedarf ermitteln. Daneben finden Sie eine knappe, doch umfassende Darstellung aller Techniken, die Sie beherrschen müssen, um die Blöcke in der Blocksammlung anfertigen und aneinandernähen zu können, sowie einen Überblick über die erforderliche Ausstattung.

Stoffe

Der Umgang mit Stoffen und Farben gehört zu den auffälligsten Merkmalen japanischer Quilts. Wenn Sie sich die Auswahl der Stoffe erleichtern möchten, können Sie beim Entwerfen Ihres Quilts einen antiken Kimono oder bedruckten japanischen Stoff als Orientierungshilfe benutzen.

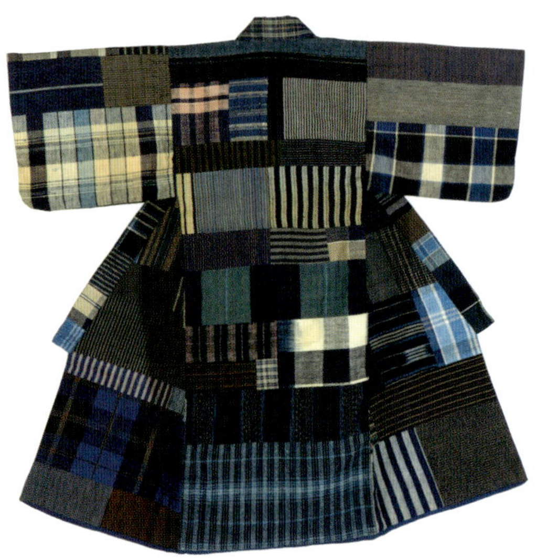

Japanische Traditionen

Die Welle der Begeisterung für das Quilten, die Japan seit den 1970er Jahren erfaßt hat, hat zur Ausprägung eigener Stilrichtungen geführt, wobei sich die Quilter gleichzeitig westlicher Mittel bedienen. Patchwork, Applikation und Quilten waren jedoch schon davor Teil der reichhaltigen japanischen textilen Tradition. Bereits seit über tausend Jahren werden wertvolle Stoffstücke miteinander kombiniert und zu besonderen Textilien weiterverarbeitet, während schlichte handgefertigte Stoffe zu Kleidungsstücken und Gebrauchsgegenständen für den Alltag zusammengesetzt wurden. Zu den Beispielen für eine solche Verarbeitung gehören *kesa* (Umhänge buddhistischer Mönche, seit dem 10. Jahrhundert), *komebukuro* (Reisbeutel für Geschenke), *hyaku toku* (aus angeblich 100 Stoffstücken gepatchte „100-Tugenden"-Kinderkimonos aus der Stadt Kanazawa an der japanischen Westküste), *dōnuki* (der untere von einem Ensemble aus zwei Lagen von Kimonos) sowie *hanui*, von der Mutter auf die Tochter vererbte gepatchte Kimonos aus kleinen Seidenflicken, wie sie von erwachsenen Frauen anläßlich des Bon-Odori-Fests in der Stadt Nishimonai, Präfektur Akita, getragen werden. Stoffreste von abgetragenen Kleidungsstücken wurden früher gesammelt und zu *donza* und *noragi* (Arbeitsjacken) zusammengenäht, diese oft zusätzlich mit Sashikomustern verziert. Viele japanische und westliche Designer lassen sich, wenn sie Patchworkstoffe entwerfen, von alten japanischen Stoffen inspirieren, weshalb wir heute nicht mehr auf antike Stoffreste angewiesen sind, sondern ähnliche Effekte mit Materialien aus einem Patchworkladen in unserer Nähe erzielen können.

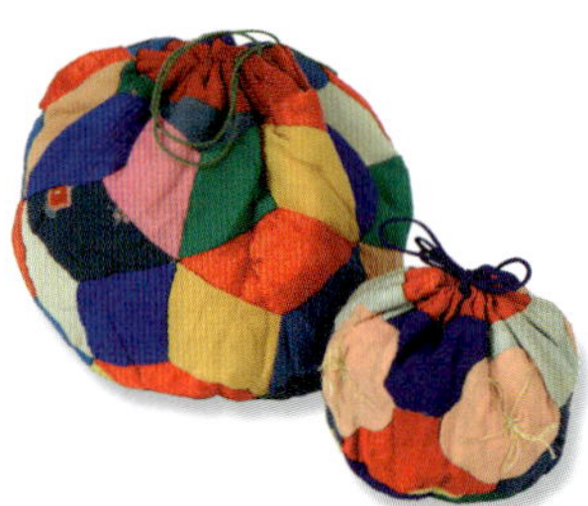

Oben und rechts
Moderner Kimono der bekannten zeitgenössischen japanischen Kimonokünstlerin Izuho Horiuchi im *hyaku-toku*-Stil aus antiken *kasuri*-(Ikat-), Streifen- und Karostoffen sowie seidene Beutel vom Anfang des 20. Jahrhunderts, jeweils von Hand genäht.

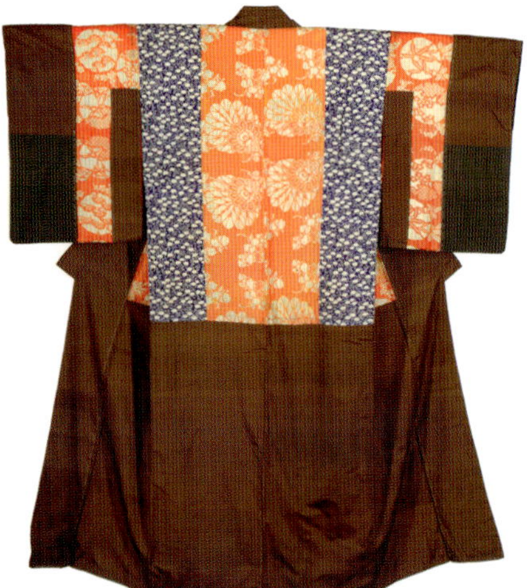

Links und unten
Block 73 greift den Patchworkstil dieses *dōnuki* oder Unterkimonos aus Seide und Rayon aus den 1920er Jahren auf.

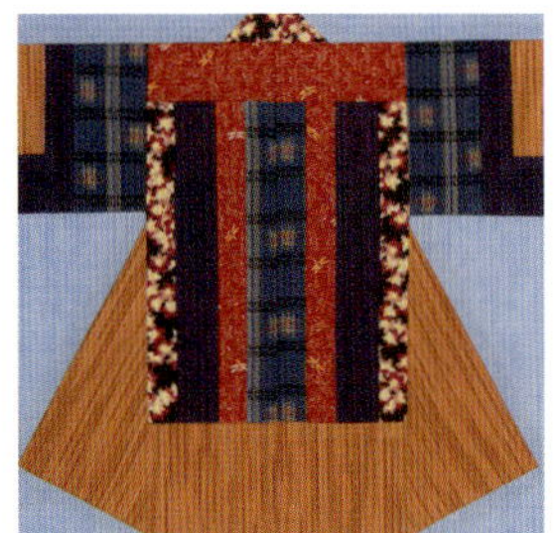

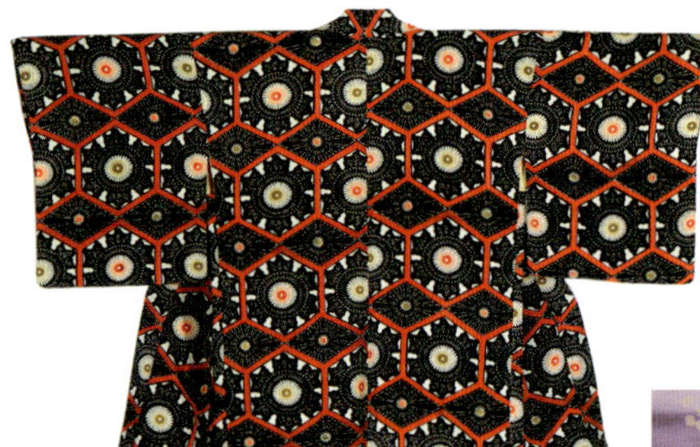

Oben und rechts
Das an Patchwork erinnernde, schablonengedruckte *kasane-kikkō*-(aufeinandergelegte Schildkrötenpanzer-)Muster dieser *haori* (Kimonojacke) aus den 1970er Jahren diente als Designvorlage für Block 65.

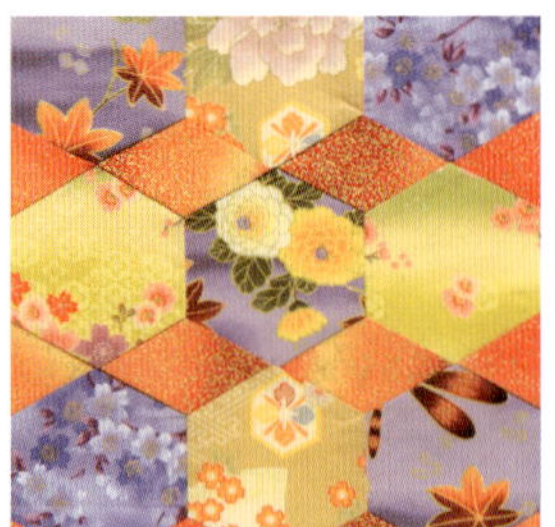

Stoffarten

Am einfachsten lassen sich für Patchwork und Applikationen reine Baumwollstoffe verarbeiten, bei denen durch das Umbügeln der Nahtzugaben eine steife Bruchkante entsteht. Die meisten alten japanischen Stoffe werden als Baumwolldrucke reproduziert, wegen der interessanten Struktur oft als Schaft- oder Atlasgewebe. Von winzigen bis hin zu großflächigen Mustern sind alle Varianten vertreten, und bei japanischen Quilts finden sich oft beide Extreme einträchtig nebeneinander. Auf japanische Stoffe spezialisierte Patchworkläden in westlichen Ländern führen auch Seiden-, Baumwoll- und Wollstoffe in der traditionellen Kimonobreite von 37 cm sowie Stoffreste von beschädigten Kimonos. Ehe Sie selbst einen alten Kimono zum Patchen zerschneiden, sollten Sie sich diesen Schritt gründlich überlegen – es könnte sich dabei um ein interessantes antikes Stück handeln, und alte Kimonos stehen als Stoffquelle für Patchwork nicht unbegrenzt zur Verfügung.

Webmuster Zu den traditionellen Baumwollstoffen mit eingewebten Mustern, die sich für Patchwork eignen, gehören *shima*-(Streifen-), *kōshi*-(Karo-) und *kasuri*-(Ikat-)Stoffe sowie *tsumugi* (ein noppiges Gewebe). *Tsumugi* gibt es auch in Seide, in steifen und in weichen Qualitäten, und der Stoff ist angenehm zu verarbeiten, wenn man bereits Erfahrung mit dem Nähen von Seide hat. Dünne *meisen*-Seide, aus vorgefärbten Garnen gewebt und von faszinierendem Glanz, wird schon seit den 1950er Jahren nicht mehr hergestellt, doch auch mit alten, oft lebhaft gefärbten *meisen*-Seiden mit Streifen-, *kasuri*- oder leicht verschwommenen gefärbten Mustern läßt es sich wunderbar patchen. Indische changierende Baumwollstoffe sehen ähnlich aus wie *meisen*-Seide. All diese verschiedenen Stoffarten werden in Baumwolle als Patchworkstoffe reproduziert. *Shijira ori*, ein gekräuseltes Baumwollgewebe, das ursprünglich aus der südjapanischen Stadt Tokushima stammt und an Seersucker erinnert, ist bei japanischen Quiltern beliebt. Amerikanische Baumwollstoffe mit Streifen- und Karomustern fügen sich gut in japanische Quilts von rustikalem Charakter ein, obwohl bei ihnen die dunklen Blautöne oft eher ins Ultramarin spielen als ins Indigo.

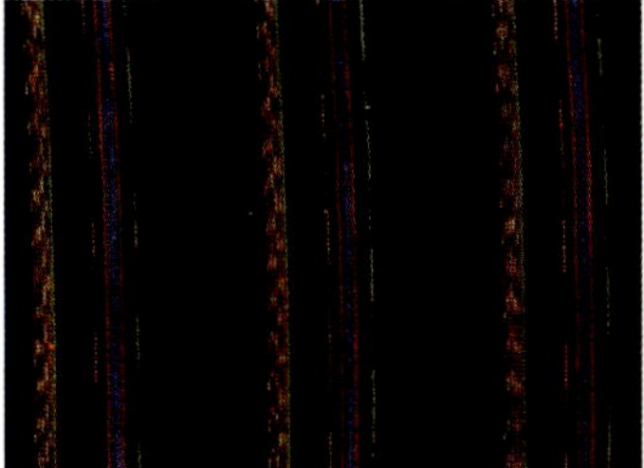

Baumwollener *shima*-Streifenstoff

Baumwollener *kasuri*-Ikatstoff aus Kurume

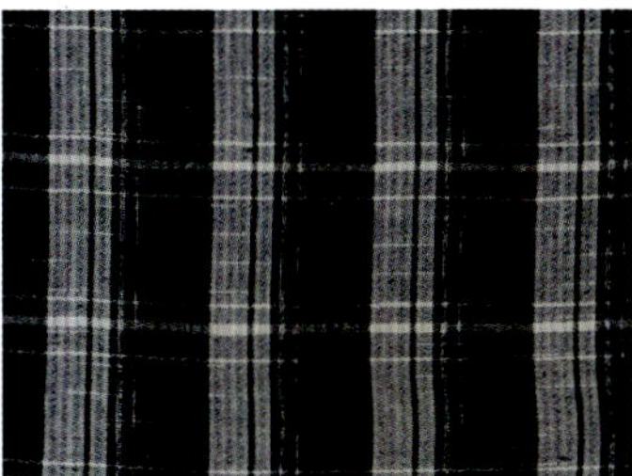

Baumwollener *kōshi*-Karostoff

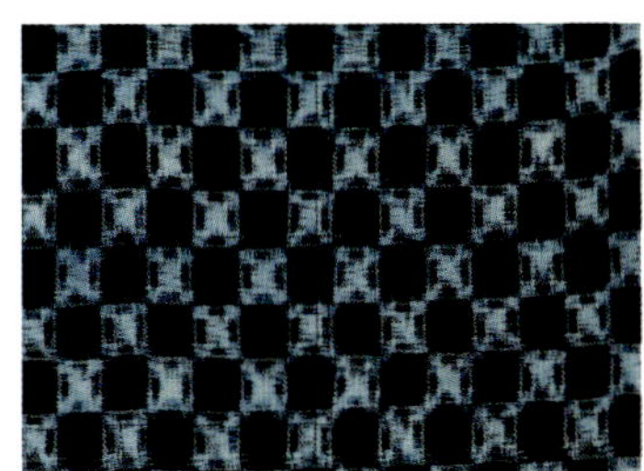

Baumwollener *kasuri*-Ikatstoff

Gefärbte Muster Gefärbte Muster variieren zwischen klein- und großformatigen Designs. Edle Kimonos für festliche Anlässe werden noch heute in der *yūzen*-Technik gefärbt, bei der die Reservepaste aus Reisstärke und die Farben freihändig mit dem Pinsel auf den Stoff – oft *rinzu* oder Seidendamast – aufgetragen werden, und manchmal werden die Gewänder zusätzlich mit Gold- und Silberstickerei verziert. *Komon* (kleine Muster) werden traditionell im Schablonendruck aufgebracht. *Komon* aus der Edozeit (1615-1868) sind winzige zweifarbige schablonengedruckte Muster, die den sogenannten falschen Unistoffen ähneln. Weiche Seidenstoffe von alten Kimonos wie *chirimen* (Seidencrêpe) können für Patchworkarbeiten mit einem leichten Bügelvlies verstärkt werden. Gewebter Seidenstoff für Obis wie *nishijin-ori*-Brokat aus Kioto ist zu dick für Patchwork, obwohl japanische Quilter solche Stoffe gelegentlich für Ränder verwenden. Viele goldbedruckte Patchworkstoffe ergeben einen ähnlichen optischen Effekt. Heute gibt es bedruckte Patchworkstoffe aus Baumwolle, die allen oben beschriebenen Stoffqualitäten nachempfunden sind.

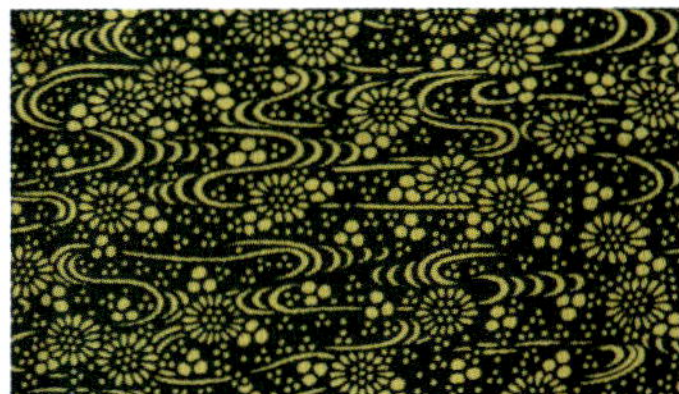

Komon-Seide aus der Edozeit

In *yūzen*-Technik gefärbte Seide

Baumwollstoffe mit Schablonendruck Schablonenbedruckte Baumwollstoffe wie für die informellen ungefütterten *yukata* oder Sommerkimonos eignen sich gut für Patchwork. *Yukata* für die Frau von heute zeigen für gewöhnlich sehr große Muster, während die für Männer kleinere geometrische Muster aufweisen. *Katazome*, mit großen Schablonenmustern versehene Stoffe, fertigte man früher für Haushaltstextilien wie Futonbezüge an, heute reproduziert man sie meist in Indigoblau und Weiß für Patchwork. Bedruckte Patchworkstoffe mit *Shibori*-(Abbindereservierungs-) und *kasuri*-(Ikat-)Mustern sind als preiswerte Kopien der kostspieligen Originale erhältlich. Daneben gibt es moderne Sashikostoffe, die die Webart alter handgewebter Textilien imitieren.

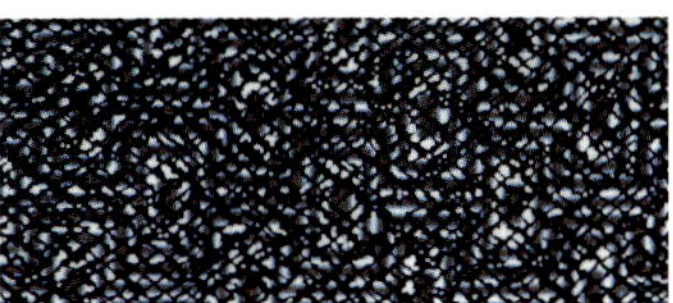

Baumwollstoff für Männer-*yukata*

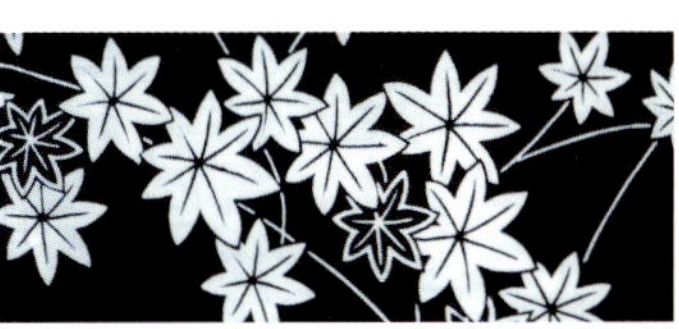

Baumwollstoff für Frauen-*yukata*

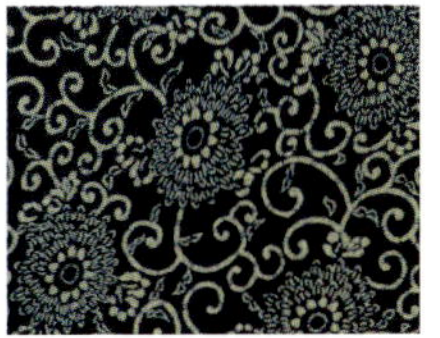

Neue und alte Baumwollstoffe mit *katazome* (Schablonendruck)

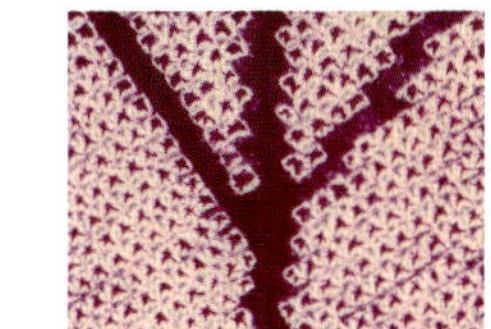

Seide mit *Shibori*-Muster

Farbkombinationen

Zu den beliebten Farbkombinationen gehören graustichige Brauntöne (Sepia), Indigoblau und Weiß, Taishō Antik und leuchtende Kimonofarben. Manche Quilter arbeiten mit Stoffen von alten Kimonos, aber deren Muster werden inzwischen auch als baumwollene Patchworkstoffe reproduziert, so daß uns heute das Beste zweier Welten zur Verfügung steht – leicht zu verarbeitendes Baumwollmaterial gepaart mit der Schönheit traditioneller Designs.

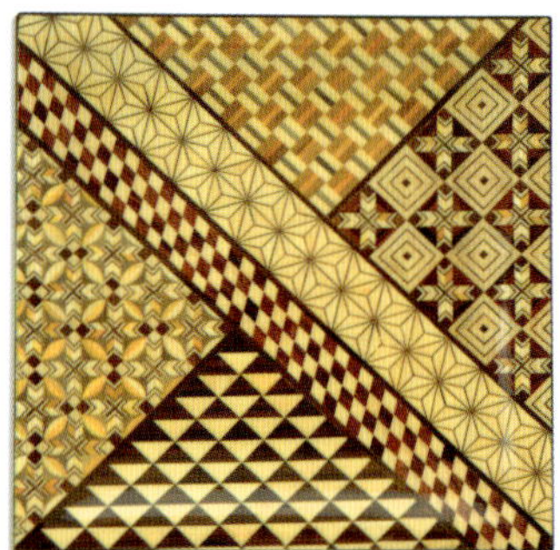

Schale mit *yosegi*-Parkettmustern aus Hakone.

Graubraun

Japaner wählen für ihre Quilts ausgesprochen gern verschiedene Grau-, Braun- und Beigetöne, die sich leicht zu attraktiven Entwürfen kombinieren lassen. Rustikale amerikanische Stoffe passen gut in diese Farbskala. Im vorliegenden Buch zeigen alle Blöcke in dieser Farbstellung typische Hakone-yosegi-Parkettmuster.

Indigoblau und Weiß

Einfache indigoblaue Stoffe in verschiedenen Schattierungen mit cremefarbenen Mustern, darunter auch reproduzierte *katazome*-Schablonendrucke, sind heiß begehrt. Alte *kasuri*-(Ikat-)Stoffe werden allmählich zu rar, als daß man sie bedenkenlos zu Quilts verarbeiten sollte. Die Blöcke in dieser Farbkombination sind alle von alten *kasuri*-(Ikat-)Webmustern inspiriert.

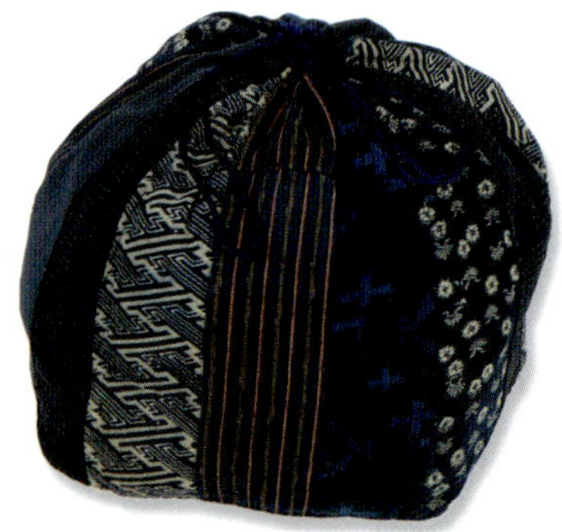

Reisbeutel aus Ikatstoffen

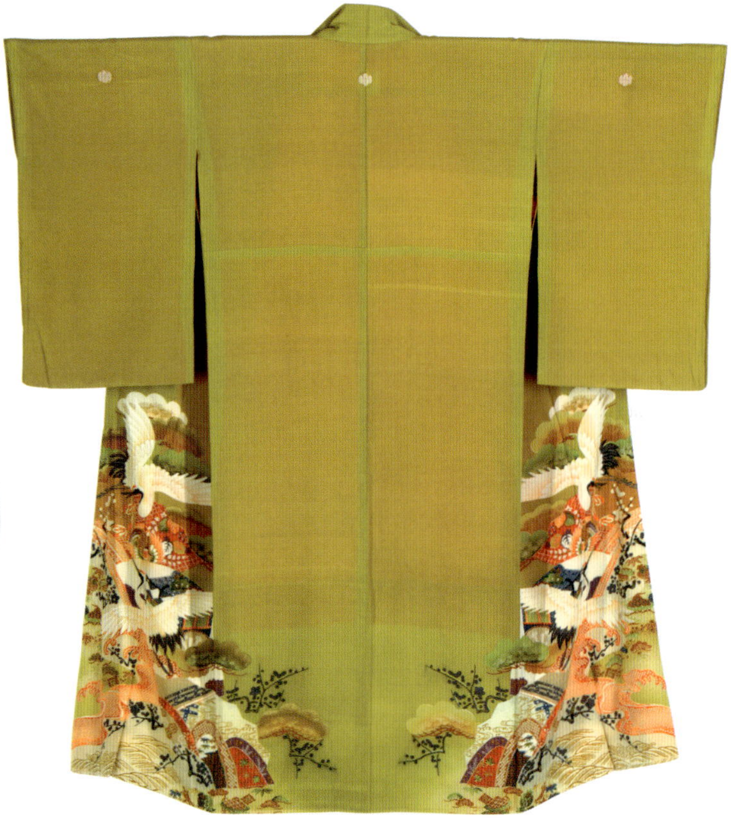

Stoffbedarf ermitteln

Damit Sie sich eine grobe Vorstellung von Ihrem Stoffbedarf verschaffen können, notieren Sie am besten, wie viele Blöcke Sie nähen möchten und wie viele Teile von welcher Größe Sie aus jedem Stoff zuschneiden müssen. Multiplizieren Sie dann die entsprechenden Zahlen miteinander. Benötigen Sie zum Beispiel für jeden Block vier Quadrate von 5 cm Kantenlänge und brauchen Sie insgesamt 20 Blöcke, müssen Sie 80 Quadrate zuschneiden. Wenn Sie diese bei einer Stoffbreite von 105 cm in vier Reihen zu 20 Blöcken parallel zur Schnittkante zuschneiden, beträgt Ihr Stoffbedarf 20 cm; müssen Sie beim Zuschneiden beispielsweise auf bestimmte Motive oder eine bestimmte Richtung des Streifenverlaufs achten, erhöht sich der Stoffbedarf. Falls Sie von einem Stoff zu wenig haben, ergänzen Sie ihn mit einem anderen in einem ähnlichen Farbton.

Taishō Antik

Diese Farbkombination umfaßt Tertiärfarben mit einfachem Rostbraun. Frauenkimonos aus der Taishōzeit (1912–1926) zeichnen sich durch große, auffällige Muster in raffinierten Farbzusammenstellungen aus, zu denen neben lebhaften Schattierungen von Blattgrün auch Pflaumenblau, Rotbraun und ein herbstliches Gelb wie von abgefallenen Blättern gehören. Die Blöcke in diesen Farben zeigen traditionelle geometrische Muster sowie Miniaturdarstellungen von Kimonos.

Blattgrüner *irotomesode* oder formeller Frauenkimono aus den 1920er Jahren mit Vorderteilen in der Farbstellung Taishō Antik

Kimonofarben

Die frischen Farben von zeremoniellen Kimonos für Jungen und Mädchen waren Vorbild für eine Reihe von Patchworkstoffen mit hübschen floralen und geometrischen Mustern. Solche Muster lassen sich mit rotem und goldfarbenem Metallicgarn noch betonen. Die Blöcke in dieser Farbkombination umfassen *kamon* (Familienwappen), geometrische Muster und Miniaturdarstellungen von Kimonos. Mit einem *miyamairi*-Kimono wird ein Säugling bei seinem feierlichen ersten Besuch *(miyamairi)* in einem Shintoschrein im Alter von 30 Tagen wie mit einem Taufschal bedeckt.

Geometrisch gemusterte *meisen*-Kimonos

Typisch für diese Gruppe sind leuchtende Farben sowie Karo- und changierende Baumwollstoffe. Bei *meisen*-Stoffen sind Kette und Schuß oft in verschiedenen Farben gehalten. Viele der gepatchten Blöcke im vorliegenden Buch sind Interpretationen geometrischer Muster von *meisen*-Seiden.

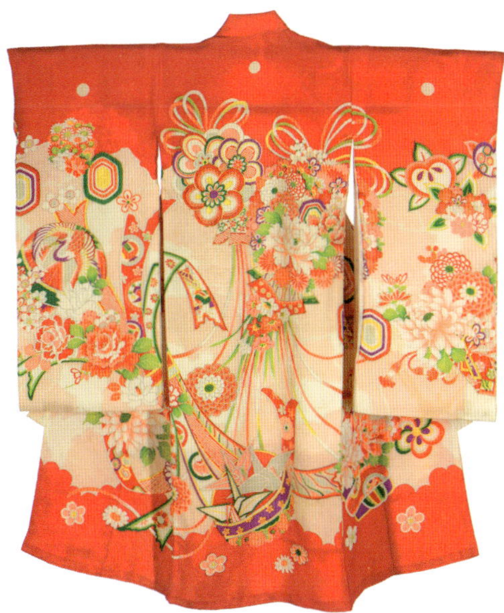

Miyamairi-Kimono für ein Mädchen, 1960er Jahre

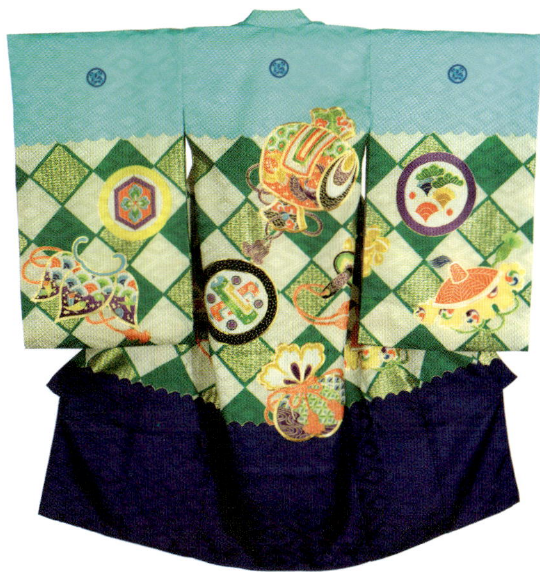

Miyamairi-Kimono für einen Jungen, 1970er Jahre

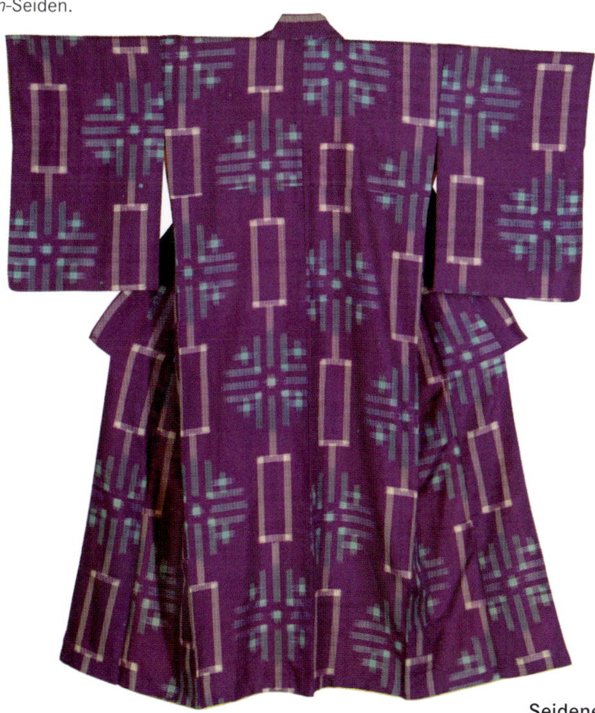

Seidener *meisen*-Kimono, 1920er Jahre

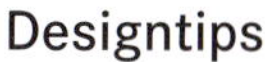

Designtips

- Kleingemusterte bedruckte Stoffe kaschieren Nähte bei Patchwork, während großgemusterte Stoffe sie hervorheben. Tauscht man nur einen einzigen Stoff aus, kann sich das Aussehen eines Blocks völlig verändern.
- Schneiden Sie einzelne Stoffmotive wie große Blüten oder Blätter aus, und applizieren Sie sie auf Ihre Blöcke.
- Schneidet man Applikationen so aus dem gleichen Stück Stoff aus, daß das Stoffmuster eines Applikationsteils auf einem anderen fortgeführt wird, wirkt die Applikation traditionell.
- Die Konturen von Blüten, Blättern und anderen Motiven, mit denen Kimonos bedruckt oder bemalt sind, sind oft mit anderen Mustern ausgefüllt.
- An eine bestimmte Jahreszeit gebundene florale Motive eilen in Japan der tatsächlichen Jahreszeit immer etwas voraus, vermutlich weil sie nicht mit ihren realen Vorbildern konkurrieren können. Stilisierte Blumen und Blätter gelten jedoch das ganze Jahr hindurch als angemessen, ebenso Muster mit Blumen, die zu mehreren Jahreszeiten blühen.
- Traditionell verwendet man für Sashikoarbeiten keine Vlieseinlage, der Oberstoff kann aber mit einem Stück gebrauchtem Stoff unterfüttert werden – versuchen Sie es mit locker gewebtem Musselin als Alternative.

Ausstattung

Dieselben Werkzeuge und Materialien wie für Quilts im westlichen Stil können Sie auch für solche im japanischen verwenden. Daneben gibt es ein paar weitere Hilfsmittel, die beim Nähen für den fernöstlichen Touch sorgen.

Scheren

Benutzen Sie eine Stoffschere zum Schneiden von Stoff, eine Stickschere zum Abschneiden von Fäden und eine Papierschere zum Ausschneiden von Schablonen. Den scharfen japanischen *nigiri basami* (Fadensnipper – wörtlich: Fingerschere) verwenden Sie wie eine Stickschere.

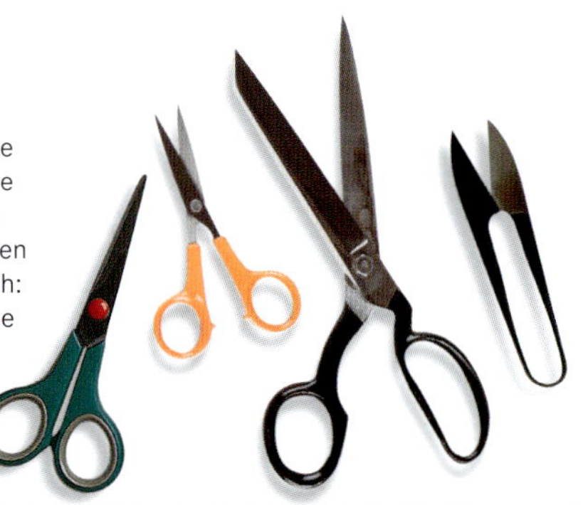

Steck- und Sicherheitsnadeln

Verwenden Sie für Patchwork extrafeine Stecknadeln wie zum Schneidern oder für Seide, letztere sind unter der Bezeichnung „silk pins" erhältlich. Stecknadeln mit flachem oder Blütenkopf haben sich beim Maschinennähen bewährt, da sie sich wegen der Form des Kopfes nicht im Stoff drehen können. Sicherheitsnadeln bieten sich als Alternative zu Heftstichen an, um die Lagen eines Quilts zusammenzuhalten.

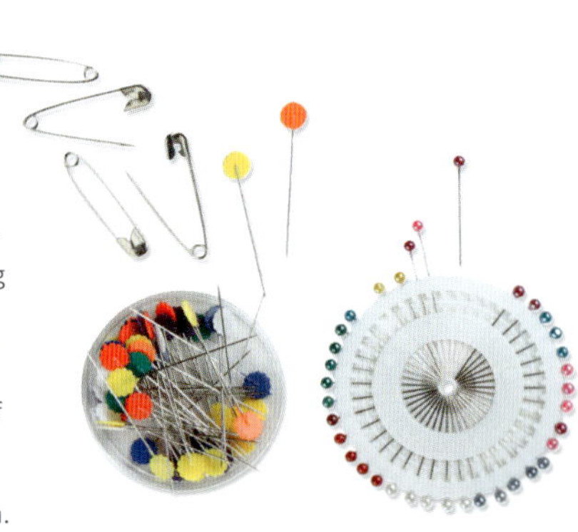

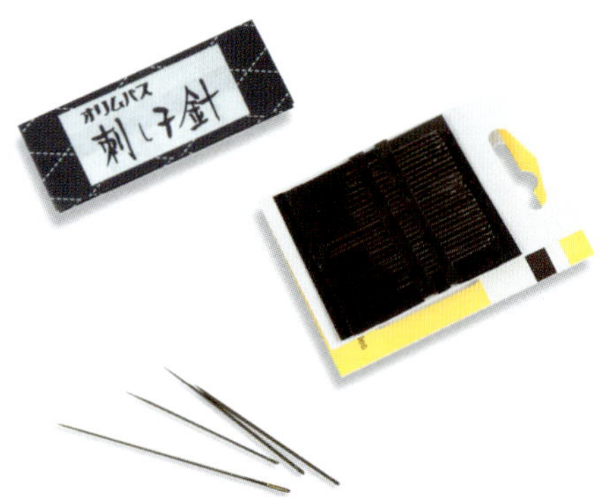

Handnähnadeln

Nehmen Sie lange, dünne Nähnadeln zum Patchen und Applizieren von Hand und zum Heften, und die langen, steifen Sashikonadeln für Sashiko. Quiltnadeln oder kurze Nähnadeln eignen sich gut zum Handquilten.

Garne

Mittelstarkes Baumwollnähgarn (Stärke 50) eignet sich am besten für Patchwork; verwenden Sie einen neutralen Farbton, der zu allen Stoffen paßt. Zum Hand- oder Maschinenquilten sollten Sie dickeres Baumwollgarn der Stärke 30 oder 40 nehmen. Daneben gibt es spezielles Quiltgarn, das auch als Multicolor- und Metallicgarn erhältlich ist (für letzteres brauchen Sie eine Metallica-Nähmaschinennadel). Bei Handquiltgarnen verhindert eine besondere Ausrüstung, daß sie sich leicht verknoten. Andere Garne können Sie selbst davor schützen, indem Sie den Faden einfach mehrmals über die Kante eines Blocks aus Bienen- oder Silikonwachs ziehen. Sashikogarne sind locker versponnen und traditionell weiß, heute jedoch in verschiedenen Farben erhältlich.

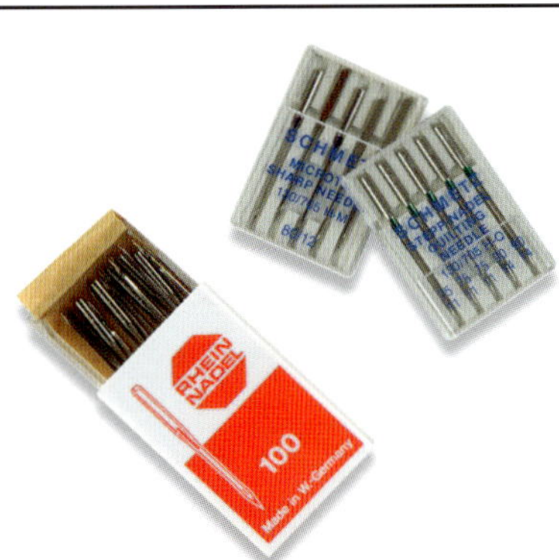

Maschinennähnadeln

Universalnadeln der Stärke 70 oder 80 empfehlen sich zum Patchen mit der Maschine, die spitzeren Maschinenquiltnadeln sind ideal zum Maschinenquilten. Bei feineren Stoffqualitäten und bei Seide lohnt sich ein Versuch mit Microtexnadeln.

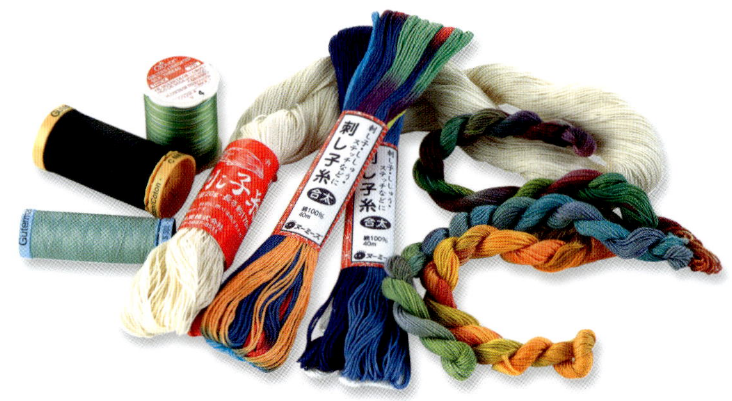

Bügeleisen und Bügelbrett

Ein gewöhnliches Bügeleisen und Bügelbrett reichen zum Bügeln von Blöcken völlig aus. Stellen Sie das Bügeleisen auf die richtige Temperatur ein, und bügeln Sie die Blöcke nie mit Dampf, ehe sie fertiggestellt sind, da sich gepatchte Nähte sonst verziehen können; für die fertigen Blöcke oder für Quilttops können Sie ruhig Dampf verwenden.
Für Schrägband zum Aufbügeln benutzen Sie am besten ein Reisebügeleisen oder ein Miniaturbügeleisen aus dem Patchworkbedarf, das aussieht wie ein Lötkolben mit kleiner dreieckiger Spitze. Eine Bügel-Schneidematte oder ein Ärmelbrett eignen sich als praktische Bügelunterlage bei Ihrer Nähmaschine.

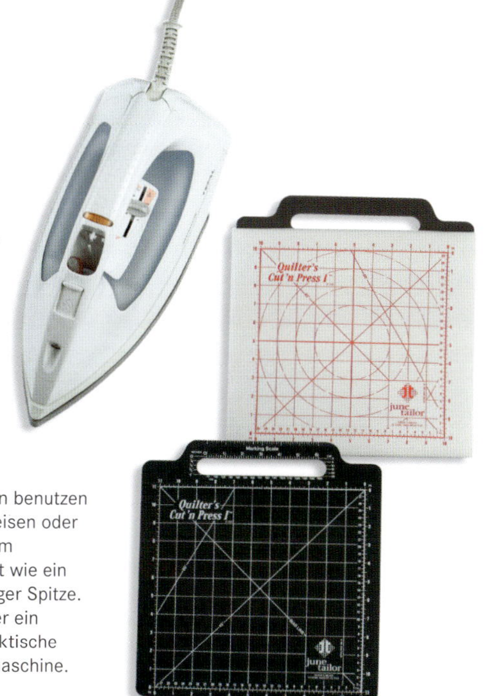

Lineal

Quiltlineale sind in den verschiedensten Formen und Größen auf dem Markt. Ein rechteckiges Lineal von 15 x 30 cm Größe mit markierten 45°- und 60°-Winkeln reicht für unsere Zwecke aus, doch ein zusätzliches quadratisches Lineal von 30 x 30 cm Größe erleichtert es, die fertigen Blöcke genau auf ein quadratisches Maß zu bringen. Achten Sie bei der Wahl des Lineals auf die Farbe der Markierungen, da diese auch noch gut zu erkennen sein müssen, wenn das Lineal auf dem Stoff liegt. Benutzen Sie möglichst nur Lineale desselben Herstellers, da sich die Markierungen bei verschiedenen Fabrikaten und auch bei Lineal und Schneidematte geringfügig voneinander unterscheiden können – überprüfen Sie Lineale und Matte immer auf Maßabweichungen.

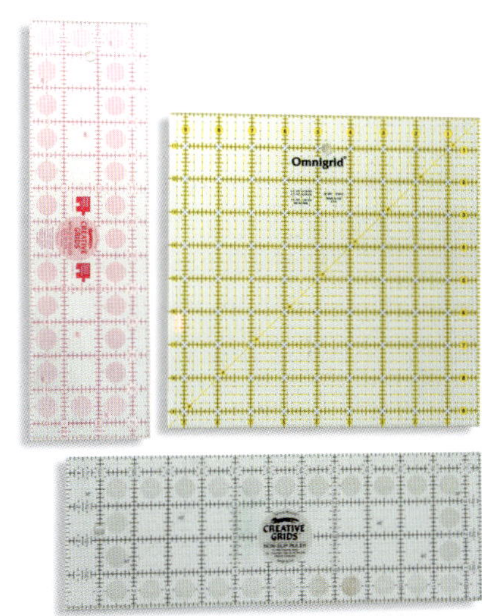

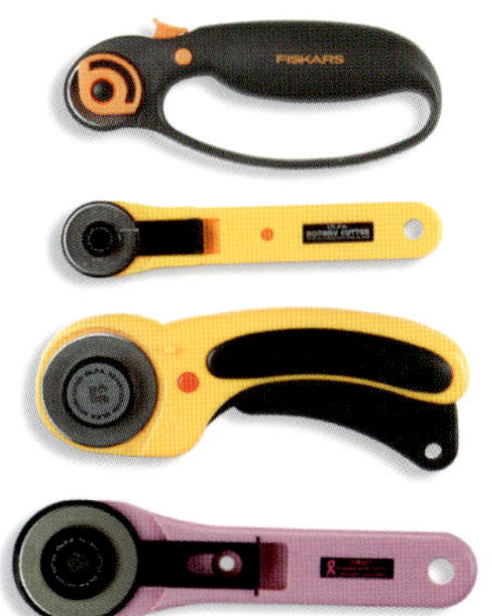

Rollschneider

Am günstigsten sind Rollschneider mit einem Klingendurchmesser von 28 mm oder 45 mm. Probieren Sie verschiedene Modelle aus, und wählen Sie das, mit dem Sie am besten zurechtkommen. Da die Klingen so scharf sind wie Rasierklingen, sichern Sie sie unbedingt nach dem Zuschneiden, und lassen Sie den Rollschneider nie in Reichweite von Kindern oder Haustieren liegen. Dieses Werkzeug dürfen Sie nur auf einer Schneidematte mit selbstheilender Oberfläche benutzen.

Nähmaschine

Für Patchwork- und Quiltarbeiten ist es hilfreich, wenn Ihre Nähmaschine über einen gleichmäßigen, geraden Vorstich verfügt und sich die Nadel so einstellen läßt, daß sie in Ruheposition immer unten steht. Ein Nähfuß von 0,75 cm Breite ist zum exakten Nähen fast unerläßlich, da in diesem Fall die Füßchenbreite der Breite der Nahtzugaben entspricht. Zum Maschinenquilten brauchen Sie einen Oberstofftransporter (für gerade Linien) und einen Stopf-, Stick- oder Quiltfuß (zum Freihand-Maschinenquilten). Ein großzügiger Abstand zwischen Maschinenarm und Näh- oder Anschiebetisch ist beim Maschinenquilten ebenfalls von Vorteil.

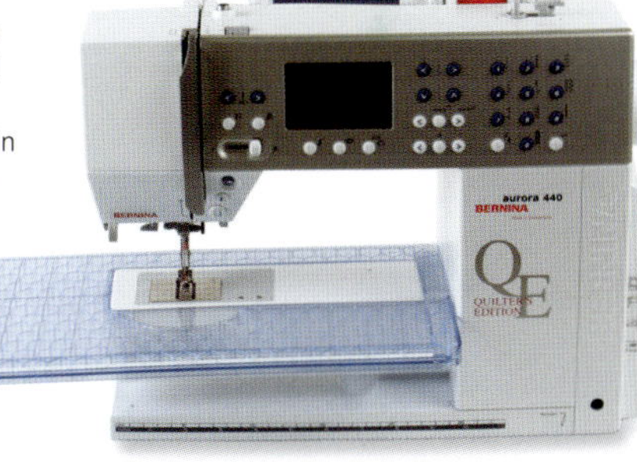

Schneidematte

Schneidematten mit selbstheilender Oberfläche erhalten Sie in Ihrem Patchworkgeschäft. Am geeignetsten sind Matten von mindestens 45 x 60 cm Größe, da kleinere das Zuschneiden unnötig erschweren. Für die Blöcke in diesem Buch benötigen Sie eine Matte mit metrischer Einteilung, es gibt aber auch solche mit Zentimeterrastern auf der einen und Inchrastern auf der anderen Seite.

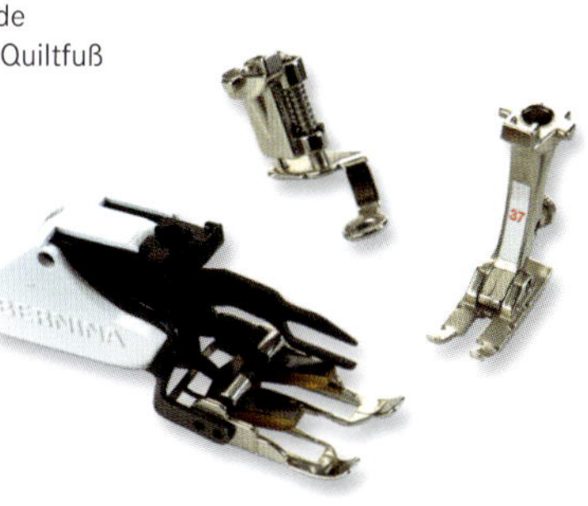

Zuschneiden

Mit dem Rollschneider lassen sich die Stoffteile für Ihre Blöcke exakter zuschneiden als mit der Schere. Diese Methode spart außerdem Zeit, da Sie durch mehrere Stofflagen auf einmal schneiden können. Erleichtern Sie sich das Zuschneiden, indem Sie den Stoff zunächst bügeln, vor allem etwaige Falten oder Knitter. Sämtliche Maße in der Blocksammlung enthalten eine Nahtzugabe von jeweils 0,75 cm.

Streifen

Drücken Sie das Lineal fest auf den Stoff, damit es nicht verrutschen kann, und schneiden Sie unebene Schnittkanten sowie die dichtgewebten Webkanten ab. Legen Sie falls nötig den Stoff zusammen, und richten Sie die gewünschte Maßlinie auf dem Lineal entlang der begradigten Stoffkante aus. Setzen Sie die Klinge des Rollschneiders direkt neben der Kante des Lineals senkrecht zum Stoff an, und führen Sie den Schnitt aus. Schneiden Sie nach Möglichkeit immer im Fadenlauf des Stoffs, richten Sie sich bei Stoffen mit aufgedruckten Streifen- und Karomustern jedoch nach dem Musterverlauf.

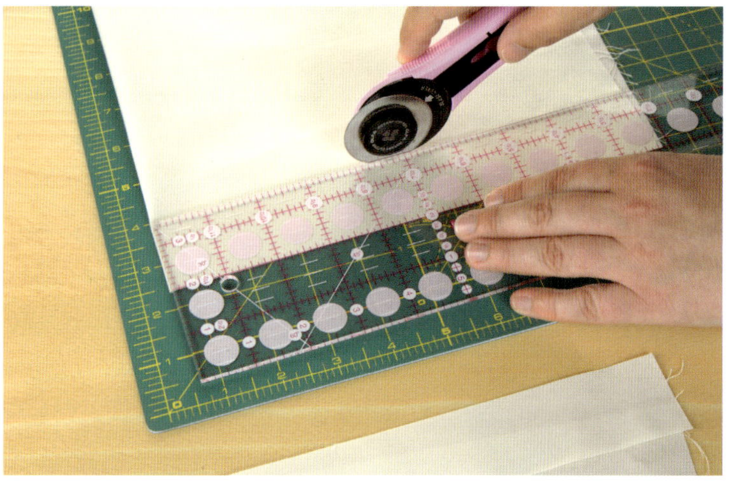

Quadrate und Rechtecke

Zerschneiden Sie Streifen zu Quadraten und Rechtecken, indem Sie das Lineal, wie oben beschrieben, anlegen und im rechten Winkel zur Länge des Stoffstreifens schneiden.

Dreiecke aus Quadraten und Rechtecken

1 Richten Sie den 45°-Winkel auf dem Lineal an einer Kante des Quadrats aus, und zerschneiden Sie das Quadrat entlang einer Diagonalen in zwei gleich große Dreiecke.

2 Zerschneiden Sie jedes der so entstandenen Dreiecke erneut in zwei gleich große Dreiecke (insgesamt 4).

3 Halbieren Sie die Rechtecke entlang einer Diagonalen auf dieselbe Art wie Quadrate, aber halten Sie sich genau an die jeweilige Anleitung, da die Rechtecke manchmal von links unten nach rechts oben und manchmal von rechts unten nach links oben zerschnitten werden müssen.

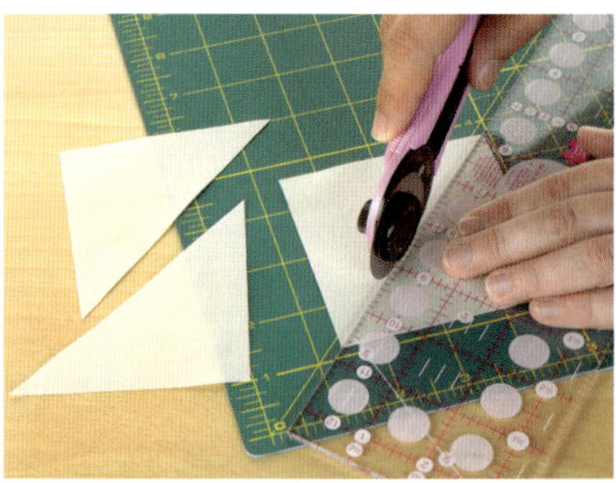

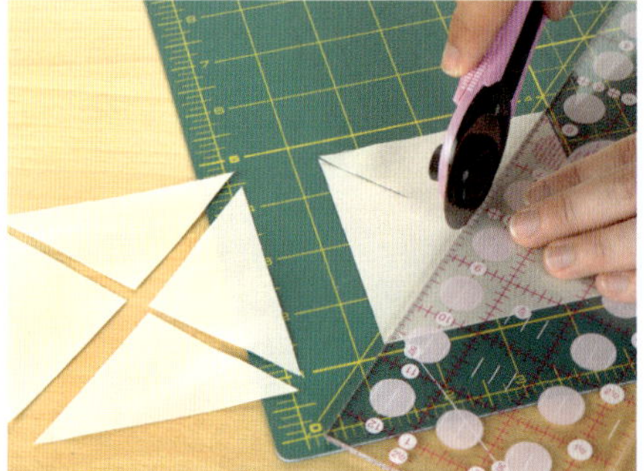

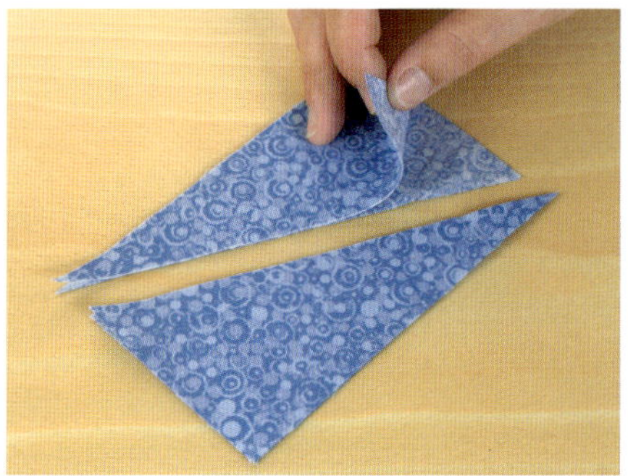

Gleichseitige Dreiecke, Rauten und Formen mit 45°-Winkeln

Schneiden Sie Dreiecke mit 60°-Winkeln und Rauten mit Hilfe der eingezeichneten 60°-Linien auf dem Lineal zu. Auf dieselbe Art können Sie auch Parallelogramme, Trapezoide und andere Vierecke zuschneiden, wenn Sie statt der 60- die 45°-Linien auf dem Lineal verwenden und sich hinsichtlich der Schnittrichtung und des Abstands zwischen dem ersten und zweiten Schnitt an die Anleitung halten.

1 Richten Sie für ein gleichseitiges Dreieck die eine 60°-Linie des Lineals exakt entlang der Unterkante des Stoffstreifens aus, und führen Sie den Schnitt aus. Drehen Sie dann das Lineal, so daß sich die andere 60°-Linie genau mit der Unterkante des Streifens deckt, und führen Sie den zweiten Schnitt aus.

2 Für eine Raute schneiden Sie die erste Kante im Winkel von 60° wie unter 1 beschrieben zu. Verschieben Sie dann das Lineal mit derselben 60°-Linie an der Unterkante des Stoffstreifens so weit auf dem Streifen, bis sich die Linie für das gewünschte Maß (das bei Rauten der Breite des Stoffstreifens entsprechen muß) genau mit der ersten Schnittkante deckt, und führen Sie den zweiten Schnitt aus.

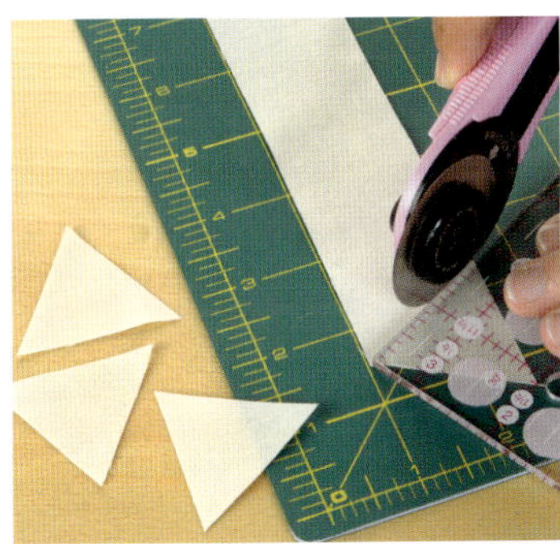

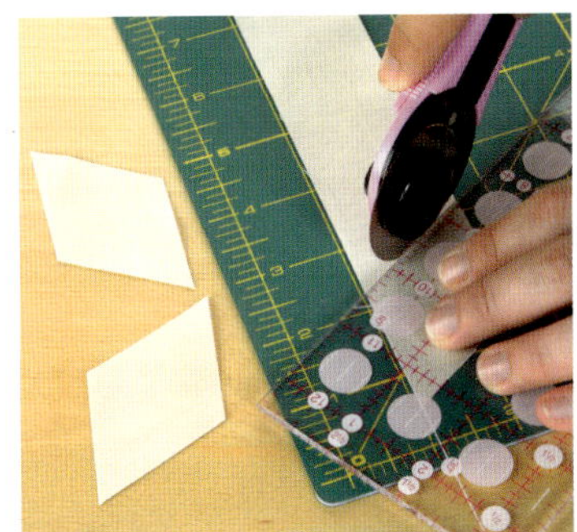

Sechsecke und isometrische Formen

Am einfachsten lassen sich Sechsecke mit Hilfe einer Schablone aus isometrischem Rasterpapier zuschneiden, bei dem die Linien miteinander Dreiecke mit 60°-Winkeln bilden. Solches Papier eignet sich auch zum Zuschneiden von Rauten und gleichseitigen Dreiecken.

1 Schneiden Sie ein Sechseck aus, bei dem alle Kanten die erforderliche Länge haben. Aus isometrischem Rasterpapier können Sie auch Schablonen für Rauten und Dreiecke mit 60°-Winkeln anfertigen.

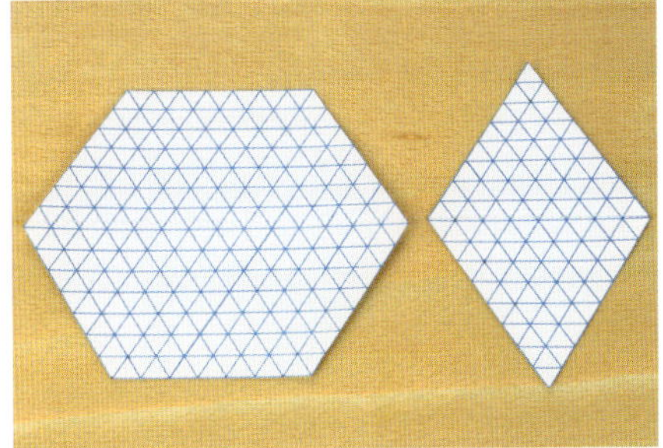

2 Kleben Sie die Schablone behelfsmäßig mit durchsichtigem Klebefilm so auf die Unterseite des Lineals, daß sich eine Kante der Schablone genau mit einer 60°-Linie des Lineals deckt. Schneiden Sie die benötigten Formen aus einem Stoffstreifen zu, indem Sie für jeden Schnitt Schablone und Lineal neu ausrichten.

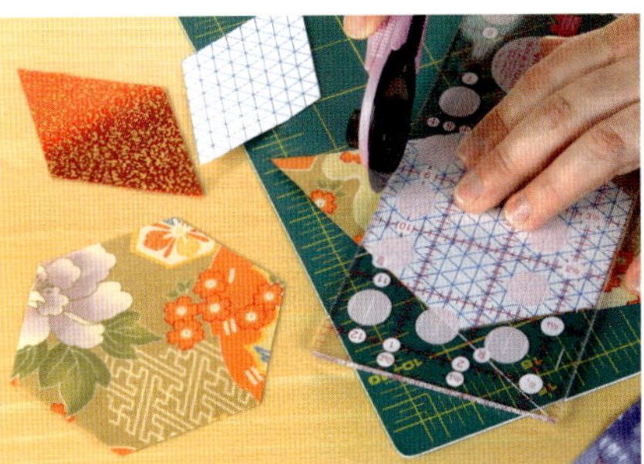

Sicherheit beim Zuschneiden

Da die Klinge des Rollschneiders sehr scharf ist und Sie sich leicht versehentlich damit verletzen können, beachten Sie bitte unbedingt folgende Sicherheitshinweise:

- Nehmen Sie den Rollschneider fest in die Hand, die Sie zum Schreiben benutzen, und setzen Sie ihn im Winkel von 45° zur Schneidematte an; halten Sie mit der anderen Hand das Lineal auf dem Stoff fest. Achten Sie darauf, daß die Klinge des Rollschneiders dicht neben der Kante des Lineals und senkrecht dazu steht.
- Vergewissern Sie sich, daß der Stoff unter dem Lineal liegt, und schneiden Sie das erforderliche Stoffteil zu, indem Sie die Klinge des Rollschneiders an der Linealkante entlangführen. Schneiden Sie als Rechtshänder entlang der rechten Kante des Lineals, als Linkshänder entlang der linken.
- Schneiden Sie nach Möglichkeit im Stehen zu, und legen Sie die Schneidematte auf eine feste Unterlage wie eine Arbeitsplatte in der Küche oder einen stabilen Tisch.
- Verwenden Sie stets eine scharfe Klinge ohne Scharten oder anderweitige Schäden; eine stumpfe Klinge erfordert mehr Druck beim Schneiden, wodurch Sie leicht abrutschen können.
- Schneiden Sie stets vom Körper weg.
- Sichern Sie nach jedem Schnitt die Klinge des Rollschneiders.
- Arbeiten Sie nie barfuß, damit Sie sich nicht verletzen können, falls Ihnen der Rollschneider hinunterfällt.
- Bewahren Sie Rollschneider und Klingen stets außer Reichweite von Kindern und Haustieren auf.

Patchen

Mit der Nähmaschine arbeitet sich Patchwork relativ schnell. Stellen Sie eine Stichlänge von 1,7 bis 2 mm ein. Falls Sie lieber von Hand nähen, zeichnen Sie mit Bleistift die Nahtlinie auf dem Stoff an und nähen dann mit ganz kleinen Vorstichen und einem gelegentlichen Rückstich darauf entlang; beginnen und beenden Sie die Naht jeweils mit einigen Rückstichen. Verwenden Sie unabhängig davon, ob Sie von Hand oder mit der Maschine nähen, stets eine Nahtzugabe von 0,75 cm. In den folgenden Abbildungen wurde Garn benutzt, das sich vom Stoff abhebt, damit die Nähte deutlich zu erkennen sind.

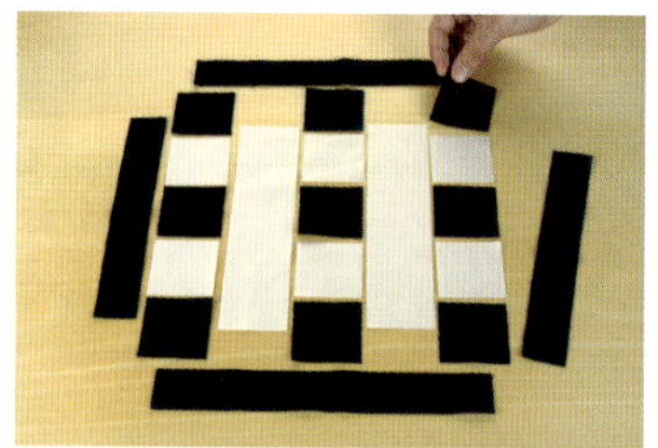

Die Teile anordnen

Legen Sie die Teile für einen Block immer in der richtigen Anordnung nebeneinander, ehe Sie mit dem Nähen beginnen; dadurch ist die Gefahr geringer, daß Sie versehentlich falsche Teile aneinandernähen. Bei vielen Mustern, so auch bei dem des hier abgebildeten Blocks 5, müssen die Teile zuerst zu Streifen zusammengesetzt werden.

Nähen mit der Maschine

Legen Sie die ersten beiden Teile rechts auf rechts so aufeinander, daß sich die Kanten, an denen Sie entlangnähen möchten, genau decken. Schieben Sie die Stoffteile so unter Ihren 0,75 cm breiten Nähfuß, daß diese Kanten genau mit der rechten Außenkante des Nähfußes abschließen, und führen Sie die Naht aus; wenn Sie etwas rechts von der Nähmaschinennadel sitzen, können Sie leicht sehen, ob sich die Stoffkanten in der richtigen Position befinden. Benutzen Sie ein Stückchen Stoff als sogenannten Hund, auf dem Sie die Naht beginnen, damit die ersten Stiche nicht in die Stichplatte gezogen werden. Stecken Sie die Stoffstücke bei längeren Nähten aufeinander; plazieren Sie die Stecknadeln im rechten Winkel zur Nahtlinie, und entfernen Sie sie beim Nähen.

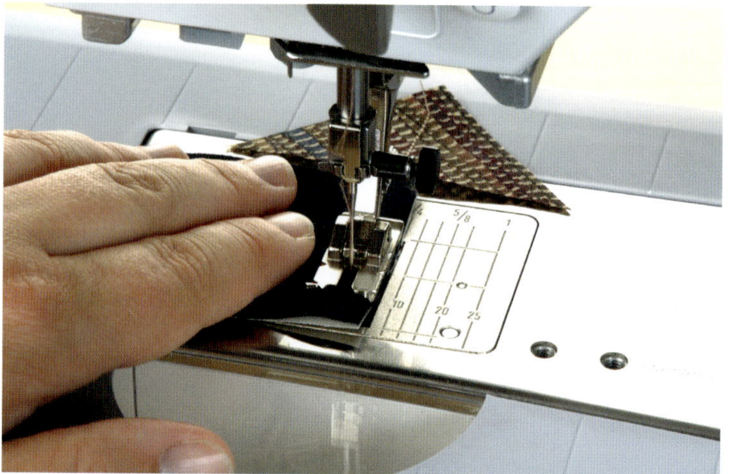

Kettennähmethode

Mit der Kettennähmethode läßt sich Patchwork erheblich schneller anfertigen als auf herkömmliche Art. Nähen Sie dafür die ersten beiden Teile zusammen, aber schneiden Sie dann die Fäden nicht durch, sondern legen Sie die nächsten beiden Teile aufeinander, und steppen Sie diese nur ein oder zwei Stiche nach den ersten beiden Teilen zusammen. Nähen Sie so eine Kette aus Stoffstücken, und zerschneiden Sie erst zum Schluß die Fäden dazwischen.

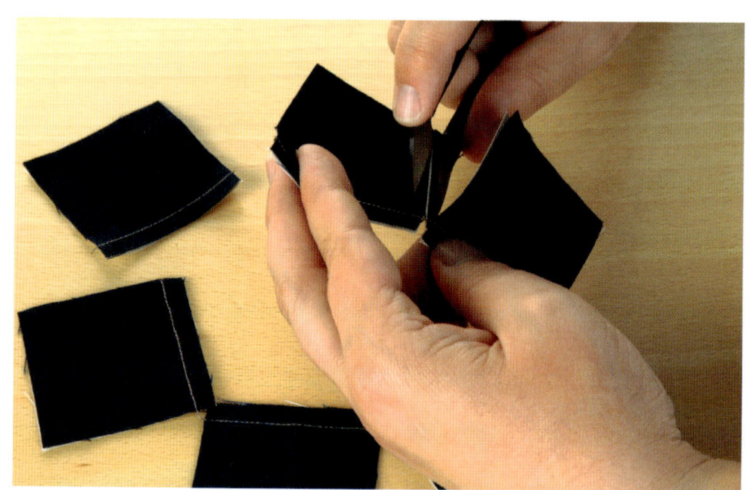

Schnellschneidemethode

Muster wie das von Block 3 können Sie im Handumdrehen mit der Maschine nähen, indem Sie lange Stoffstreifen an den Längskanten aneinandersteppen, anschließend bügeln und dann in Teile von der erforderlichen Länge zerschneiden. Wenn also zum Beispiel die einzelnen Rechtecke 3 x 7 cm groß sind, schneiden Sie lange, 3 cm breite Streifen zu, nähen Sie an den Längskanten aneinander und schneiden daraus 7 cm lange Rechtecke zu. Auf dieselbe Art werden auch die Sechsecke für Block 64 angefertigt. Diese Methode eignet sich nur zum Maschinennähen, da die ersten Nähte durchgeschnitten werden und Handnähte sich auftrennen würden.

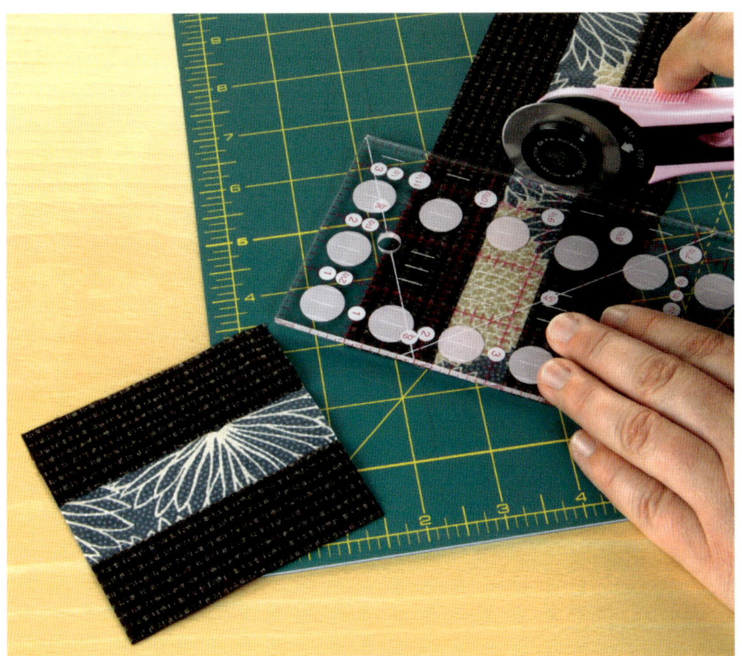

Patchwork bügeln

Bügeln Sie Patchworkarbeiten nach jedem Nähschritt. Bügeln Sie beide Nahtzugaben auf dieselbe Seite, damit sich die Fasern des Vlieses nicht durch die Naht auf die Oberseite des Stoffs durchschieben können. Die Nahtzugaben sollten möglichst zum dunkleren Stoff hin zeigen, da sie bei helleren Stoffen durchscheinen können. Stoffteile lassen sich leicht exakt Naht an Naht aneinanderlegen, wenn Sie die Nahtzugaben wie in der Abbildung abwechselnd in die eine und in die andere Richtung bügeln. Bei Designs wie Block 24 und 25, die von der Mitte nach außen zusammengesetzt werden, können Sie auch alle Nahtzugaben nach außen bügeln. Bügeln Sie trocken oder höchstens mit ganz wenig Dampf, und setzten Sie das Bügeleisen immer wieder senkrecht auf den Stoff auf, statt es darauf hin und her zu schieben, damit sich die gepatchten Teile nicht dehnen oder verziehen können. Mit sorgfältigem Bügeln kann Ihre Patchworkarbeit stehen und fallen, deshalb sollten Sie sich stets die Zeit dafür nehmen, ehe Sie sich an den nächsten Nähschritt machen.

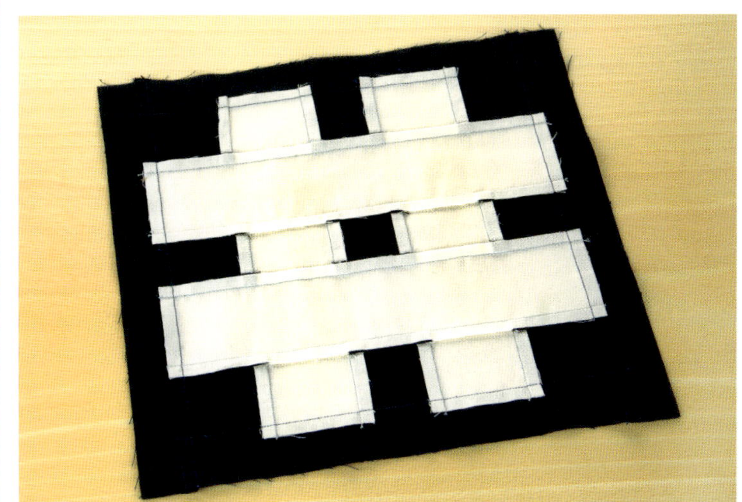

Nähtip

Tauschen Sie die standardmäßig eingesetzte Zickzackstichplatte Ihrer Nähmaschine zum Patchen und Quilten gegen eine Geradstichplatte aus. Diese verhindert, daß die Nadel unbeabsichtigt auf die Seite gezogen wird, und führt so zu gleichmäßigeren Geradstichen. Wenden Sie sich wegen weiterer Informationen an den Nähmaschinenhändler Ihres Vertrauens, und denken Sie daran, nach dem Patchen die Zickzackstichplatte wieder einzusetzen.

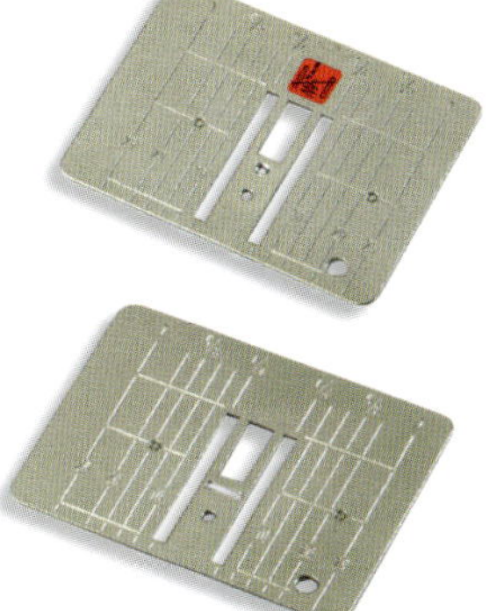

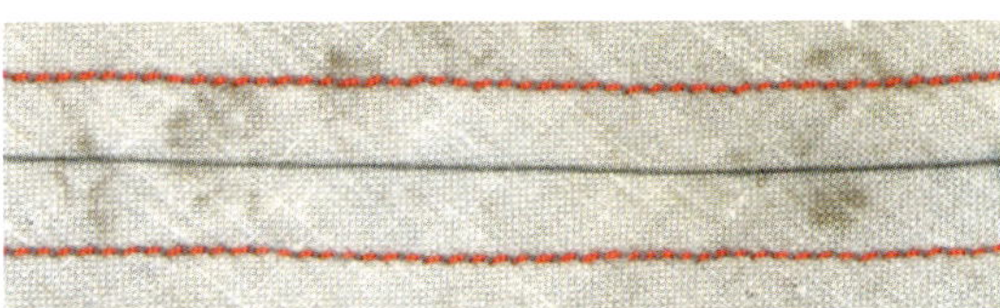

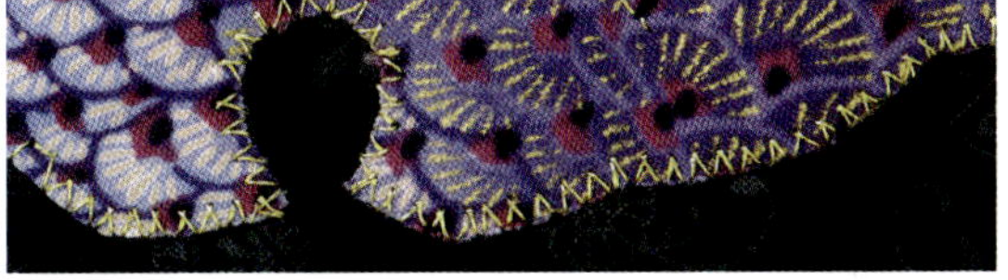

Eingesetzte Nähte

Eingesetzte Nähte sind erforderlich, wenn zwei Stoffteile so aneinandergenäht werden, daß zwei ihrer Kanten miteinander einen Winkel bilden, in den ein drittes Teil eingefügt werden muß, und wenn sich dies nicht mit einer geraden Naht bewerkstelligen läßt.

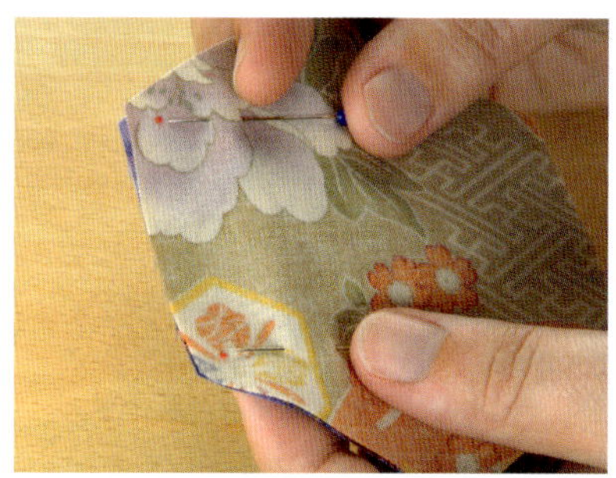

1 Markieren Sie die Nahtlinie an jedem Eckpunkt mit einem Punkt.

2 Nähen Sie die ersten beiden Stoffteile entlang der Linie zwischen den beiden Punkten zusammen. Beginnen Sie die Naht mit ein paar Stichen entgegen der Arbeitsrichtung, steppen Sie dann die Strecke zwischen den beiden Punkten, und nähen Sie am Ende der Naht ein paar Stiche zurück.

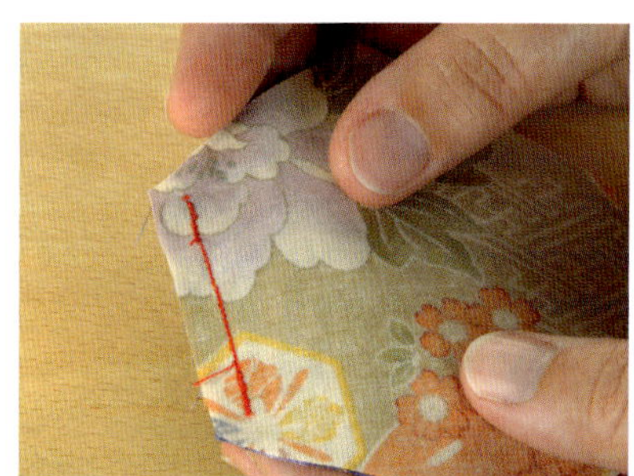

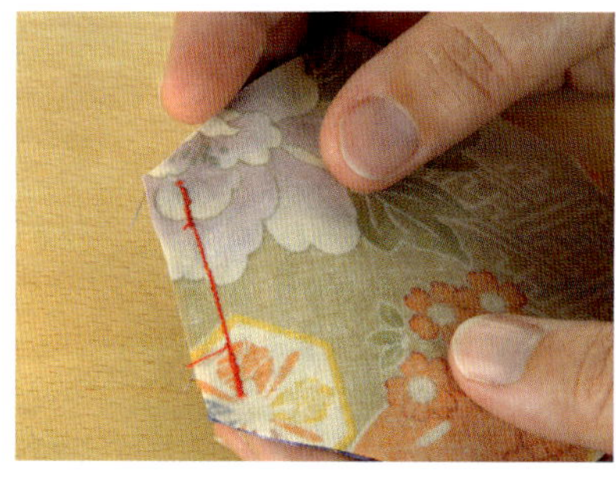

3 Setzen Sie das nächste Stoffteil genauso ein, indem Sie bei beiden Nahtlinien die Eckpunkte anzeichnen und diese mit einer Naht miteinander verbinden. Muster mit eingesetzten Nähten finden Sie bei den Blöcken 65 (siehe Abbildung unten), 66 und 67. Bügeln Sie alle Nahtzugaben entweder im oder gegen den Uhrzeigersinn.

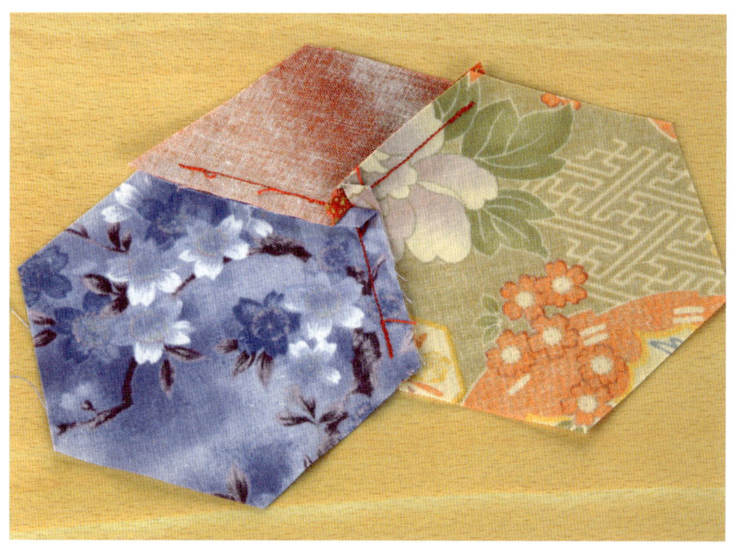

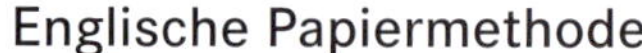

Englische Papiermethode

Sechsecke, Rauten, Dreiecke und andere Formen mit mehr oder weniger spitzen Winkeln lassen sich mit der englischen Papiermethode leichter aneinandernähen als auf herkömmliche Art.

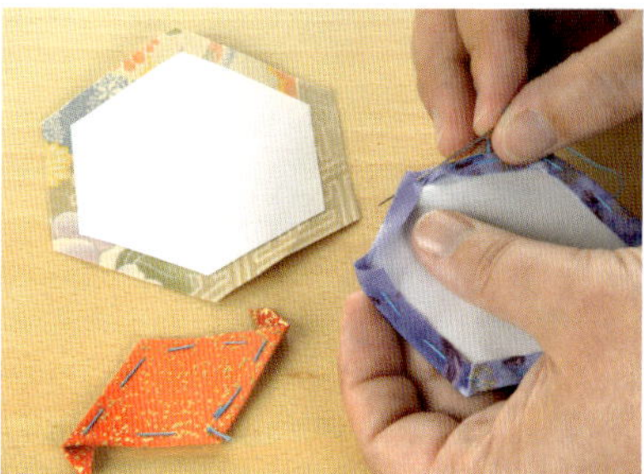

1 Schneiden Sie für jedes Stoffteil eine Papierschablone zu, die genau seinem Fertigmaß – dem Maß ohne Nahtzugabe – entspricht. Heften Sie die Stoffteile rundherum an die Schablonen, indem Sie die Nahtzugaben um die Ränder falten und durch das Papier nähen.

2 Legen Sie die Teile rechts auf rechts aufeinander, und nähen Sie sie mit überwendlichen Stichen zusammen; beginnen und enden Sie jeweils etwa 0,75 cm von einer Ecke mit einem Knoten.

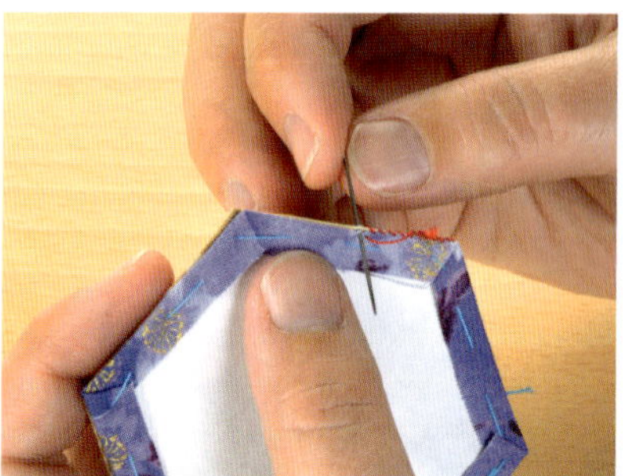

3 Setzen Sie das nächste Teil ebenso ein. Bügeln Sie die Arbeit, wenn Sie alle Teile aneinandergenäht haben, und entfernen Sie dann sorgfältig die Heftfäden und Papierschablonen.

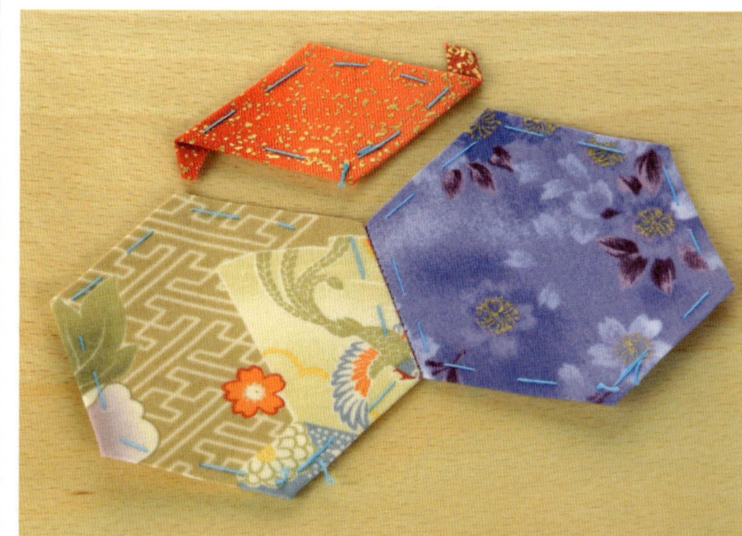

45°-Winkel nähen

Die 45°-Winkel für Muster wie das von Block 32 nähen Sie so ähnlich wie die schnellen Ecken auf Seite 37.

1 Legen Sie die Ecken der beiden Stoffteile rechts auf rechts exakt aufeinander und zeichnen Sie im Winkel von 45° eine diagonale Nahtlinie auf. Stecken Sie die Teile aufeinander, überprüfen Sie, ob sie noch richtig liegen, und nähen Sie dann entlang der aufgezeichneten Linie.

2 Falten Sie die zusammengenähten Teile auseinander, bügeln Sie die Nahtzugaben, und schneiden Sie den überschüssigen Stoff ab. Nähen Sie wie erforderlich noch weitere Teile mit Ansatznähten im 45°-Winkel.

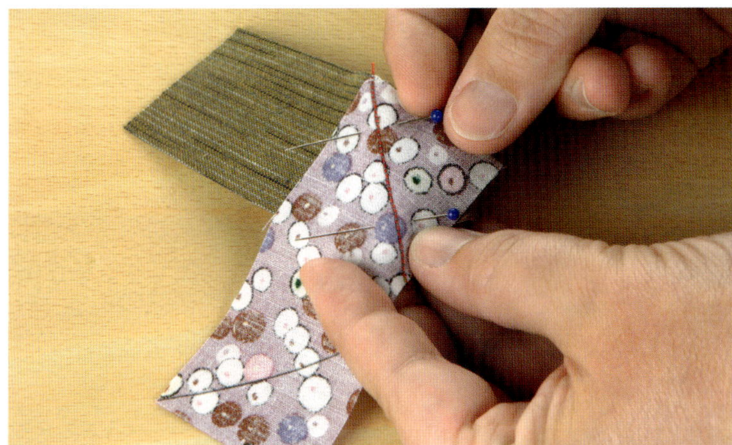

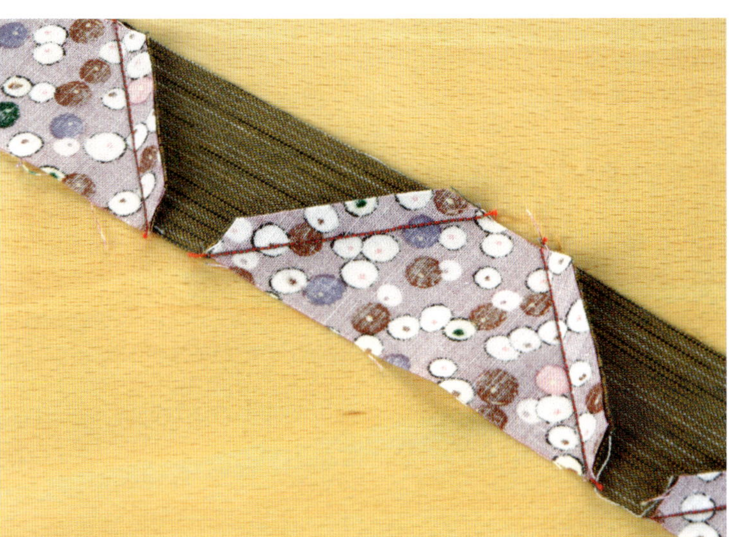

Teilnähte

Die um ein Mittelquadrat herum angeordneten Streifen greifen ein Element auf, das man aus der japanischen Architektur und von japanischen Fußböden kennt. Bei Designs wie dem hier abgebildeten Block 38 darf die erste Naht zunächst nur teilweise ausgeführt werden.

1 Legen Sie das erste Rechteck für die erste Naht rechts auf rechts und Schnittkante auf Schnittkante auf das Mittelquadrat. Steppen Sie mit der Maschine bis zur Mitte der Nahtlinie (roter Faden).

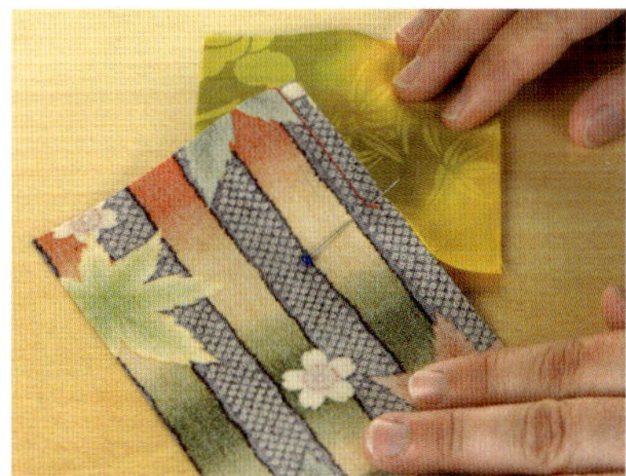

2 Bügeln Sie die Nahtzugaben zum Rechteck, und setzen Sie dann das nächste Rechteck an. Nähen Sie diesmal die ganze Naht, und bügeln Sie anschließend die Nahtzugaben wieder zum Rechteck. Fügen Sie auf diese Art alle Rechtecke an, und schließen Sie zuletzt die Anfangsnaht.

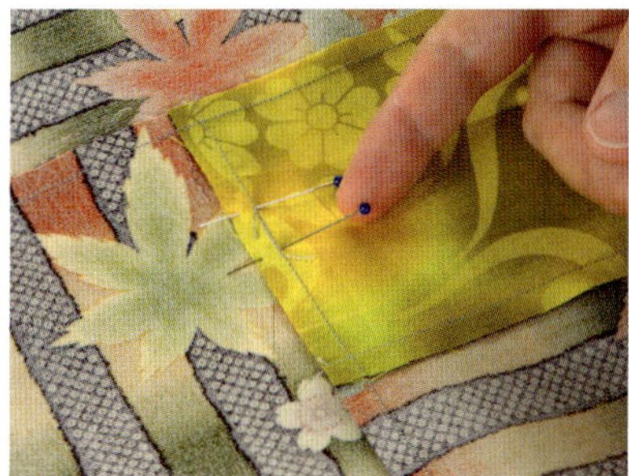

3 Bügeln Sie die Nahtzugaben des Blocks wie gewohnt.

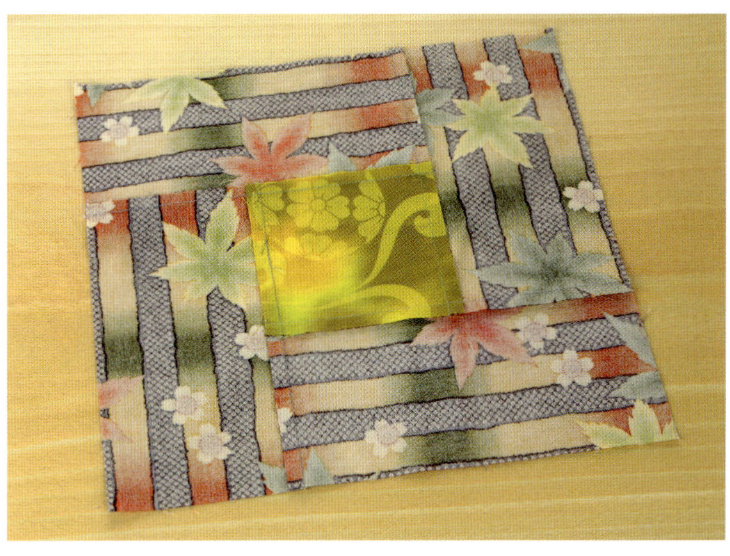

Einen Kreis einsetzen

Kamon oder Familienwappen werden oft traditionell in einen hellen Kreis auf dunklem Hintergrund gesetzt. Mit etwas Übung können Sie so einen Kreis viel schneller patchen als applizieren.

1 Fertigen Sie je eine Kreisschablone von 16 cm und 14 cm Durchmesser aus Pappe oder Schablonenplastik an. Zeichnen Sie bei beiden Schablonen am Rand wie bei einem Kompaß Paßzeichen an – Nord, Nordost, Ost etc. Richten Sie die 14 cm große Schablone mittig auf dem Hintergrundstoff aus, ziehen Sie den Umriß nach, übertragen Sie die Paßzeichen auf den Stoff und schneiden Sie den Kreis aus. Schneiden Sie aus dem zweiten Stoff einen 16 cm großen Kreis aus, und übertragen Sie auch diesmal die Paßzeichen.

2 Richten Sie den Hintergrundstoff rechts auf rechts so auf dem Kreis aus, daß die entsprechenden Paßzeichen aufeinanderliegen. Stecken Sie die Stoffe zuerst an diesen Punkten aufeinander, dann an mehreren dazwischenliegenden. Nähen Sie die beiden Teile sorgfältig entlang der Kreislinie mit der Maschine aneinander. Falten Sie die Teile auseinander, und bügeln Sie die Nahtzugaben nach außen zum Hintergrundstoff.

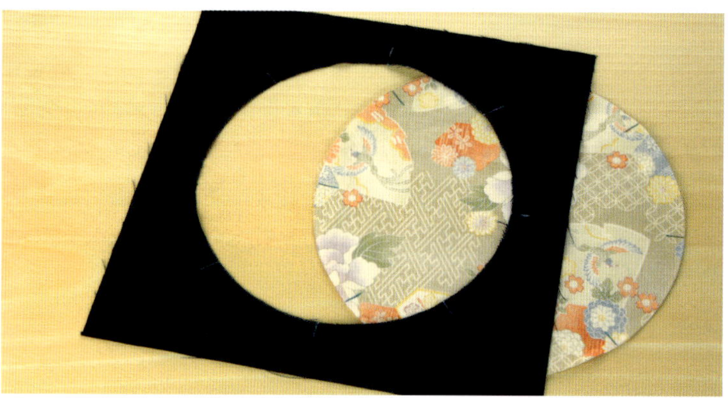

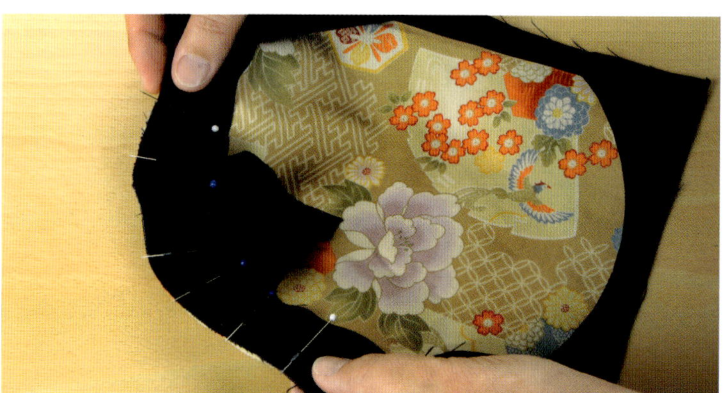

Dreiecksquadrate

Mit dieser präzisen Nähmethode für Dreiecksquadrate umgehen Sie die Notwendigkeit, zwei diagonal zum Fadenlauf zugeschnittene Kanten zusammenzunähen, da der Stoff erst zerschnitten wird, nachdem die diagonalen Nähte gesteppt wurden. Verwenden Sie diese Technik für Entwürfe wie die von Block 28 und 29. Damit die Dreiecke ganz exakt ausfallen, geben Sie zum gewünschten Fertigmaß des Dreiecksquadrats außer den üblichen Nahtzugaben noch 1,25 cm hinzu – für ein Quadrat von 8 x 8 cm Fertigmaß müssen Sie also 10,75 x 10,75 cm große Dreiecksquadrate zuschneiden (8 cm Fertigmaß plus 2 x 0,75 cm Nahtzugabe zuzüglich 1,25 cm). Die Maßangaben in der Blocksammlung enthalten diese Zugabe bereits.

1 Zeichnen Sie auf dem helleren Quadrat eine Diagonale ein, und legen Sie die Quadrate rechts auf rechts aufeinander. Betrachten Sie die eingezeichnete Linie als Schnittkante, und richten Sie sie an der Außenkante Ihres 0,75 cm breiten Nähfußes aus. Nähen Sie links und rechts der eingezeichneten Linie entlang, und zerschneiden Sie dann den Stoff entlang der Linie.

2 Falten Sie beide Dreiecksquadrate auseinander, und bügeln Sie die Nahtzugaben zum dunkleren Stoff. Schneiden Sie die überstehenden Enden der Nahtzugaben auf die Höhe der Schnittkanten des Quadrats zurück.

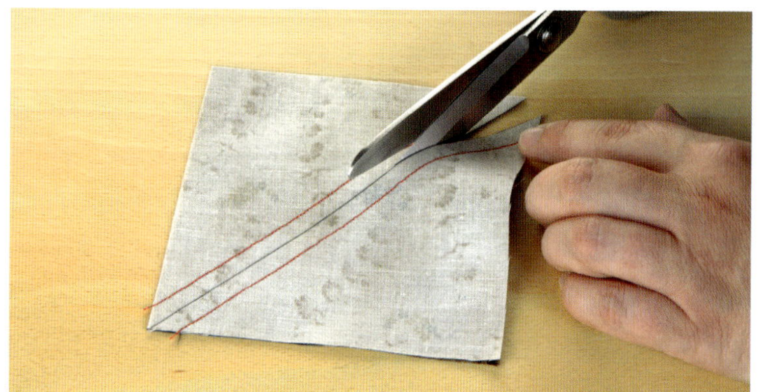

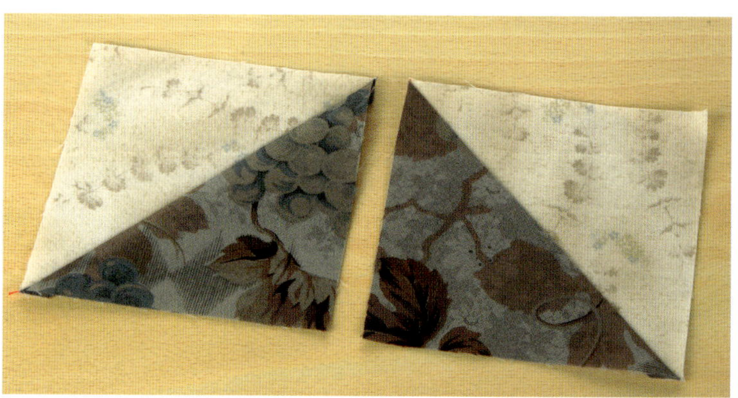

Schnelle Ecken

Mit dieser Methode lassen sich Dreiecke schnell und einfach an die Ecken größerer Stoffteile wie die von Block 27 patchen. Schneiden Sie ein Quadrat von der erforderlichen Größe zu, und zeichnen Sie auf der linken Stoffseite eine diagonale Linie auf. Legen Sie das Quadrat rechts auf rechts auf die entsprechende Ecke des großen Stoffteils, und nähen Sie entlang der aufgezeichneten Linie. Falten Sie das so entstandene Dreieck nach außen und bügeln Sie es; schneiden Sie den überschüssigen Stoff darunter ab. Verfahren Sie so an allen Ecken.

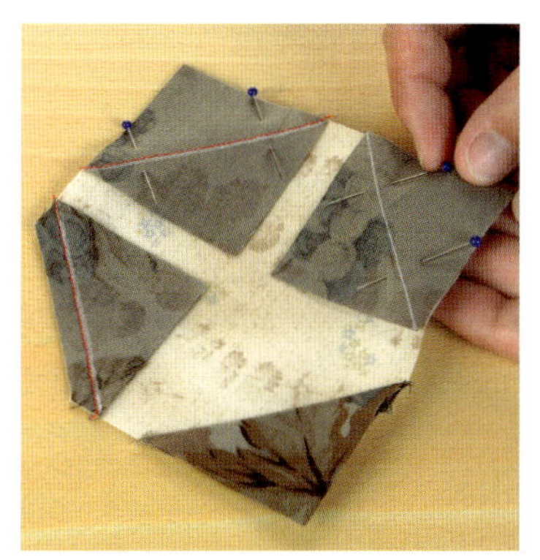

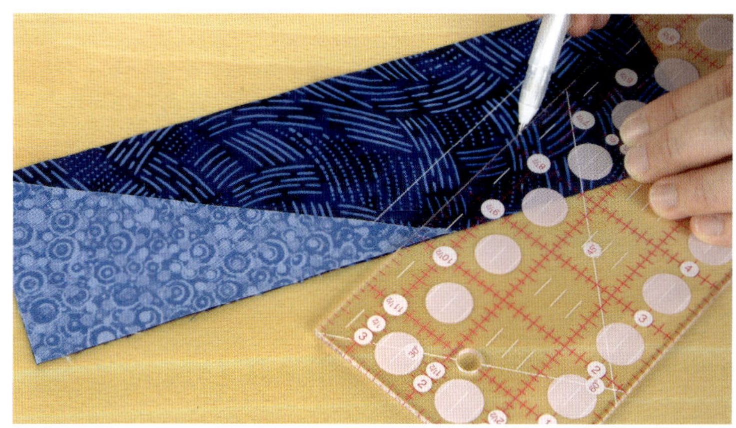

Spezielle Patchworktechniken

Für die Blöcke 74 und 75 müssen Sie ein paar spezielle Patchworktechniken beherrschen.

1 Richten Sie zum Ansetzen der Eckdreiecke für die Fujiama-Blockabschnitte die beiden Dreiecke links auf rechts und Ecke auf Ecke auf dem Stoff für den Berg aus. Ziehen Sie mit Hilfe eines Lineals die diagonalen Kanten beider Dreiecke auf diesem Stoff nach (die so entstandenen Hilfslinien müssen Sie nach dem Nähen entfernen). Legen Sie die Dreiecke beiseite, und ziehen Sie jeweils 1,5 cm unterhalb der aufgezeichneten Linie (da, wo die Dreiecke lagen) parallel zur ersten Diagonalen eine zweite Linie. Legen Sie dann jedes Dreieck rechts auf rechts so mit der diagonalen Kante an der entsprechenden zweiten gezeichneten Linie an, daß sich der rechte Winkel jedes Dreiecks mit dem entsprechenden Winkel des Rechtecks deckt, wenn Sie die Dreiecke umfalten, und nähen Sie die Dreiecke mit 0,75 cm Nahtzugabe an. Falten Sie die Dreiecke zurück, und bügeln Sie sie. Schneiden Sie den überschüssigen Stoff unter den Dreiecken mit der Schere ab.

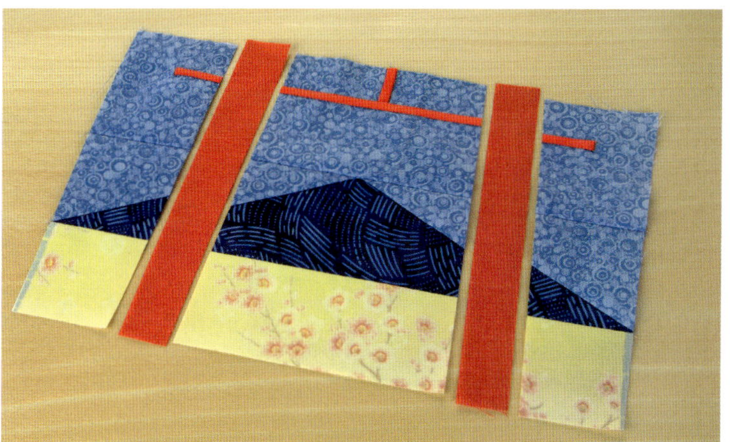

2 Applizieren Sie beim Torii-Tor für den 2 cm langen senkrechten und den 14 cm langen waagrechten Torbalken das Schrägband auf den Blockabschnitt für den Himmel. Nähen Sie die Abschnitte für Himmel, Berg und Vordergrund aneinander. Schneiden Sie den Block auf beiden Bergseiten entlang einer schräg nach innen verlaufenden Linie auseinander; die Linie beginnt jeweils an der Unterkante des Blocks 4 cm von der Ecke und endet an der Oberkante des Blocks 5 cm von der Ecke. Setzen Sie die beiden Streifen für die Seitenpfeiler des Tors ein.

3 Falten Sie den Streifen für das Dach des Tors der Länge nach zur Hälfte. Schrägen Sie die Enden ab, und runden Sie eine Längsseite in einem sanften Innenbogen ab. Applizieren Sie die Schmalseiten des Teils auf den Streifen für den Himmel, und nähen Sie das Schrägband entlang der gebogenen Schnittkante auf (Seite 39). Ordnen Sie die Abschnitte für den Block nach dem Nähschema an, fügen Sie die Seitenpfeiler des Tors in den unteren Blockabschnitt ein, und setzen Sie zuletzt den obersten Blockabschnitt an.

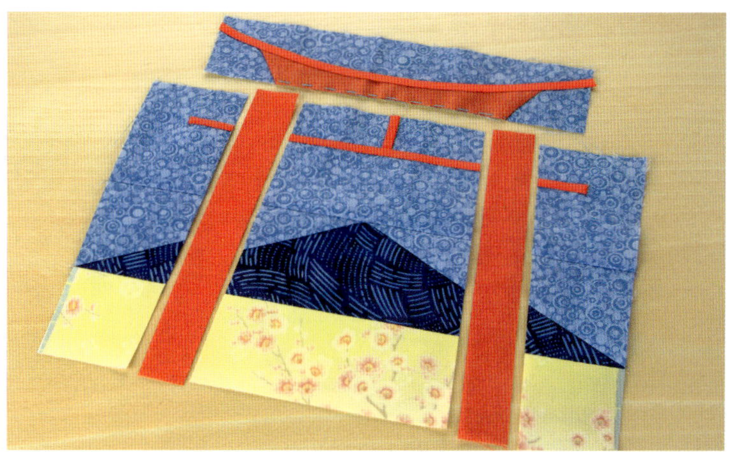

Applizieren

Beim Applizieren entsteht ein dekoratives Design, indem ein Stoffstück auf ein anderes aufgenäht wird. Mit dieser Methode lassen sich hervorragend *kamon* (Familienwappen) und Details für gepatchte Blöcke arbeiten. Applikationen können Sie von Hand oder mit der Maschine nähen oder vor dem Festnähen mit der Maschine auf den Unterstoff aufbügeln.

Traditionelle Applikation

Bei der traditionellen Applikation, die ohne Schablonen auskommt, zeichnen sich die Applikationsteile durch stabile, feste Kanten aus. Diese Methode, für die Sie jedes Applikationsteil rundherum mit 3 mm Nahtzugabe versehen müssen, ist bei japanischen Quiltern beliebt.

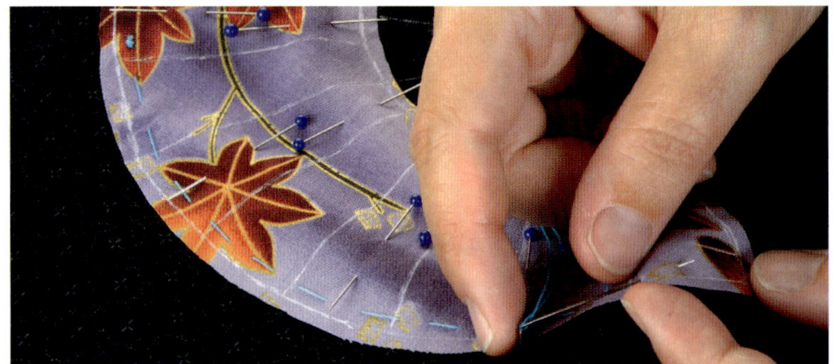

1 Heften Sie das zu applizierende Teil im Abstand von 6 mm von den Schnittkanten mit kleinen Stichen auf den Unterstoff. Die Heftstiche verhindern, daß Sie zuviel Stoff nach hinten falten.

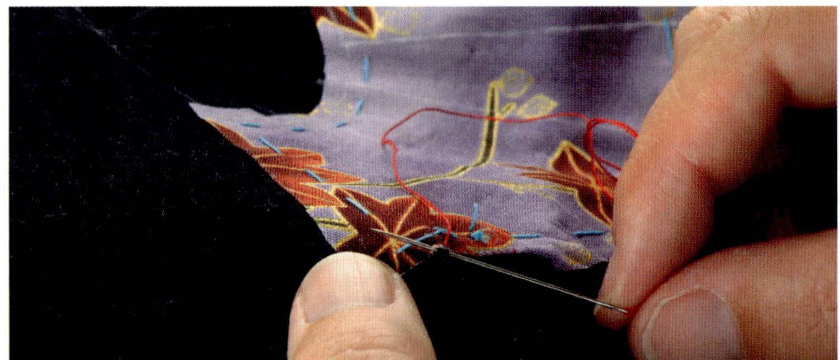

2 Falten Sie beim Nähen mit einer Applikationsnadel oder einer langen Nähnadel nach und nach die Schnittkante nach hinten, und schieben Sie die Nahtzugabe mit der Nadelspitze an Ort und Stelle. Stechen Sie die Nadel genau in der Bruchkante des Applikationsteils aus und in den Unterstoff wieder ein. Beginnen und beenden Sie jede Naht an einer langen Kante, und nähen Sie die Applikation mit kleinen Saumstichen auf dem Unterstoff fest. Da bei Applikationen die meisten Kanten diagonal zum Fadenlauf verlaufen, brauchen Sie die Nahtzugabe bei Rundungen nicht einzuschneiden, sondern müssen sie nur sorgfältig nach hinten schieben. Schneiden Sie die Nahtzugabe nur dort ein, wo die Schnittkanten miteinander ein tiefes V bilden, und auch da nur ein paar Fäden weit. Kneiffen Sie beim Nähen nach und nach den Stoff entlang der Bruchkante fest mit den Fingern zusammen.

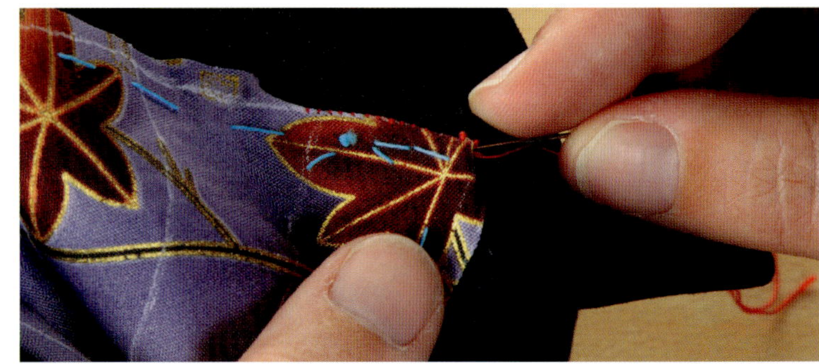

3 Ziehen Sie für spitze Winkel und Ecken den Faden bei den letzten paar Stichen nur leicht an, schieben Sie dann die Nahtzugabe der Spitze soweit wie möglich unter das Applikationsteil, und ziehen Sie zuletzt den Faden behutsam an; so straffen sich die Stiche, und es bildet sich eine perfekte Spitze.

Die Schablonen in der Blocksammlung anwenden

Die Schablonen, *kamon*-(Familienwappen) und *takarazukushi*-(Schatzsammlungs-)Vorlagen in diesem Buch müssen mit einem Fotokopiergerät um den jeweils angegebenen Faktor vergrößert werden. Übertragen Sie mit Hilfe der Vergrößerung das Muster zum Nachnähen in Sashiko oder als Legehilfe zum Applizieren auf den Hintergrundstoff (Seite 41). Schneiden Sie dann falls erforderlich Schablonen für die einzelnen Applikationsteile gemäß der Vergrößerung zu. Von der gewählten Applikationsmethode hängt es ab, ob Sie vor dem Zuschneiden der Applikationsteile Schablonen dafür anfertigen oder die aufzunähenden Stoffstücke mit Nahtzugaben versehen müssen.

Applikation mit *Freezerpaper*

Bei dieser Methode legt man Papierschablonen unter den Stoff, der um die Kanten der Schablonen herumgefaltet und gebügelt wird, um ein exaktes Ergebnis zu gewährleisten. Schablonen aus *Freezerpaper* befestigen Sie auf der Rückseite des Stoffs, indem Sie sie dort mit der gewachsten Seite nach unten aufbügeln. Schneiden Sie nach dem Aufbügeln der Schablone das Applikationsteil ringsherum mit 0,75 cm Nahtzugabe zu. Schneiden Sie nach dem Applizieren des Teils den darunterliegenden Stoff bis auf einen Rand von 0,75 cm weg, und ziehen Sie das Papier behutsam vom Stoff ab. Wenn Sie kein *Freezerpaper* bekommen können, bietet sich das Einwickelpapier von Fotokopierpapier als preiswerter Ersatz an.

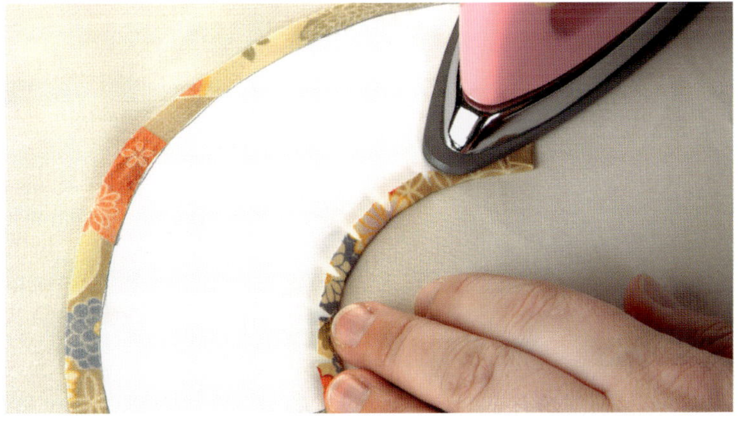

Applikation mit Haftvlies

Bei dieser schnellen Applikationsmethode bügeln Sie von links Haftvlies auf den Stoff, schneiden dann die Applikationsteile aus und bügeln sie auf einen Hintergrundstoff. Zeichnen Sie zunächst die einzelnen Teile des Musters auf das Trägerpapier des Haftvlieses auf – denken Sie daran, daß Sie die Formen spiegelbildlich und ohne Nahtzugaben darauf übertragen müssen. Versäubern Sie die Schnittkanten mit der Nähmaschine mit Satin- oder dekorativen Stickstichen oder einfach mit Zickzackstich in unsichtbarem Nylongarn. Mit Metallicgarn eingefaßte Schnittkanten können aussehen wie die berühmte japanische *kinkoma-* oder Goldfadenstickerei. Bitte beachten Sie, daß Haftvlies Applikationen steifer machen und dadurch das Nähen von Hand erschweren kann.

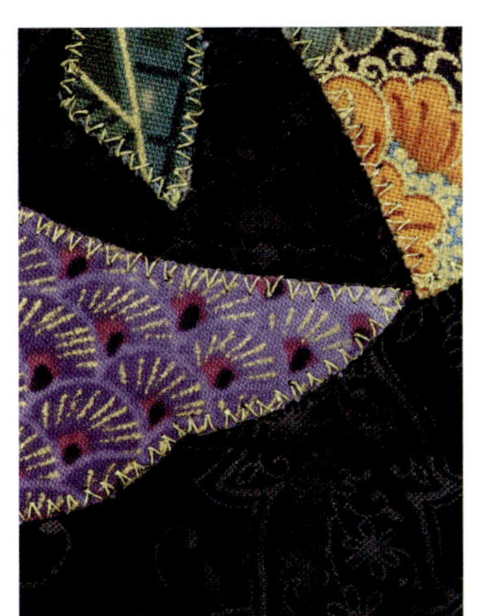

Schrägband zum Aufbügeln

Mit Schrägband zum Aufbügeln, einem japanischen Produkt, lassen sich Bänder, Stiele und Äste etc. ganz einfach darstellen. Eine Alternative bietet aufbügelbares Klebeband in Verbindung mit Schrägband, jeweils 6 mm breit.

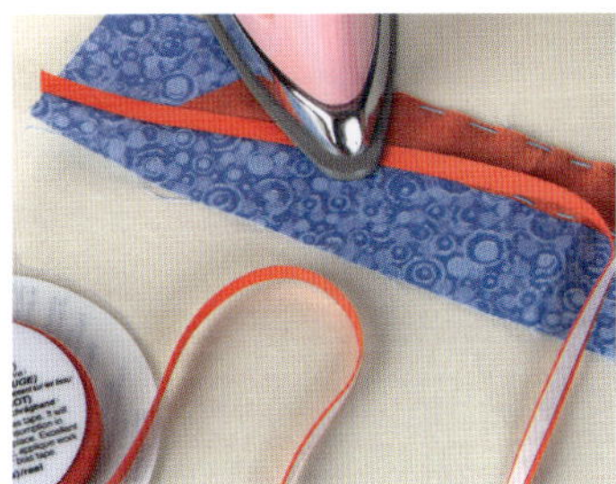

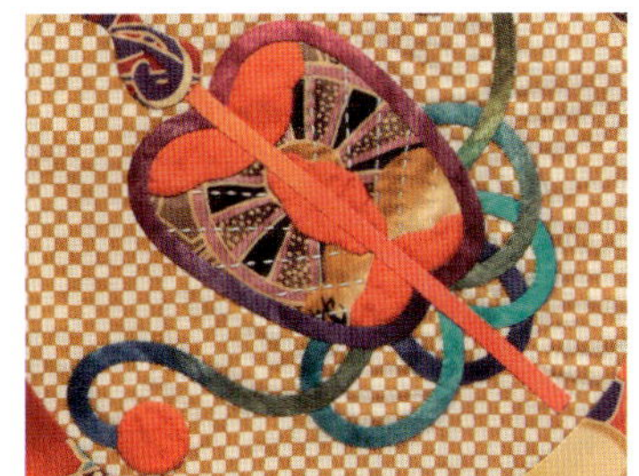

1 Bügeln Sie nach der Gebrauchsanweisung des Herstellers das Schrägband wie erforderlich auf den Stoff auf, und nähen Sie es dann wie bei der traditionellen Applikation mit kleinen Stichen fest. Wo sich das Band wie in der nebenstehenden Abbildung mit den Schnittkanten einer applizierten Form überlappt, heften Sie die Form einfach auf den Unterstoff und verdecken die Schnittkanten mit dem Schrägband. Kann ein Ende des Bandes nicht unter einer Form verborgen werden, schlagen Sie es nach innen ein.

2 Multicolor-Schrägband eignet sich gut für Designs mit einander überlappenden Bändern. Bei dem abgebildeten Motiv sind die Enden der Bänder jeweils unter anderen applizierten Kanten verborgen.

Details sticken

Setzen Sie bei Ihren applizierten Blöcken mit Details in Vorstich, Stielstich oder Knötchenstich Akzente.

- Vorstich: Nähen Sie eine saubere Vorstichreihe, bei der die Stiche und die dazwischenliegenden Abstände gleich lang sind.
- Stielstich: Stechen Sie die Nadel auf der Vorderseite des Stoffs aus, und nähen Sie einen langen Stich. Stechen Sie für den zweiten Stich die Nadel auf halber Länge neben dem ersten Stich wieder aus. Arbeiten Sie so eine Linie aus gleich langen, einander überlappenden Stichen.
- Knötchenstich: Stechen Sie die Nadel auf der Vorderseite des Stoffs aus, und wickeln Sie den Faden zweimal um die Nadel. Halten Sie den Faden straff, stechen Sie die Nadel dicht neben dem Ausstichspunkt wieder ein, und ziehen Sie den Faden an, so daß sich auf dem Stoff ein Knötchen bildet.

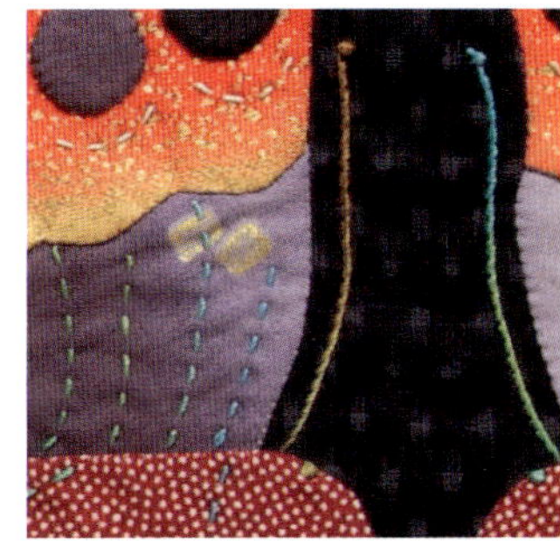

Sashiko

Sashikostoffe müssen grober gewebt sein als normale Patchworkstoffe, da sich die Muster sonst nur schlecht nähen lassen. Spezielle Sashikostoffe sind oft antiken Baumwollstoffen nachempfunden und in vielen Farben erhältlich.

Garn

Die Stärken und Farbschattierungen von Sashikogarnen verschiedener Hersteller unterscheiden sich voneinander, weshalb Sie bei einem Projekt nur Garn derselben Marke verwenden sollten. Wenn Sie kein richtiges Sashikogarn bekommen können, bietet sich Sticktwist als brauchbarer, wenn auch teurer Ersatz an. Baumwollperlgarn sieht weder aus wie Sashikogarn noch läßt es sich so verarbeiten, es ergibt jedoch interessante Farbakzente. Die besten Ergebnisse erhalten Sie mit speziellem Sashikogarn. Bereiten Sie das Garn zum Sticken vor, indem Sie den Strang ausbreiten, an einer Stelle alle Fäden auf einmal durchschneiden und sie zu einem lockeren Zopf flechten. Kürzen Sie die Fäden nicht, auch wenn sie Ihnen recht lang vorkommen mögen.

Nadeln

Verwenden Sie eine Sashikonadel oder eine große Näh- oder spitze Sticknadel – wichtig ist, daß die Nadel spitz, steif und relativ lang ist. Fädeln Sie einen ganzen langen Sashikofaden in die Nadel ein und ziehen Sie ihn bis zur Hälfte durch das Öhr. Streichen Sie den Faden aus, damit er sich nicht verdreht, und verknüpfen Sie die Enden mit einem einfachen Knoten miteinander; so kann der Faden nicht aus der Nadel rutschen, falls sie Ihnen hinunterfällt. Sashiko wird traditionell mit doppeltem Faden genäht.

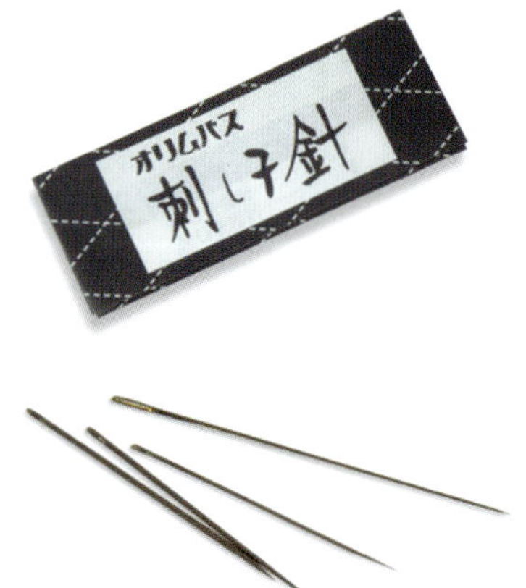

Geometrische Muster aufzeichnen

Zeichnen Sie die Linien mit einem Stoffmarkierstift direkt auf den Stoff auf – weiße Markierstifte, Schneiderkreide, weiche weiße Aquarellstifte, *Nonce*-Markierstifte, japanische Kreidemarkierräder oder andere helle Markierungshilfen sind alle geeignet.

1 Zeichnen Sie den zugrundeliegenden Raster mit Hilfe der Rasterlinien der Schneidematte auf den Stoff auf – die erforderliche Rastergröße finden Sie bei der Anleitung für den jeweiligen Sashikoblock. Achten Sie darauf, daß Sie den Raster der Schneidematte neben allen Stoffkanten sehen können. Das Lineal sollte mindestens so lang sein wie die Matte.

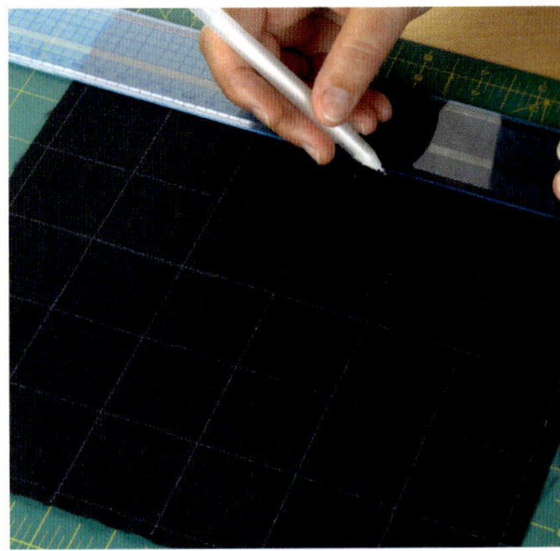

2 Zeichnen Sie geschwungene Linien für Muster wie die von Block 83 und 90 mit Hilfe einer entsprechend großen Kreisschablone auf, ganz kleine Kreise mit Hilfe einer Zehn-Cent-Münze von 2 cm Durchmesser.

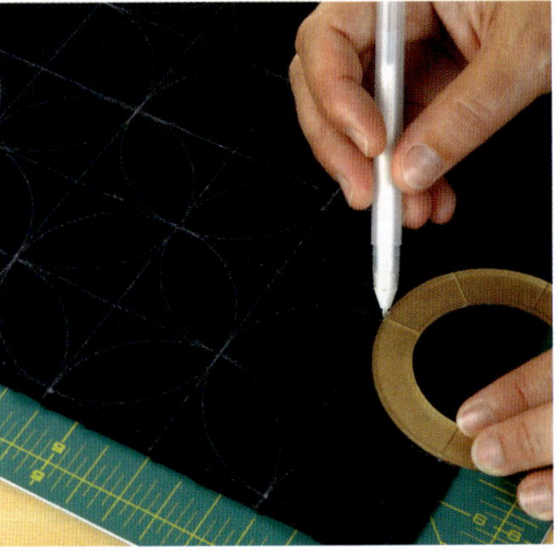

Kamon- und *takarazukushi*-Symbole aufzeichnen

Übertragen Sie *kamon*- und *takarazukushi*-Entwürfe mit Hilfe einer Lichtbox, bei der Sie das Muster unter den Stoff legen, oder von Kreidepapier, einer Art japanischem Schneiderkopierpapier, das in Weiß, Gelb, Pink und Blau erhältlich ist. Die Markierungen lassen sich auswaschen. Vergrößern Sie für beide Methoden die Muster zunächst mit einem Fotokopiergerät um den angegebenen Faktor.

1 Legen Sie das Kreidepapier mit der rechten Seite nach unten auf die rechte Seite des Stoffs, darauf das Muster, und stecken Sie die drei Lagen zusammen. Ziehen Sie alle Linien mit einem Gegenstand mit abgerundeter Spitze nach, zum Beispiel mit einer Stricknadel oder ähnlichem.

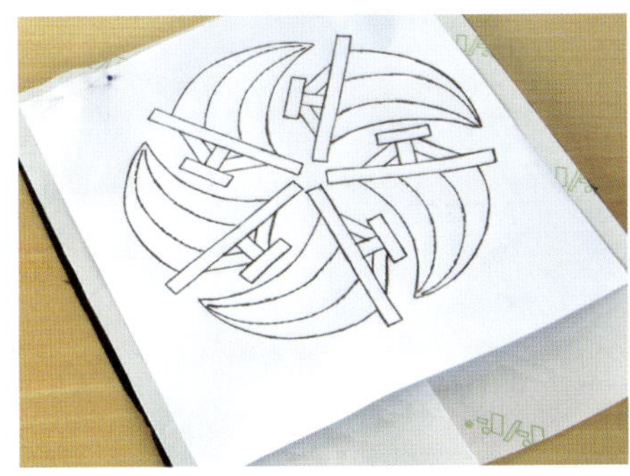

2 Heben Sie die Mustervorlage und das Kreidepapier vorsichtig vom Stoff ab; das Muster sollte jetzt auf den Stoff übertragen sein. Das Kreidepapier können Sie mehrmals verwenden.

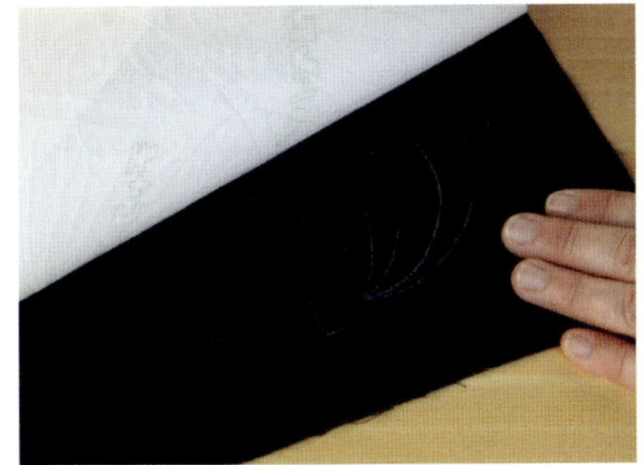

Nähtips für Sashiko

- Sashikomuster sollten aus gleichmäßigen, dicken, plastischen Vorstichen bestehen. Wenn Sie mit Ihren Stichen nicht zufrieden sind, schneiden Sie den Anfangsknoten ab, trennen die Stiche auf und beginnen von neuem.
- Stechen Sie beim letzten Stich vor einer Musterecke direkt in den Eckpunkt ein, damit das Muster optimal zur Geltung kommt.
- Lassen Sie an den Kreuzungspunkten von Musterlinien einen etwas größeren Abstand zwischen den Stichen, damit sich diese nicht auf der Vorderseite des Stoffs kreuzen und so eine häßliche, dicke Stelle bilden, durch die der Stoff obendrein unnötig strapaziert wird. Setzen Sie an einem solchen Punkt nie einen neuen Faden an.
- Plazieren Sie an Punkten, wo zwei Musterlinien aufeinandertreffen, die Stiche so, daß sie einander nicht berühren.

Sashiko nähen

Beginnen und beenden Sie Sashiko jeweils mit einem Knoten auf der Rückseite des Stoffs. Halten Sie sich bei geometrischen Mustern an die empfohlene Nähfolge. Nähen Sie *kamon*- (Familienwappen) und *takarazukushi*-Symbole soweit wie möglich mit fortlaufendem Faden, und arbeiten Sie die Konturen der Motive, ehe Sie sie ausfüllen.

1 Schieben Sie den Stoff in kleinen Fältchen auf die Nadel. Wenn Sie den Faden durch den Stoff ziehen, darf sich dieser ruhig zunächst kräuseln, bis Sie die Stiche glattgestrichen haben. Bei dieser Technik bleiben die Fäden des doppelt genommenen Garns parallel zueinander, wodurch die Stiche kräftig wirken und leicht erhaben auf der Stoffoberfläche liegen. Nähen Sie gerade und gleichmäßig weiter, indem Sie immer möglichst viele Stiche auf die Nadel schieben, ehe Sie den Faden durch den Stoff ziehen. Die ideale Stichlänge beträgt 3 bis 6 mm, die Abstände zwischen den Stichen sollten etwa halb so lang sein wie die Stiche selbst. Bügeln Sie das fertige Sashikomuster leicht von links.

2 Wo es im Muster angegeben ist, führen Sie den Faden locker auf der Rückseite der Arbeit weiter. Bei einem abrupten Wechsel der Arbeitsrichtung lassen Sie eine kleine Schlaufe auf der Stoffrückseite stehen, damit die Stiche Spiel haben und sich der Stoff nicht zusammenzieht.

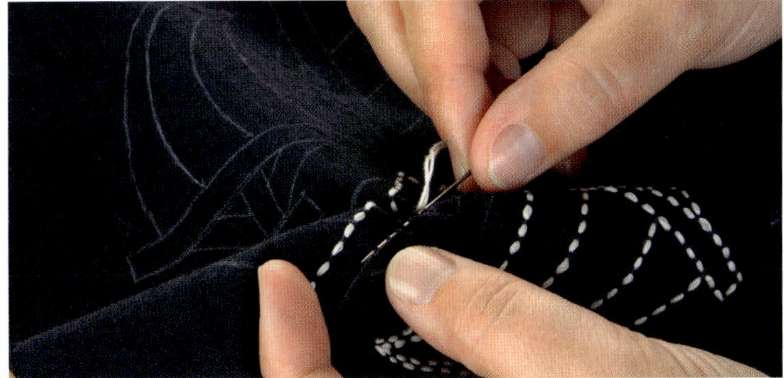

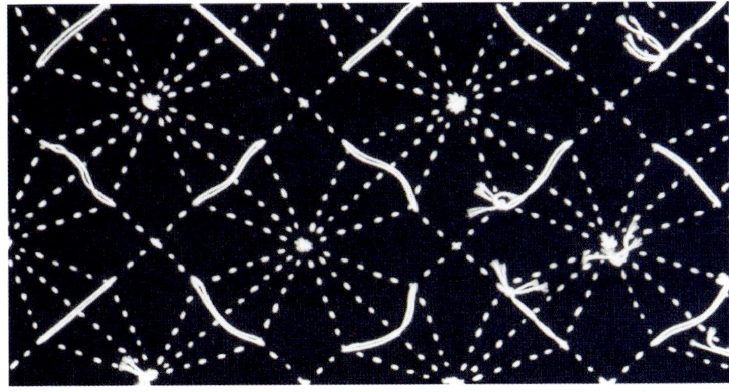

Einen Quilt fertigstellen

Fertige Blöcke nähen Sie so ähnlich aneinander wie die Teile einer einfachen Patchworkarbeit. Wenn Sie die letzten Nahtzugaben eines gepatchten Blocks gebügelt haben, legen Sie das Vlies zwischen Rückseitenstoff und Top und quilten die drei Lagen von Hand oder mit der Maschine. Zum Schluß versehen Sie den Quilt mit einer einfachen Randeinfassung.

Rand- und Zwischenstreifen

Ihren Quilt können Sie nach Wunsch mit Rand- oder Zwischenstreifen versehen. Randstreifen werden an jeden einzelnen Block angenäht, Zwischenstreifen dagegen zwischen zwei benachbarte Blöcke. Solche Streifen eignen sich vor allem für Samplerquilts, da sie bei der Vielzahl von verschiedenen Mustern ein verbindendes Element darstellen. Auf dieselbe Art können Sie einen Außenrand an Ihren Quilt ansetzen; die erforderliche Länge der Randstreifen ermitteln Sie, indem Sie die Länge und Breite des Quilts entlang der entsprechenden Mittellinie des Tops messen statt an den Außenkanten. Bei Rändern für Blöcke sollten die ersten beiden Streifen so lang sein wie die Kanten des Blocks, die nächsten beiden länger, nämlich so lang wie der Block zuzüglich der Breite der ersten beiden Streifen nach dem Annähen an den Block. Stecken Sie Rand- und Zwischenstreifen vor dem Nähen an den Block. Bügeln Sie die Nahtzugaben zwischen den Blöcken abwechselnd in die eine und in die andere Richtung.

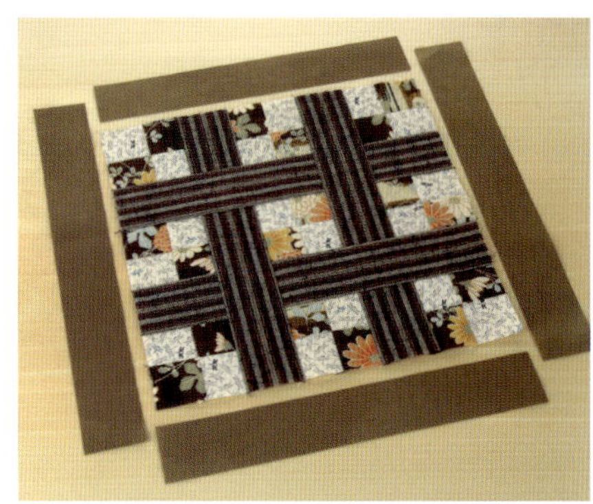

Die Lagen zusammenfügen

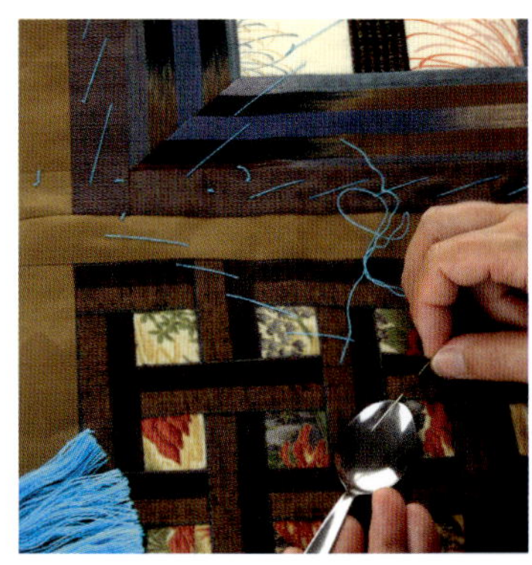

Quiltrückseite und Vlies sollten ringsherum etwa 5 cm größer sein als das Top. Bügeln Sie die Stoffe, legen Sie die Quiltrückseite auf eine ebene, saubere Unterlage, und streichen Sie sie glatt. Schützen Sie empfindliche Flächen wie wertvolle Tischplatten mit einer dicken Pappe oder einer Holzplatte. Kleben Sie die Quiltrückseite an den Kanten in gewissen Abständen mit Kreppband auf der Unterlage fest. Breiten Sie das Vlies auf der Quiltrückseite aus, und streichen Sie es glatt. Richten Sie das Top so auf dem Vlies aus, daß es völlig plan liegt und daß alle Blockecken quadratisch sind. Heften Sie die Lagen von der Mitte nach außen zusammen; wenn Sie möchten, können Sie sie zuvor auch provisorisch mit feinen Stecknadeln aufeinanderstecken. Japanische Quilter empfehlen, die Lagen wie hier abgebildet mit diagonalen Reihen leicht gegeneinander versetzter Stiche zu heften statt mit Reihen in gerader Linie aufeinanderfolgender Stiche, da sie so fester miteinander verbunden werden. Drücken Sie die Nadelspitze nach jedem Stich mit einem Teelöffel nach oben, um Ihre Finger zu schonen.

Handquilten

Viele japanische Quilter benutzen keinen Quiltrahmen, da sich die drei Quiltlagen dank der Heftmethode mit diagonal angeordneten Stichen kaum gegeneinander verschieben können. Quilten Sie von der Mitte nach außen. Viele Quilter schützen beide Zeigefinger mit einem Fingerhut. Sichern Sie zum Handquilten das Ende des Quiltfadens zunächst mit zwei Knoten. Stechen Sie dann von vorn entgegen der Arbeitsrichtung wie für einen langen Stich schräg in den Quilt, und ziehen Sie die beiden Knoten durch das Top ins Vlies. Kontrollieren Sie mit der Hand, mit der Sie nicht nähen, die Rückseite des Quilts, und nähen Sie mit der anderen mit einer Art schaukelnder Bewegung kleine Vorstiche durch alle Quiltlagen. Schieben Sie die Nadelspitze immer sofort nach oben, sobald Sie sie auf der Quiltrückseite spüren. Nehmen Sie mehrere Stiche auf einmal auf die Nadel, ehe Sie den Faden durch die Lagen ziehen. Wenn das Fadenende erreicht ist, drehen Sie den Quilt um, knüpfen wieder zwei Knoten in den Faden und ziehen ihn durch die Rückseite ins Vlies.

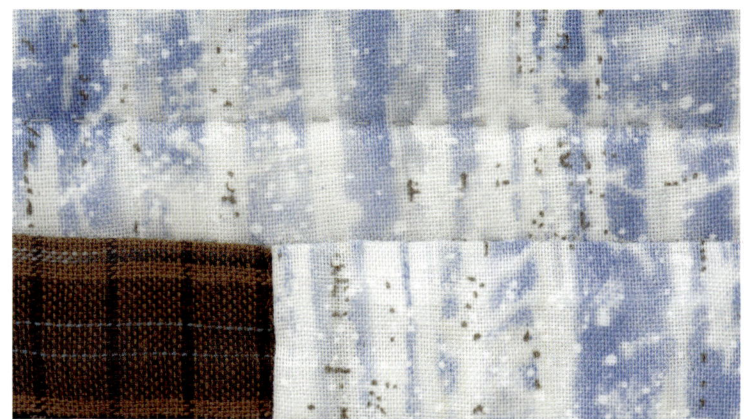

Maschinenquilten

Maschinenquilten ist im Westen beliebter als in Japan, und die Muster wirken linearer als beim Handquilten. Maschinengequiltete Nähte können Sie am Rand des Quilts beginnen und beenden und sich so das Vernähen vieler loser Fäden nach dem Quilten ersparen. Muster aus fortlaufenden Linien sind am einfachsten zu quilten. Wählen Sie das Garn einen Ton dunkler als die Hintergrundstoffe des Tops, es sei denn, Sie wünschen einen Kontrast; bei den abgebildeten Beispielen ist das Quiltgarn rot, damit man die Linien besser erkennen kann.

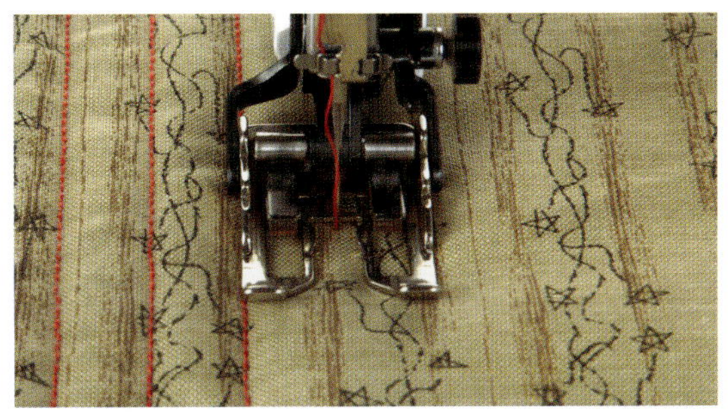

1 Verwenden Sie einen Oberstofftransporter, damit die Maschine alle drei Quiltlagen gleichmäßig transportiert und sich keine unansehnlichen Falten bilden können. Benutzen Sie ihn für gerade in der Naht gequiltete Linien, parallele Linien, Raster und leichte Bogen. Mit einem Nähcomputer können Sie Ihre Arbeit mit phantasievollen Stickstichen quilten, wenn Sie die Zickzackstichplatte einsetzen.

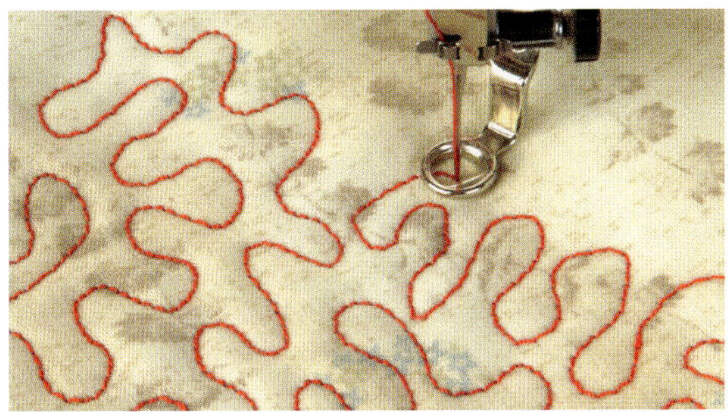

2 Zum Freihand-Maschinenquilten müssen Sie den Transporteur der Nähmaschine versenken, außerdem brauchen Sie dafür einen Stopf-, Quilt- oder Stickfuß. Führen Sie den Quilt in jeder beliebigen Richtung unter der Nadel hindurch. Achten Sie dabei auf fließende Bewegungen und gleichmäßiges Tempo, damit die Stiche gleich lang ausfallen. Manche Nähcomputer sind mit einem Bewegungssensor ausgestattet, der die Nähgeschwindigkeit reguliert, damit die Stiche gleichmäßig werden.

Randeinfassung

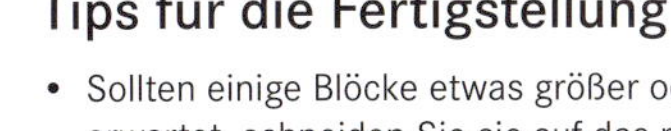

Schneiden Sie den Rückseitenstoff und das Vlies bis auf die Schnittkanten des Tops zurück. Heften oder nähen Sie dicht an den Kanten entlang um das ganze Top herum, um die Lagen zusammenzuhalten. Schneiden Sie vier 5 cm breite Streifen für die Randeinfassung zu, davon zwei so lang wie die entsprechenden Kanten und zwei 5 cm länger als die anderen beiden Kanten. Stecken Sie die ersten beiden Streifen im Abstand von ca. 0,75 cm entlang der entsprechenden Kanten auf der Vorderseite des Quilts fest, und nähen Sie sie an. Falten Sie die Streifen um die Kante auf die Rückseite des Quilts, schlagen Sie eine 0,75 cm breite Nahtzugabe ein, und nähen Sie die Streifen von Hand mit kleinen Saumstichen auf der Rückseite des Quilts fest. Fassen Sie die anderen beiden Kanten ebenso ein, aber stecken Sie die Streifen so fest, daß sich die Enden jeweils 2,5 cm weit mit den ersten beiden Streifen überlappen. Nähen Sie mit der Maschine nur die Strecke zwischen den ersten beiden Streifen. Falten Sie die überstehenden Streifenenden nach innen und schließen Sie die Nähte, ehe Sie die Streifen von Hand auf der Quiltrückseite festnähen.

Tips für die Fertigstellung

- Sollten einige Blöcke etwas größer oder kleiner ausgefallen sein als erwartet, schneiden Sie sie auf das richtige Maß zurück oder setzen Randstreifen an, damit alle Blöcke gleich groß werden.
- Wenn Sie die Quiltrückseite aus mehreren Stoffstücken zusammensetzen müssen, nähen Sie lieber zwei senkrechte seitliche Nähte als eine einzige in der Mitte, wo der Quilt später wahrscheinlich immer wieder gefaltet werden wird.
- Einige Baumwollvliesqualitäten müssen vorgeschrumpft werden, es sei denn, Sie möchten, daß sich Ihr Quilt nach der ersten Wäsche kräuselt wie ein antikes Stück. Weichen Sie das Vlies zum Vorschrumpfen in der Badewanne in warmem Wasser ein.
- Im Westen steckt man besonders zum Maschinenquilten die Quiltlagen gern mit Sicherheitsnadeln zusammen, statt sie zu heften; beachten Sie jedoch, daß Sie die Nadeln nur bei gemusterten Stoffen verwenden sollten, da sie winzige Löcher hinterlassen können.
- Überlegen Sie sich, ob Sie die Längs- oder die Schmalseiten Ihres Quilts zuerst einfassen möchten – bei einem Quilt für ein Bett sieht es besser aus, wenn die Längsseiten zum Schluß eingefaßt werden.
- Schneiden Sie für Wandbehänge die Randeinfassungsstreifen im Fadenlauf zu, für Bettdecken und Überwürfe diagonal zum Fadenlauf.
- Vergessen Sie nicht, Ihren Quilt mit einem signierten und datierten Etikett zu versehen; benutzen Sie zum Schreiben einen säurefreien Permanentmarker, und applizieren Sie das Etikett auf die Quiltrückseite.

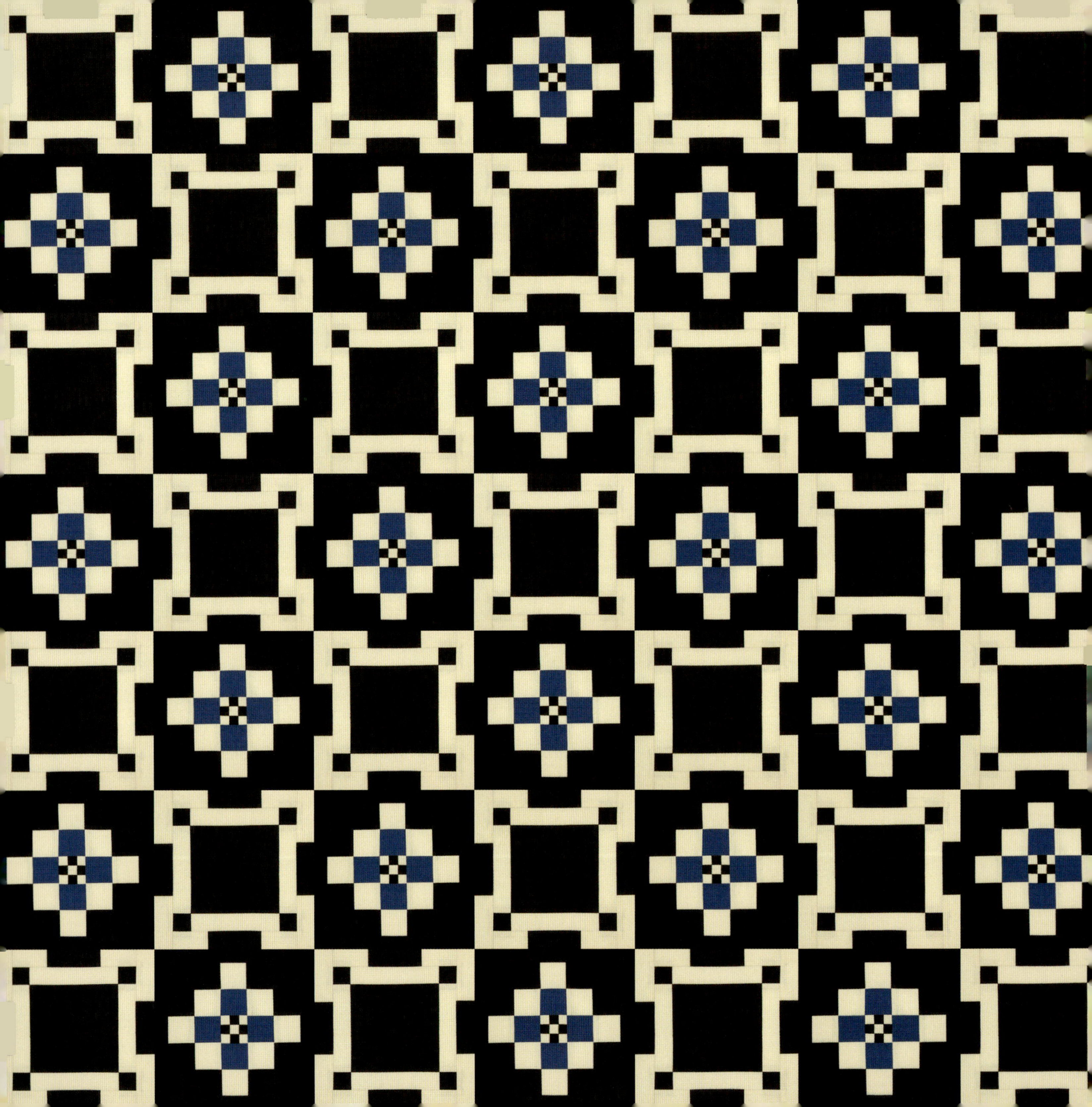

Blocksammlung

Die Blocksammlung enthält Fotos und Anleitungen für mehr als 125 japanische Quiltblöcke, die in Patchwork-, Sashiko-, *kamon*- und *takarazukushi*-Muster unterteilt sind. Für jeden Block ist der Schwierigkeitsgrad angegeben, so daß Sie sich die Blöcke aussuchen können, die Ihrer Näherfahrung entsprechen. Alle Blöcke können nach Belieben miteinander kombiniert und zu Quilts, Wandbehängen und Kissenhüllen zusammengestellt werden. In der Blocksammlung finden Sie immer wieder Vorschläge für Blockkombinationen, die Ihnen als Ausgangspunkt für eigene Arbeiten dienen können.

1 *Yosegi nikuzushi*

(Einfache Paare)

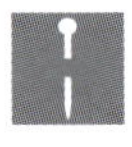
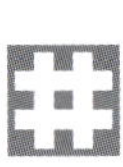
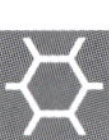

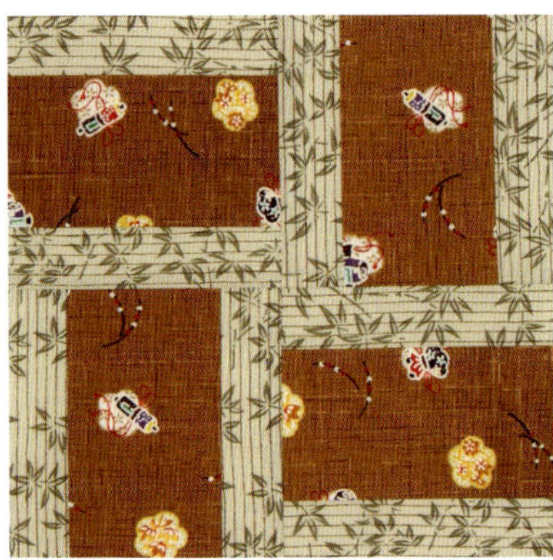

ZUSCHNITT

A
B
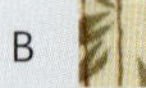

A Vier Streifen, 10,5 x 6,5 cm groß.
B Acht Streifen, 10,5 x 3,5 cm groß.

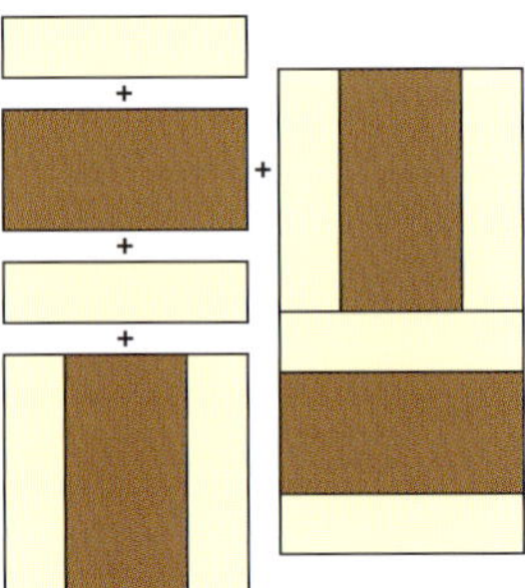

Nähen

Patchen Sie den Block dem Nähschema folgend. Setzen Sie ihn aus vier Teilblöcken zusammen.

2 *Yosegi gokuzushi*

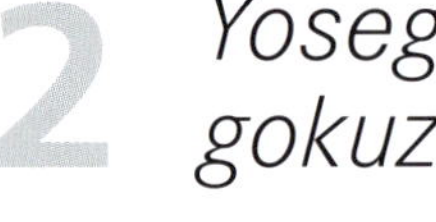

(Einfache Fünfergruppen)

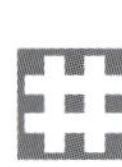
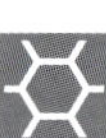

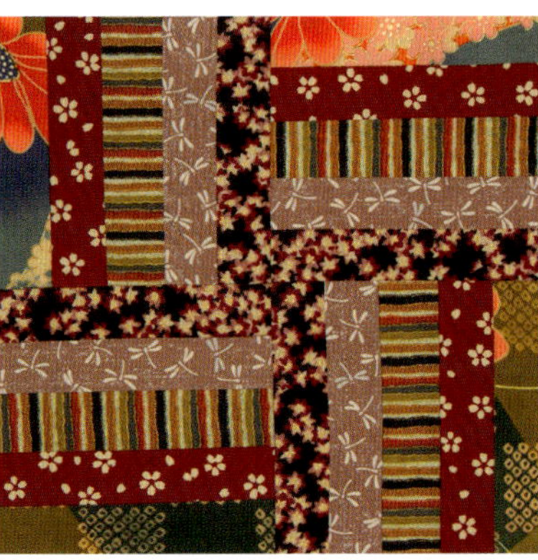

Wählen Sie für diesen Block Stoffe von stark kontrastierendem Farbton und Farbwert, damit das Muster optimal zur Geltung kommt.

ZUSCHNITT

A
B
C
D
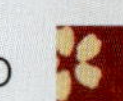
E

A Vier Streifen, 10,5 x 3,25 cm groß.
B Vier Streifen, 10,5 x 3,25 cm groß.
C Vier Streifen, 10,5 x 3,25 cm groß.
D Vier Streifen, 10,5 x 3,25 cm groß.
E Vier Streifen, 10,5 x 3,5 cm groß.

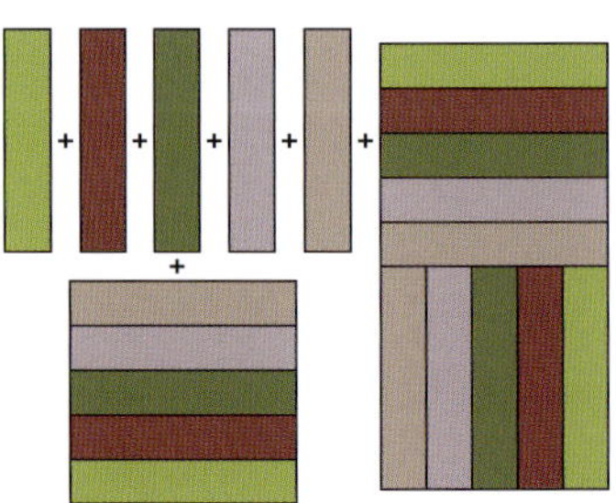

Nähen

Patchen Sie den Block dem Nähschema folgend. Setzen Sie ihn aus vier Teilblöcken zusammen.

3 *Yosegi kawari nikuzushi*

(Variante der einfachen Paare)

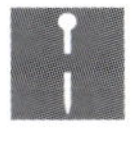
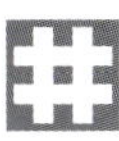
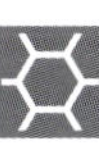

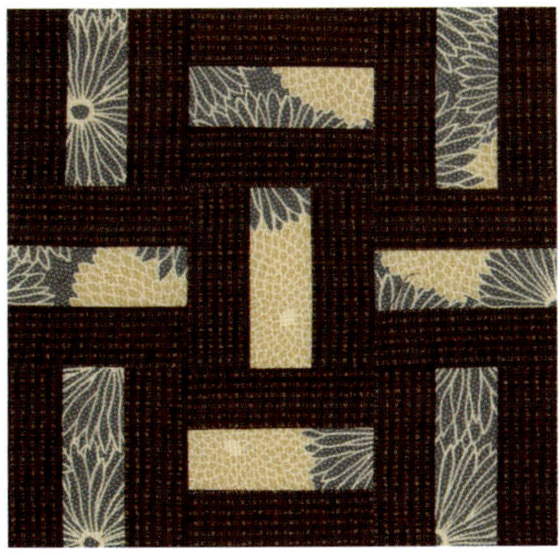

Statt Streifen von zwei verschiedenen Stoffen können Sie auch einen einzigen Stoff mit symmetrischen Streifen verwenden und den Block aus neun identischen 7,5 x 7,5 cm großen Quadraten nähen.

ZUSCHNITT

A Achtzehn Streifen, 7,5 x 3,5 cm groß.
B Neun Streifen, 7,5 x 3,5 cm groß.

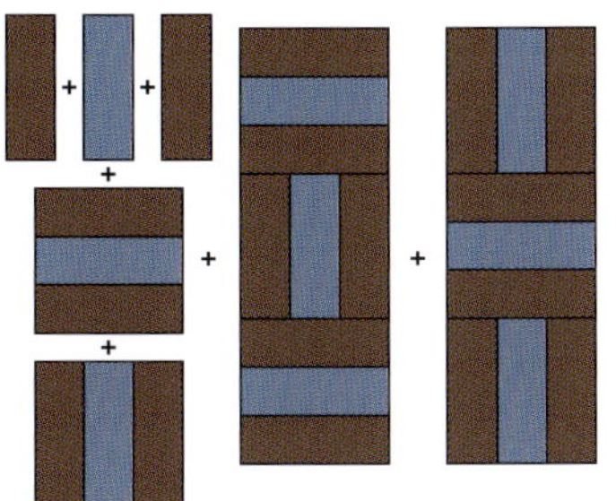

Nähen

Patchen Sie den Block dem Nähschema folgend. Setzen Sie ihn aus drei Streifen zusammen.

4 *Hirasan kuzushi*

(Einfaches Muster mit drei Linien)

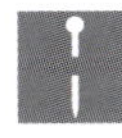
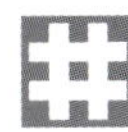
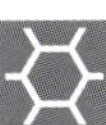

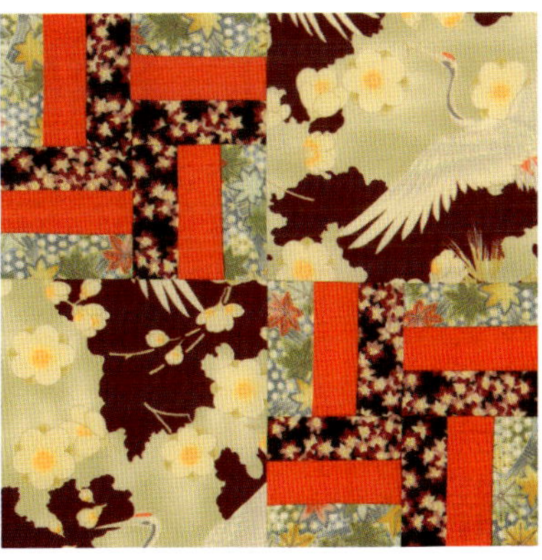

Wählen Sie für die großen Quadrate einen großgemusterten Stoff.

ZUSCHNITT

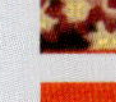
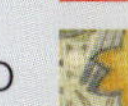

A Zwei Quadrate, 10,5 x 10,5 cm groß.
B Acht Streifen, 6 x 3 cm groß.
C Acht Streifen, 6 x 3 cm groß.
D Acht Streifen, 6 x 3 cm groß.

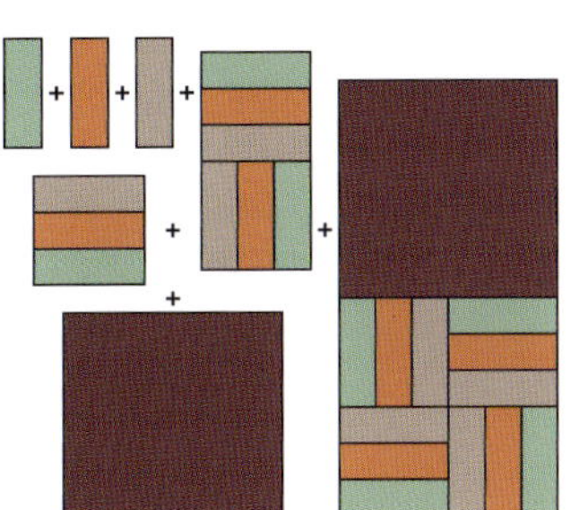

Nähen

Patchen Sie den Block dem Nähschema folgend. Setzen Sie ihn aus vier Teilblöcken zusammen.

5 *Kurume kasuri igeta*

(Brunnenrand im Kurume-Stil)

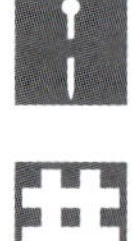

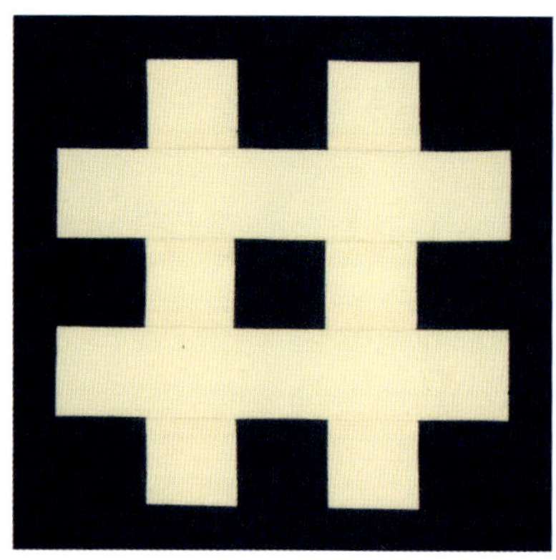

ZUSCHNITT

A
B

A Neun Quadrate, 4,5 x 4,5 cm groß.
A Zwei Streifen, 16,5 x 3 cm groß.
A Zwei Streifen, 19,5 x 3 cm groß.
B Sechs Quadrate, 4,5 x 4,5 cm groß.
B Zwei Streifen, 15 x 3 cm groß.

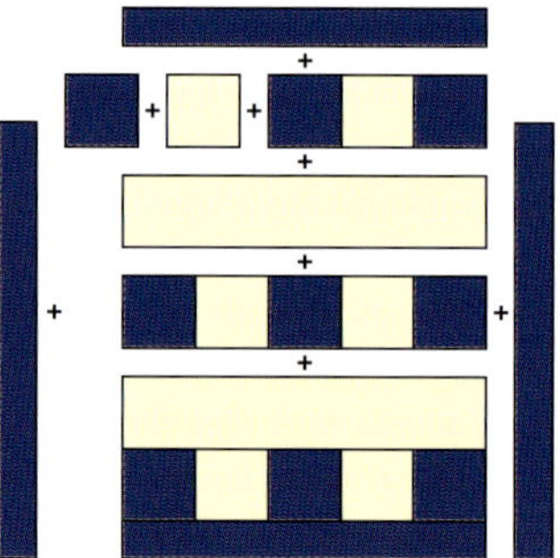

Nähen

Patchen Sie den Block dem Nähschema folgend. Setzen Sie ihn aus Streifen zusammen.

6 *Yamato kasuri igeta*

(Brunnenrand im Yamato-Stil)

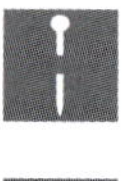

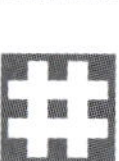

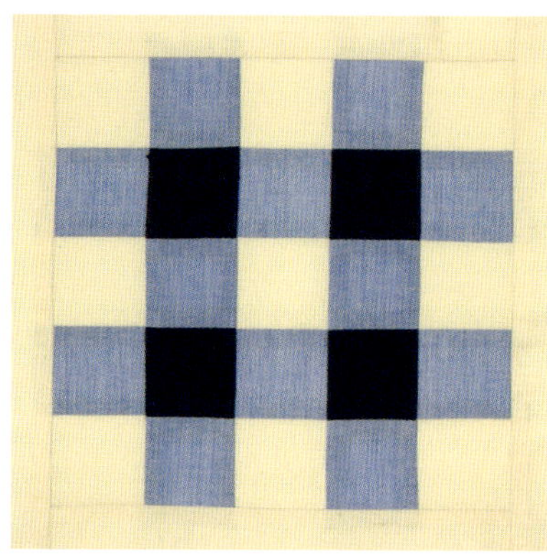

Stoffqualitäten mit verschiedenfarbigen Kett- und Schußfäden wie *tsumugi-*, Chambray- oder changierende Baumwollstoffe verstärken den *kasuri*-Effekt.

ZUSCHNITT

A
B
C

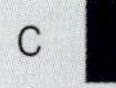

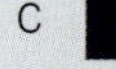

A Neun Quadrate, 4,5 x 4,5 cm groß.
A Zwei Streifen, 16,5 x 3 cm groß.
A Zwei Streifen, 19,5 x 3 cm groß.
B Zwölf Quadrate, 4,5 x 4,5 cm groß.
C Vier Quadrate, 4,5 x 4,5 cm groß.

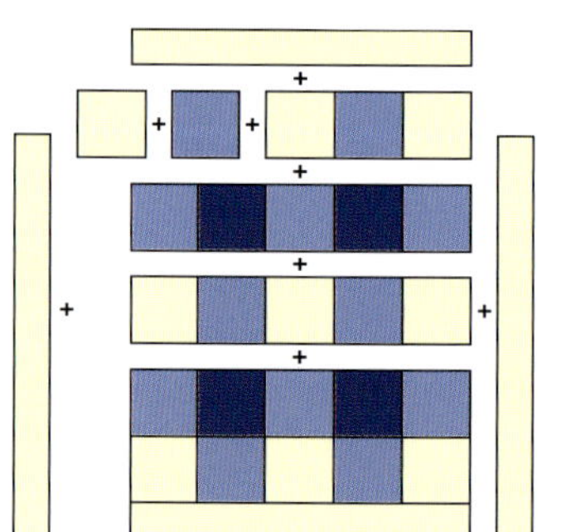

Nähen

Patchen Sie den Block dem Nähschema folgend. Setzen Sie ihn aus Streifen zusammen.

7 *Yamato kasuri igeta jūji*

(Kreuzförmiger Brunnenrand im Yamato-Stil)

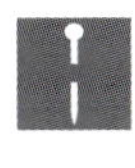
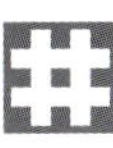
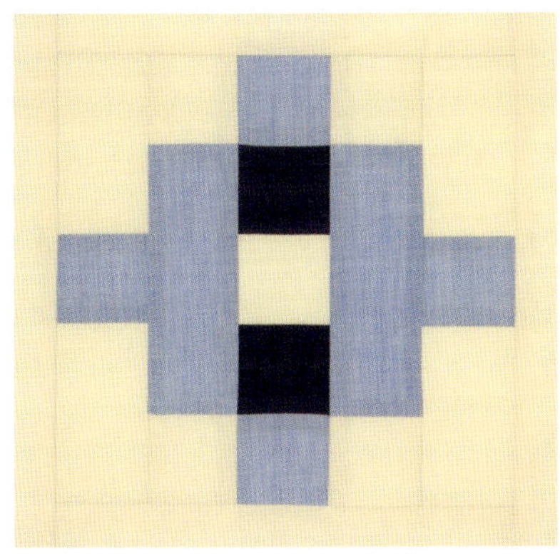

ZUSCHNITT

A
B
C

- A Vier Streifen, 7,5 x 4,5 cm groß.
- A Fünf Quadrate, 4,5 x 4,5 cm groß.
- A Zwei Streifen, 16,5 x 3 cm groß.
- A Zwei Streifen, 19,5 x 3 cm groß.
- B Vier Quadrate, 4,5 x 4,5 cm groß.
- B Zwei Streifen, 10,5 x 4,5 cm groß.
- C Zwei Quadrate, 4,5 x 4,5 cm groß.

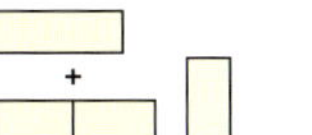
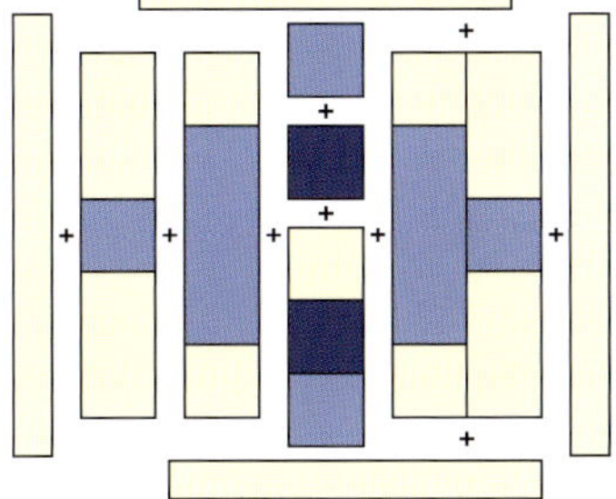

Nähen

Patchen Sie den Block dem Nähschema folgend. Setzen Sie ihn aus Streifen zusammen.

8 *Meisen hana*

(Blume im Stil von *meisen*-Seide)

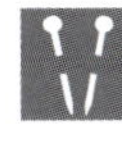

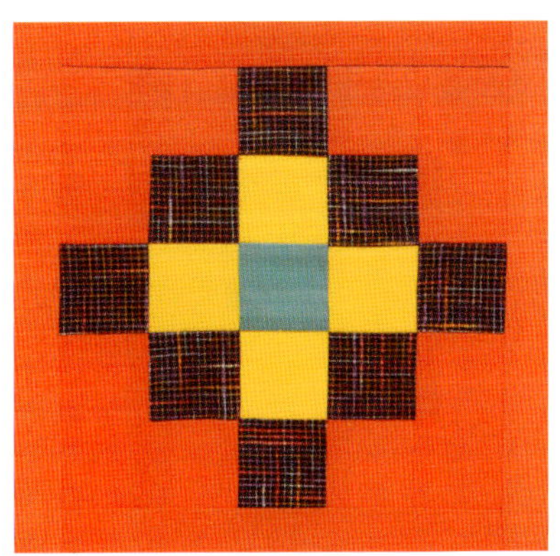

ZUSCHNITT

A
B
C
D

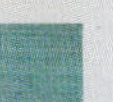

- A Vier Streifen, 7,5 x 4,5 cm groß.
- A Vier Quadrate, 4,5 x 4,5 cm groß.
- A Zwei Streifen, 16,5 x 3 cm groß.
- A Zwei Streifen, 19,5 x 3 cm groß.
- B Acht Quadrate, 4,5 x 4,5 cm groß.
- C Vier Quadrate, 4,5 x 4,5 cm groß.
- D Ein Quadrat, 4,5 x 4,5 cm groß.

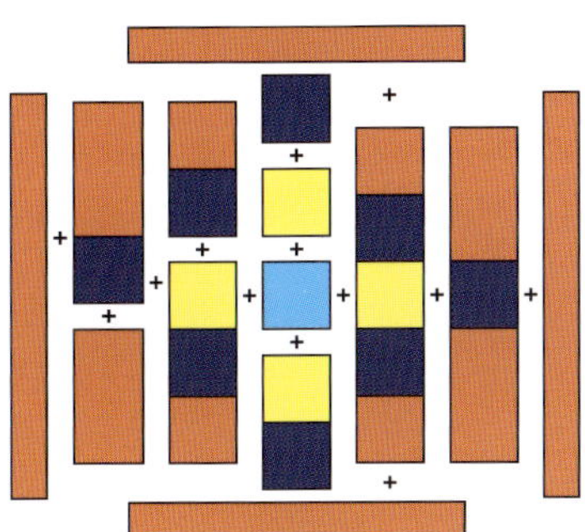

Nähen

Patchen Sie den Block dem Nähschema folgend. Setzen Sie ihn aus Streifen zusammen.

9 *Kurume kasuri tōfu mon*

(Muster aus weißen Quadraten)

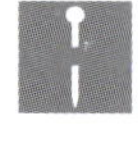
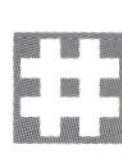
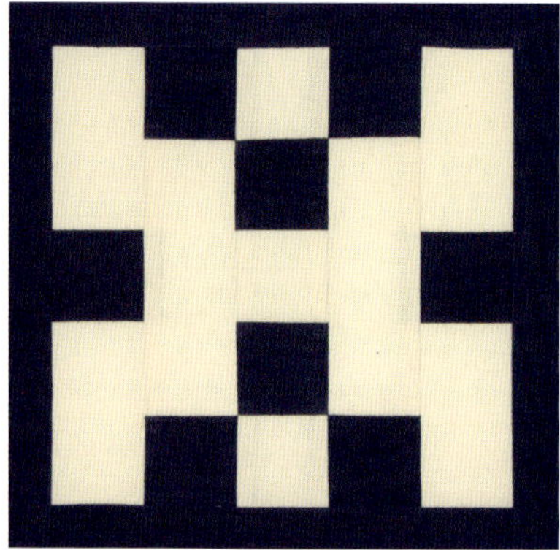

ZUSCHNITT

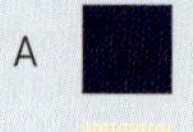
A

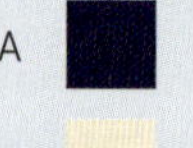
B

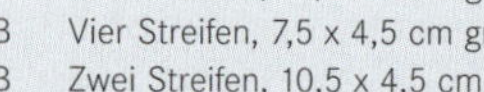

A Acht Quadrate, 4,5 x 4,5 cm groß.
A Zwei Streifen, 16,5 x 3 cm groß.
A Zwei Streifen, 19,5 x 3 cm groß.
B Vier Streifen, 7,5 x 4,5 cm groß.
B Zwei Streifen, 10,5 x 4,5 cm groß.
B Drei Quadrate, 4,5 x 4,5 cm groß.

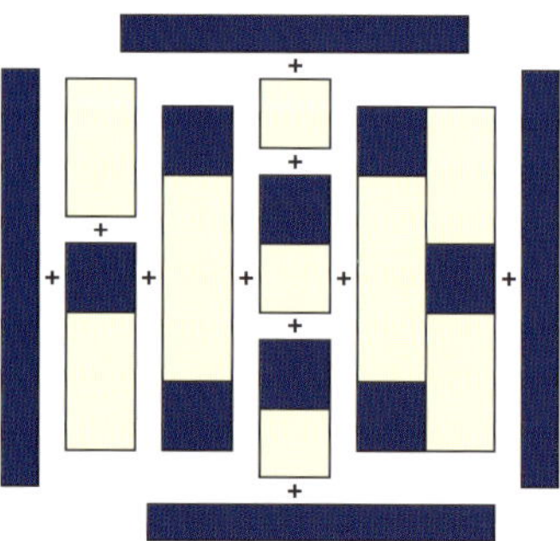

Nähen

Patchen Sie den Block dem Nähschema folgend. Setzen Sie ihn aus Streifen zusammen.

10 *Kurume kasuri kumitate ichimatsu*

(Muster mit einzelnen Quadraten)

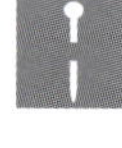
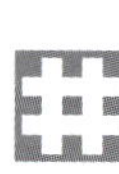
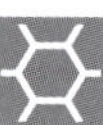
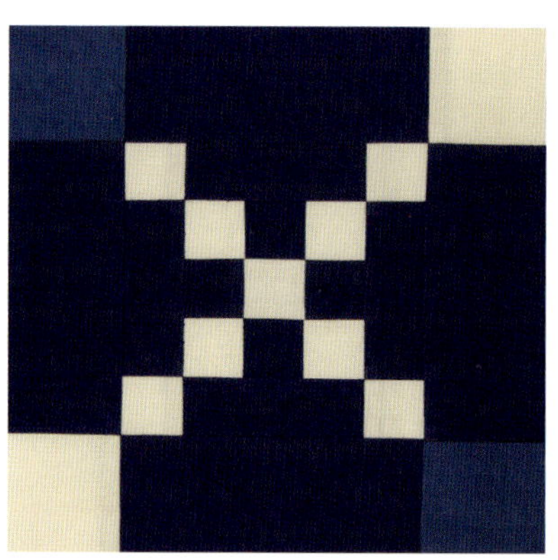

ZUSCHNITT

A

B

C

A Vier Streifen, 11,5 x 5,5 cm groß.
A Vier Streifen, 7,5 x 3,5 cm groß.
A Vier Quadrate, 3,5 x 3,5 cm groß.
B Zwei Quadrate, 5,5 x 5,5 cm groß.
C Neun Quadrate, 3,5 x 3,5 cm groß.
C Zwei Quadrate, 5,5 x 5,5 cm groß.

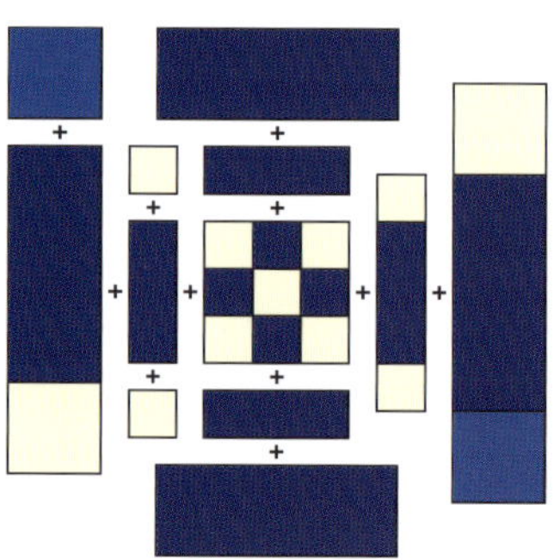

Nähen

Patchen Sie den Block dem Nähschema folgend. Setzen Sie ihn von der Mitte nach außen zusammen.

11 *Kurume kasuri igeta jūji*

(Kreuzförmiger Brunnenrand im Kurume-Stil)

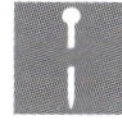
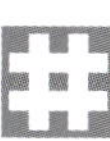
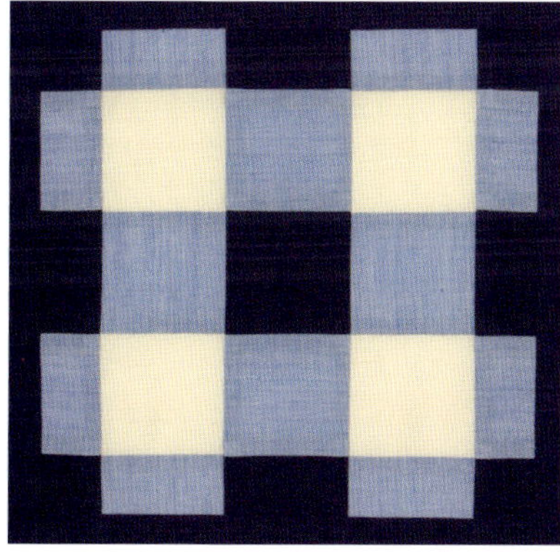

ZUSCHNITT

A
B
C

A Ein Quadrat, 5,5 x 5,5 cm groß.
A Vier Quadrate, 3,5 x 3,5 cm groß.
A Vier Streifen, 5,5 x 3,5 cm groß.
A Zwei Streifen, 17,5 x 2,5 cm groß.
A Zwei Streifen, 19,5 x 2,5 cm groß.
B Vier Quadrate, 5,5 x 5,5 cm groß.
C Vier Quadrate, 5,5 x 5,5 cm groß.
C Acht Streifen, 5,5 x 3,5 cm groß.

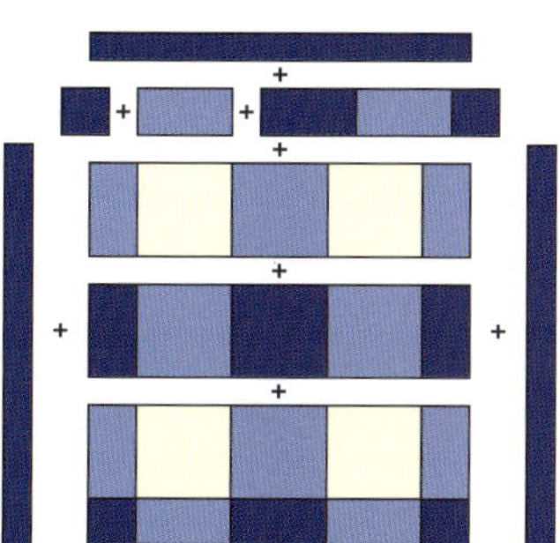

Nähen

Patchen Sie den Block dem Nähschema folgend. Setzen Sie ihn aus Streifen zusammen.

12 *Yosegi jūji masu*

(Kreuz aus Quadraten)

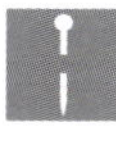
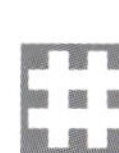
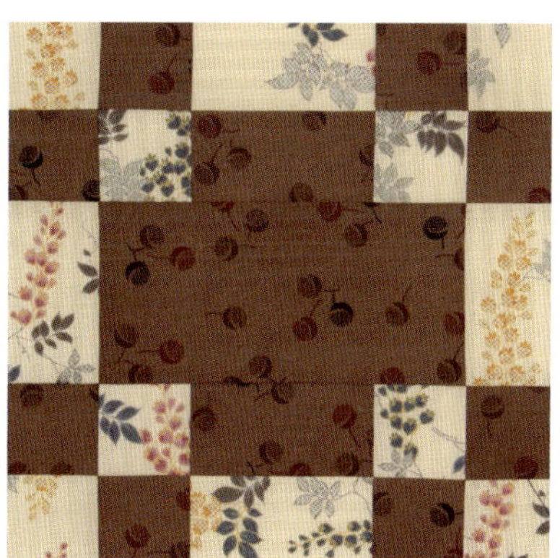

ZUSCHNITT

A 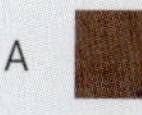
B

A Acht Quadrate, 4,5 x 4,5 cm groß.
A Zwei Streifen, 7,5 x 4,5 cm groß.
A Ein Streifen, 7,5 x 13,5 cm groß.
B Acht Quadrate, 4,5 x 4,5 cm groß.
B Vier Streifen, 7,5 x 4,5 cm groß.

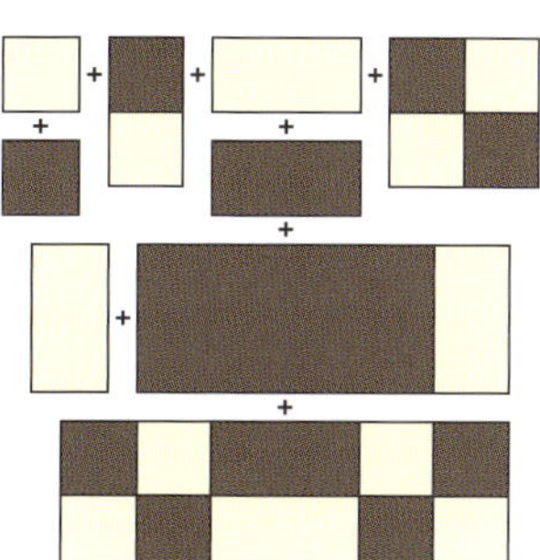

Nähen

Patchen Sie den Block dem Nähschema folgend. Setzen Sie ihn aus Streifen zusammen.

13 *Yosegi kōshi tsunagi*

(Verbundenes Karo)

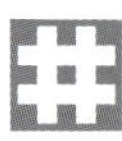
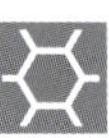
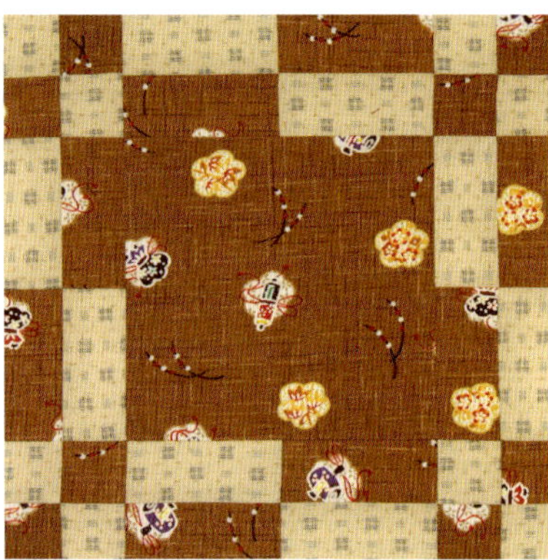

ZUSCHNITT

A
B

A Ein Quadrat, 11,5 x 11,5 cm groß.
A Acht Quadrate, 3,5 x 3,5 cm groß.
A Acht Streifen, 6,5 x 3,5 cm groß.
B Acht Quadrate, 3,5 x 3,5 cm groß.
B Acht Streifen, 6,5 x 3,5 cm groß.

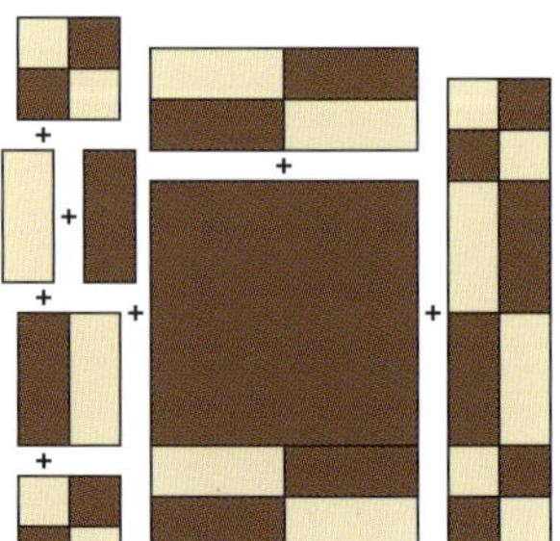

Nähen

Patchen Sie den Block dem Nähschema folgend. Setzen Sie ihn aus Streifen zusammen.

14 *Kurume kasuri musubi*

(Knoten)

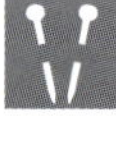
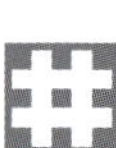
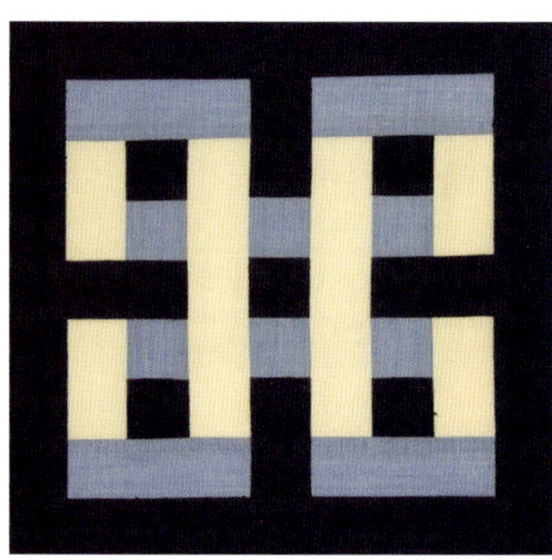

ZUSCHNITT

A
B
C

A Fünf Quadrate, 3,5 x 3,5 cm groß.
A Vier Streifen, 5,5 x 3,5 cm groß.
A Zwei Streifen, 15,5 x 3,5 cm groß.
A Zwei Streifen, 19,5 x 3,5 cm groß.
B Sechs Quadrate, 3,5 x 3,5 cm groß.
B Vier Streifen, 7,5 x 3,5 cm groß.
C Zwei Streifen, 11,5 x 3,5 cm groß.
C Vier Streifen, 5,5 x 3,5 cm groß.

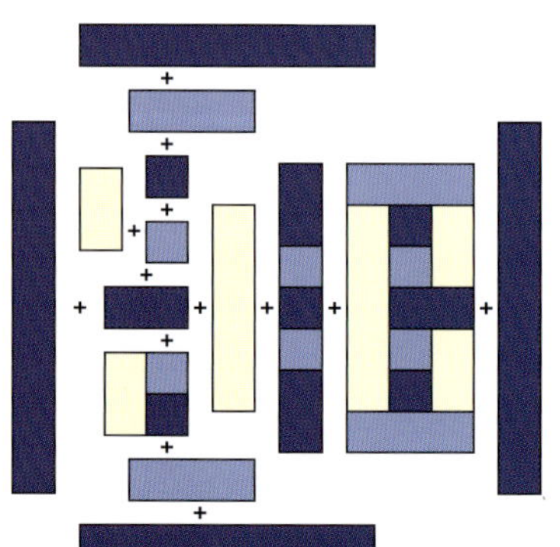

Nähen

Patchen Sie den Block dem Nähschema folgend. Beginnen Sie mit den Schlaufen des Knotens. Setzen Sie den Block aus Streifen zusammen.

15 *Kurume kasuri tsunagi masumon*

(Muster mit verbundenen Quadraten)

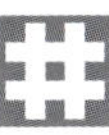
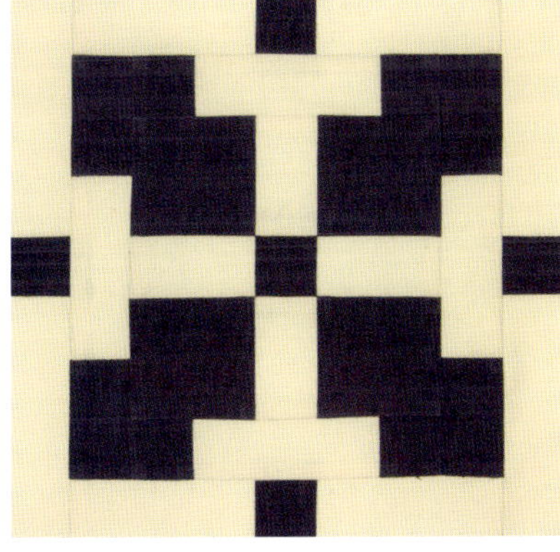

ZUSCHNITT

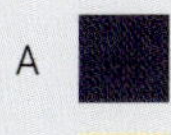

A
B

A Vier Quadrate, 5,5 x 5,5 cm groß.
A Neun Quadrate, 3,5 x 3,5 cm groß.
A Vier Streifen, 5,5 x 3,5 cm groß.
B Vier Streifen, 9,5 x 3,5 cm groß.
B Acht Streifen, 7,5 x 3,5 cm groß.
B Vier Streifen, 5,5 x 3,5 cm groß.

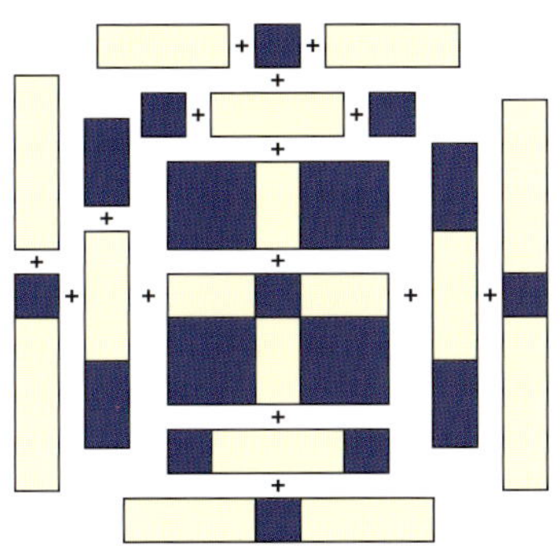

Nähen

Patchen Sie den Block dem Nähschema folgend. Nähen Sie zuerst das Mittelteil zu Streifen zusammen, dann den Block von der Mitte nach außen aus Streifen.

Frisch gemischt

Vorschläge für Blockkombinationen

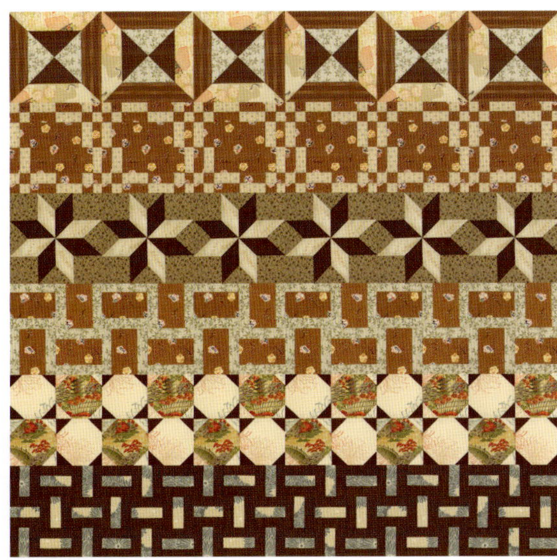

Abbildung oben, von links oben: Je 6 x Block 34 (jeder zweite um 90° gedreht), 13, 57, 1, 27 und 3 (jeder zweite um 90° gedreht). Abbildung unten, von innen nach außen: 5 x Block 22, 4 x Block 32, 16 x Block 2 und 24 x Block 25.

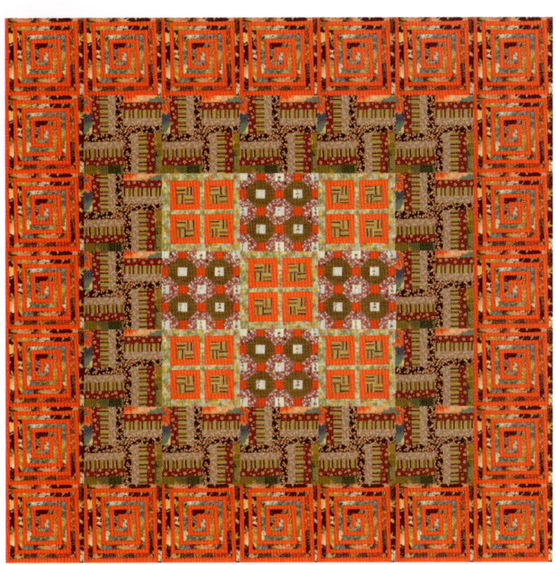

16 *Kurume kasuri masu tsunagi*

(Verbundene Quadrate)

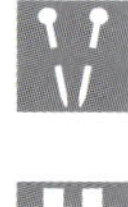

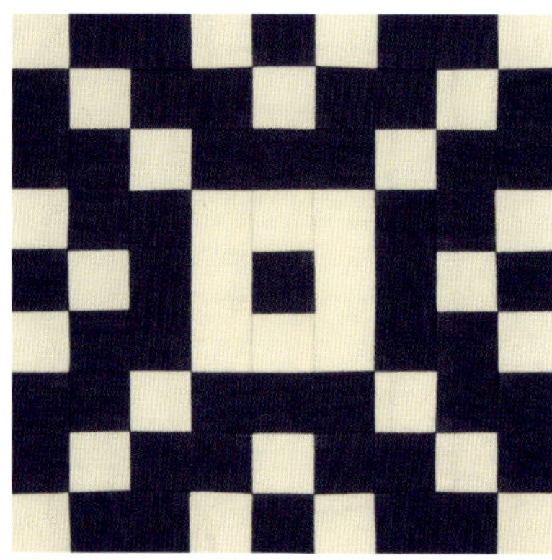

ZUSCHNITT

A
B

A Fünf Quadrate, 3,5 x 3,5 cm groß.
A Vier Streifen, 7,5 x 3,5 cm groß.
A Sechzehn Streifen, 5,5 x 3,5 cm groß.
B Sechsundzwanzig Quadrate, 3,5 x 3,5 cm groß.
B Zwei Streifen, 7,5 x 3,5 cm groß.

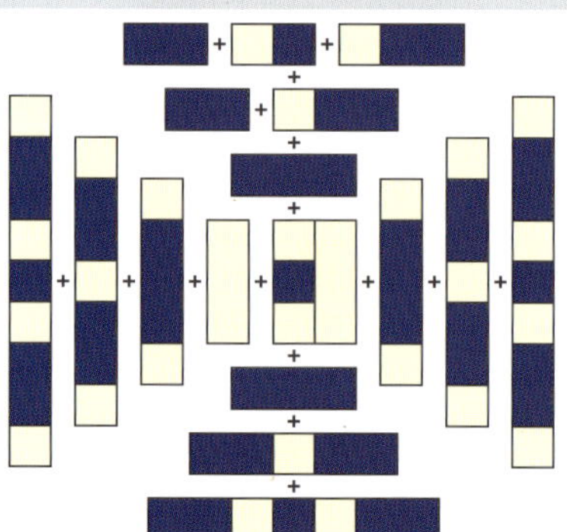

Nähen

Patchen Sie den Block dem Nähschema folgend. Setzen Sie ihn von der Mitte nach außen zusammen.

17 *Kurume kasuri gakubuchi*

(Rahmen)

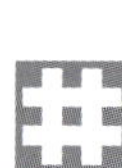

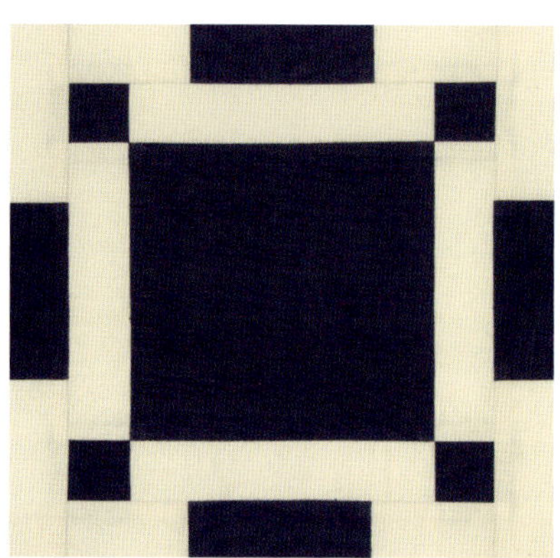

ZUSCHNITT

A
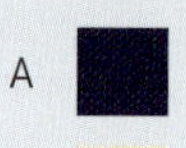
B

A Ein Quadrat, 11,5 x 11,5 cm groß.
A Vier Quadrate, 3,5 x 3,5 cm groß.
A Vier Streifen, 7,5 x 3,5 cm groß.
B Vier Streifen, 11,5 x 3,5 cm groß.
B Vier Streifen, 7,5 x 3,5 cm groß.
B Vier Streifen, 5,5 x 3,5 cm groß.

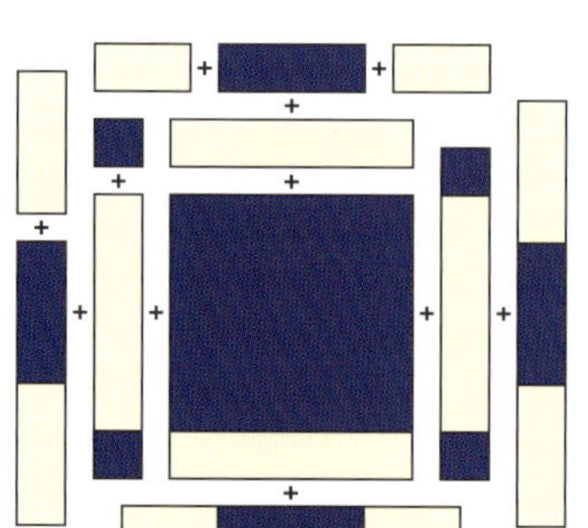

Nähen

Patchen Sie den Block dem Nähschema folgend. Setzen Sie ihn von der Mitte nach außen zusammen.

18 *Kurume kasuri masumon*

(Muster mit Quadraten im Kurume-Stil)

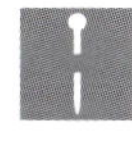
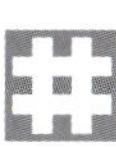

ZUSCHNITT

A
B
C

A Zwei Quadrate, 7,5 x 7,5 cm groß.
A Zwei Streifen, 11,5 x 7,5 cm groß.
A Acht Quadrate, 3,5 x 3,5 cm groß.
A Vier Streifen, 7,5 x 3,5 cm groß.
B Ein Quadrat, 7,5 x 7,5 cm groß.
C Vier Quadrate, 3,5 x 3,5 cm groß.

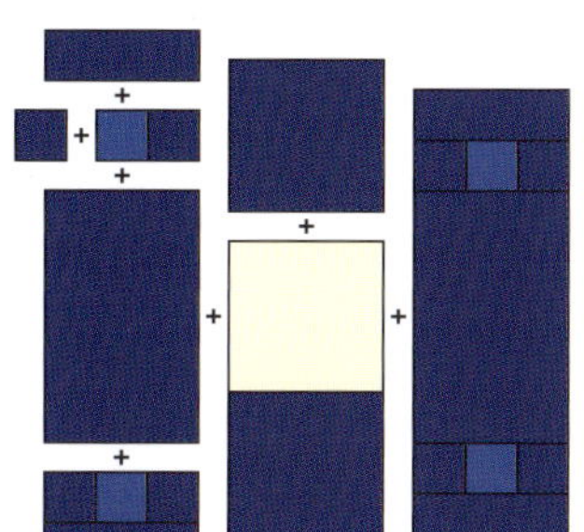

Nähen

Patchen Sie den Block dem Nähschema folgend. Setzen Sie ihn aus Streifen zusammen.

19 *Kurume kasuri sanju masu*

(Dreifache Quadrate)

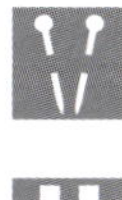

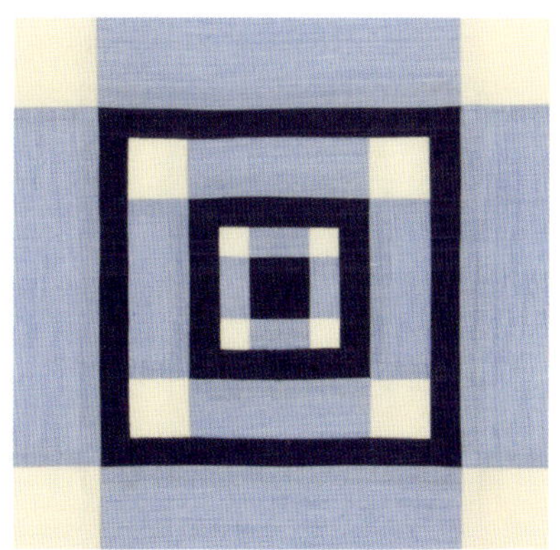

ZUSCHNITT

A 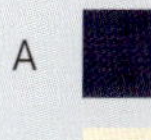
B
C

A Ein Quadrat, 3,5 x 3,5 cm groß.
A Zwei Streifen, 5,5 x 2,5 cm groß.
A Zwei Streifen, 7,5 x 2,5 cm groß.
A Zwei Streifen, 11,5 x 2,5 cm groß.
A Zwei Streifen, 13,5 x 2,5 cm groß.
B Vier Quadrate, 2,5 x 2,5 cm groß.
B Vier Quadrate, 3,5 x 3,5 cm groß.
B Vier Quadrate, 4,5 x 4,5 cm groß.
C Vier Streifen, 3,5 x 2,5 cm groß.
C Vier Streifen, 7,5 x 3,5 cm groß.
C Vier Streifen, 13,5 x 4,5 cm groß.

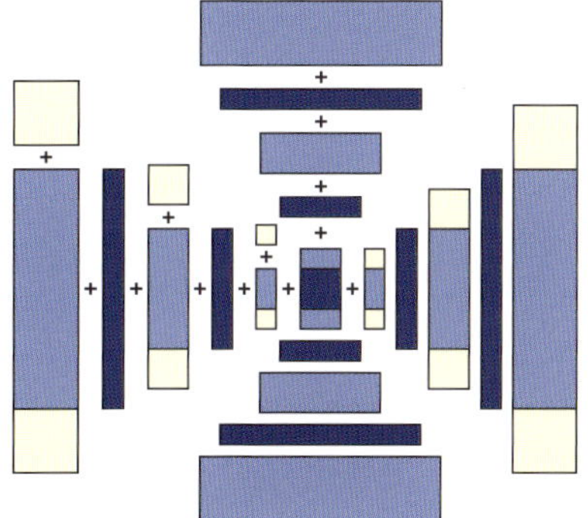

Nähen

Patchen Sie den Block dem Nähschema folgend. Setzen Sie ihn von der Mitte nach außen zusammen.

20 *Kurume kasuri haba ni masumon*

(Doppelbreites Quadratmuster)

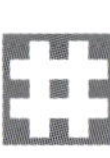

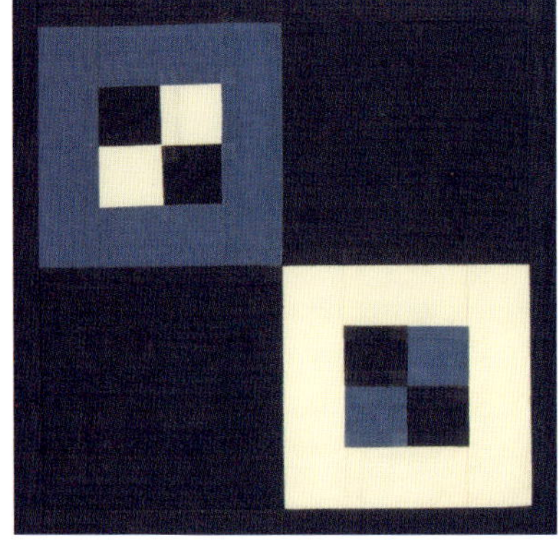

ZUSCHNITT

A B C

- A Vier Quadrate, 3,5 x 3,5 cm groß.
- A Vier Quadrate, 9,5 x 9,5 cm groß.
- A Zwei Streifen, 17,5 x 2,5 cm groß.
- A Zwei Streifen, 19,5 x 2,5 cm groß.
- B Zwei Quadrate, 3,5 x 3,5 cm groß.
- B Zwei Streifen, 5,5 x 3,5 cm groß.
- B Zwei Streifen, 9,5 x 3,5 cm groß.
- C Zwei Quadrate, 3,5 x 3,5 cm groß.
- C Zwei Streifen, 5,5 x 3,5 cm groß.
- C Zwei Streifen, 9,5 x 3,5 cm groß.

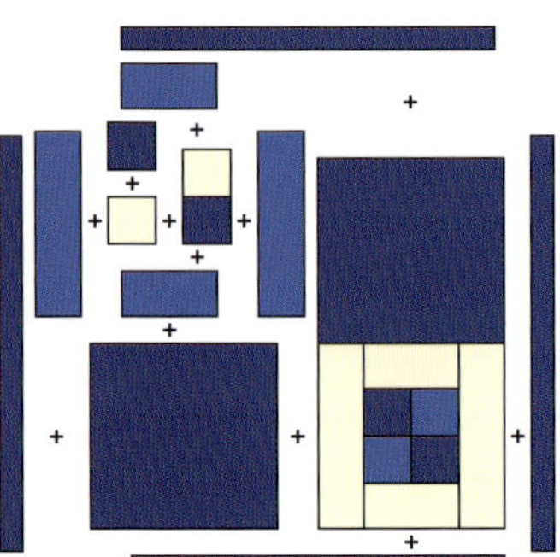

Nähen

Patchen Sie den Block dem Nähschema folgend. Setzen Sie ihn aus vier Teilblöcken zusammen, und nähen Sie zuletzt die Randstreifen an.

21 *Meisen igeta*

(Brunnenränder im Stil von *meisen*-Seide)

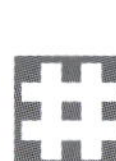

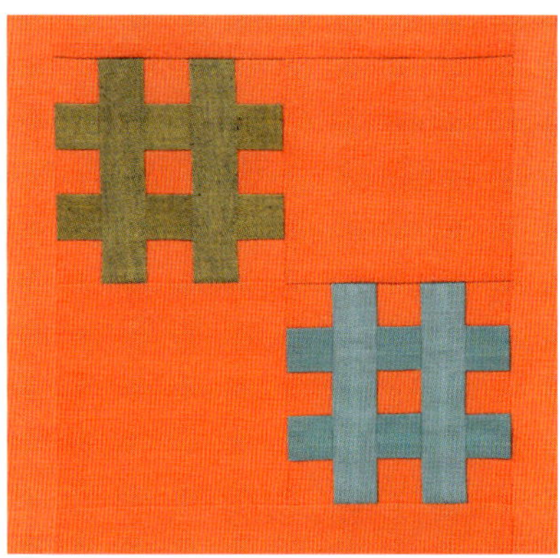

ZUSCHNITT

A B C

- A Zwei Quadrate, 9 x 9 cm groß.
- A Achtzehn Quadrate, 3 x 3 cm groß.
- A Zwei Streifen, 16,5 x 3 cm groß.
- A Zwei Streifen, 19,5 x 3 cm groß.
- B Zwei Streifen, 9 x 3 cm groß.
- B Sechs Quadrate, 3 x 3 cm groß.
- C Zwei Streifen, 9 x 3 cm groß.
- C Sechs Quadrate, 3 x 3 cm groß.

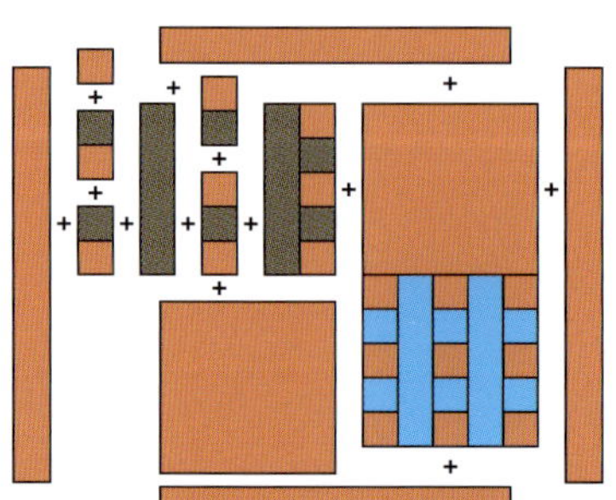

Nähen

Patchen Sie den Block dem Nähschema folgend. Setzen Sie ihn aus Streifen zusammen, und beginnen Sie mit den karierten Blockvierteln.

22 *Tsumeta*

(Reisfelder im Kasten)

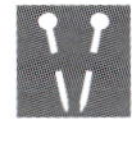

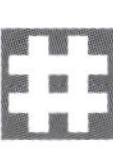

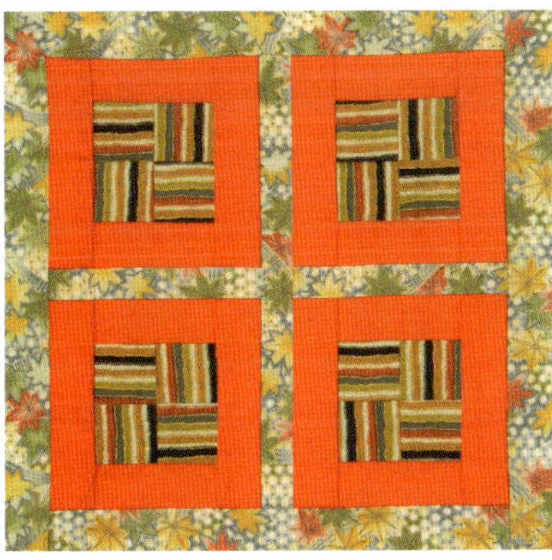

ZUSCHNITT

A Sechzehn Quadrate, 3,5 x 3,5 cm groß.
B Acht Streifen, 5,5 x 3 cm groß.
B Acht Streifen, 8,5 x 3 cm groß.
C Zwei Streifen, 8,5 x 2,5 cm groß.
C Ein Streifen, 16,5 x 2,5 cm groß.
C Zwei Streifen, 16,5 x 3 cm groß.
C Zwei Streifen, 19,5 x 3 cm groß.

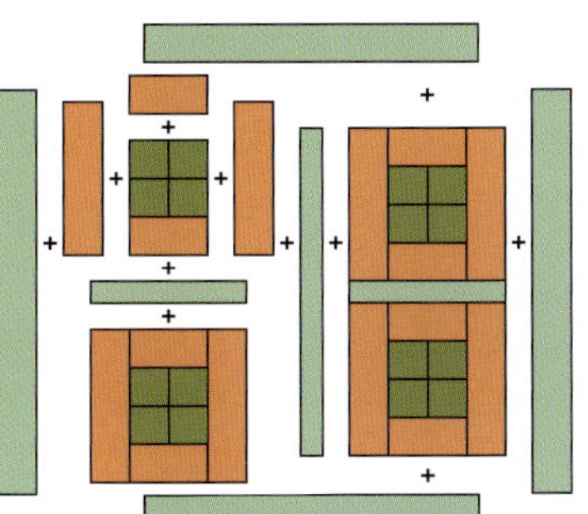

Nähen

Patchen Sie den Block dem Nähschema folgend. Nähen Sie zuerst die vier quadratischen Teilblöcke zusammen. Setzen Sie den Block aus Streifen zusammen, fügen Sie zuletzt die Randstreifen an.

23 *Kurume kasuri goku masu*

(Fünf Quadrate)

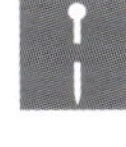

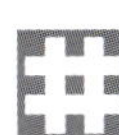

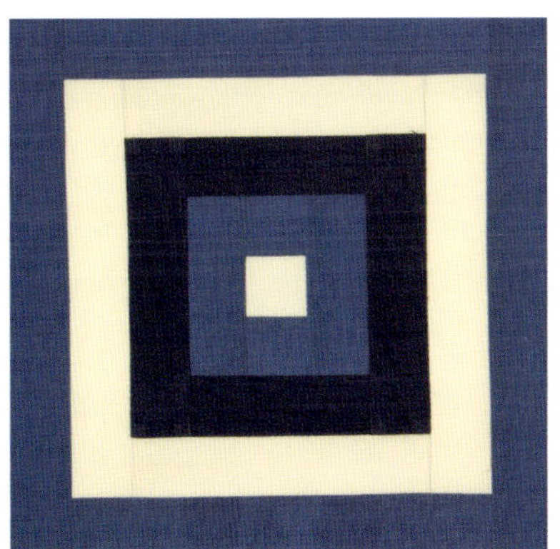

ZUSCHNITT

A Zwei Streifen, 11,5 x 3,5 cm groß.
A Zwei Streifen, 7,5 x 3,5 cm groß.
B Ein Quadrat, 3,5 x 3,5 cm groß.
B Zwei Streifen, 15,5 x 3,5 cm groß.
B Zwei Streifen, 11,5 x 3,5 cm groß.
C Zwei Quadrate, 3,5 x 3,5 cm groß.
C Zwei Streifen, 7,5 x 3,5 cm groß.
C Zwei Streifen, 19,5 x 3,5 cm groß.
C Zwei Streifen, 15,5 x 3,5 cm groß.

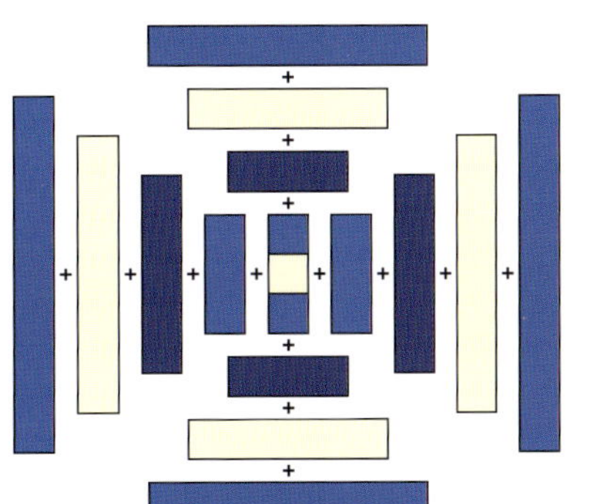

Nähen

Patchen Sie den Block dem Nähschema folgend. Setzen Sie ihn von der Mitte nach außen zusammen.

24 *Hiratsume sanmasu*

(Drei konzentrische Quadrate)

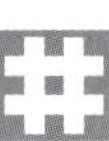

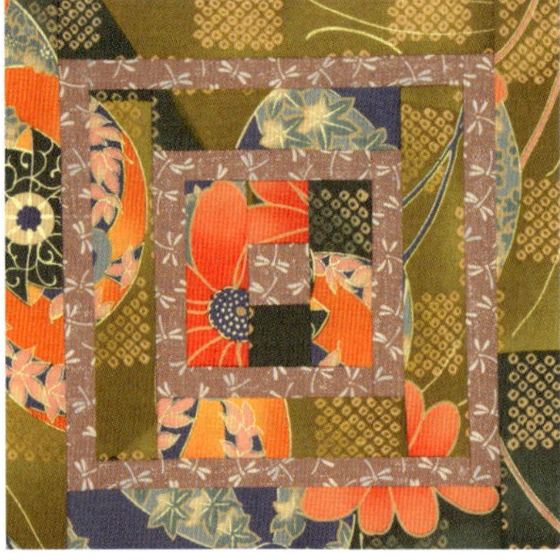

ZUSCHNITT

A 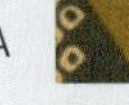 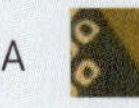

B 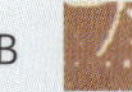 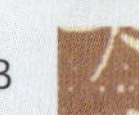

A Zwei Quadrate, 3,5 x 3,5 cm groß.
A Zwei Streifen, 7,5 x 3,5 cm groß.
A Zwei Streifen, 9,5 x 3,5 cm groß.
A Zwei Streifen, 13,5 x 3,5 cm groß.
A Zwei Streifen, 15,5 x 3,5 cm groß.
A Zwei Streifen, 19,5 x 3,5 cm groß.
B Ein Quadrat, 3,5 x 3,5 cm groß.
B Zwei Streifen, 7,5 x 2,5 cm groß.
B Zwei Streifen, 9,5 x 2,5 cm groß.
B Zwei Streifen, 13,5 x 2,5 cm groß.
B Zwei Streifen, 15,5 x 2,5 cm groß.

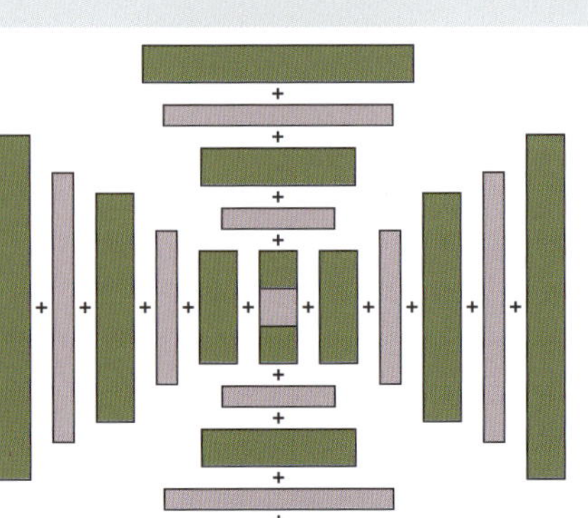

Nähen

Patchen Sie den Block dem Nähschema folgend. Setzen Sie ihn von der Mitte nach außen zusammen.

25 Gepatchte *raimon*

(Spirale)

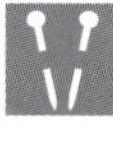

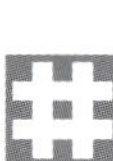

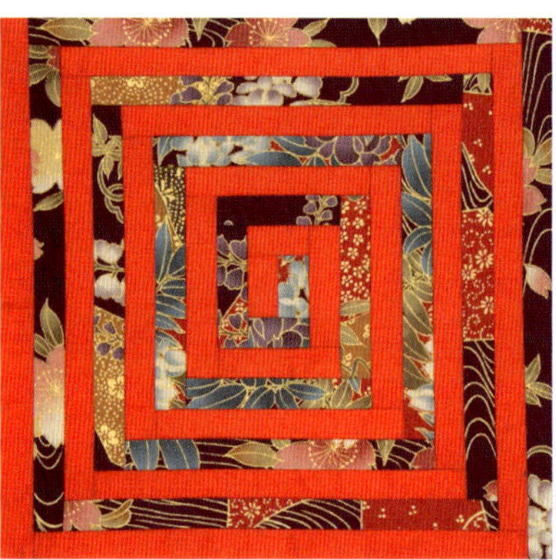

ZUSCHNITT

A 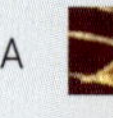

B

A Zwei Streifen, 3,5 x 2,5 cm groß.
A Zwei Streifen, 5,5 x 2,5 cm groß.
A Zwei Streifen, 7,5 x 2,5 cm groß.
A Zwei Streifen, 9,5 x 2,5 cm groß.
A Zwei Streifen, 11,5 x 2,5 cm groß.
A Zwei Streifen, 13,5 x 2,5 cm groß.
A Zwei Streifen, 15,5 x 2,5 cm groß.
A Zwei Streifen, 17,5 x 2,5 cm groß.
A Ein Streifen, 19,5 x 2,5 cm groß.
B Schneiden Sie die Streifen aus Stoff B nach den Angaben für Stoff A zu.

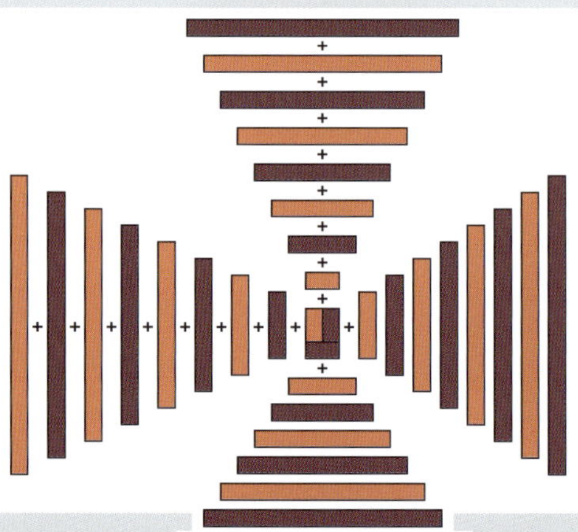

Nähen

Patchen Sie den Block dem Nähschema folgend. Setzen Sie ihn von der Mitte nach außen zusammen.

26 *Yosegi kaku to sankaku*

(Quadrate und Dreiecke)

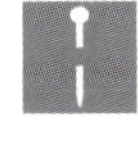
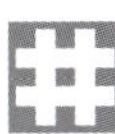
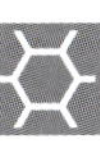
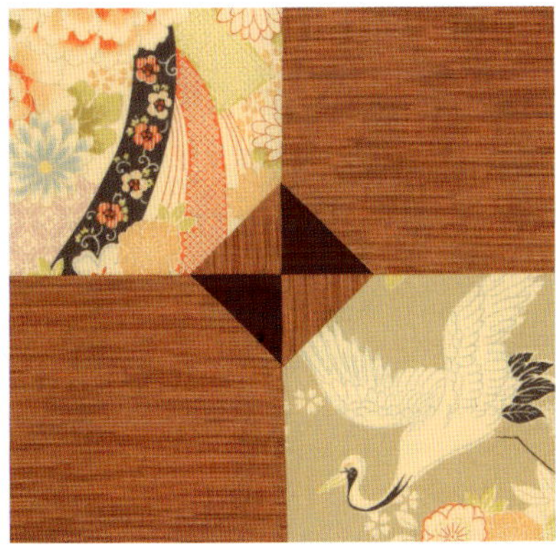

ZUSCHNITT

A 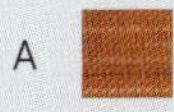

B 

C

- A Zwei Quadrate, 10,5 x 10,5 cm groß.
- A Zwei Quadrate, 4,5 x 4,5 cm groß.
- B Zwei Quadrate, 10,5 x 10,5 cm groß.
- C Zwei Quadrate, 4,5 x 4,5 cm groß.

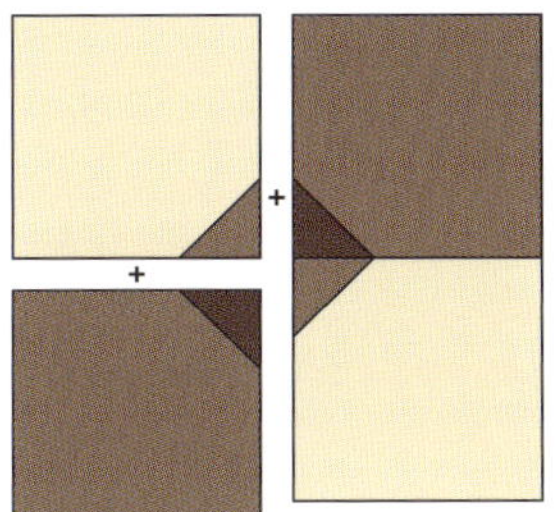

Nähen

Patchen Sie den Block dem Nähschema folgend. Nähen Sie die Dreiecke an den Ecken nach der Anleitung für schnelle Ecken (Seite 37) an. Setzen Sie den Block aus vier Teilblöcken zusammen.

27 *Yosegi hakkakkei to sankaku*

(Achtecke und Dreiecke)

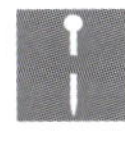
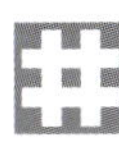
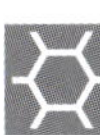
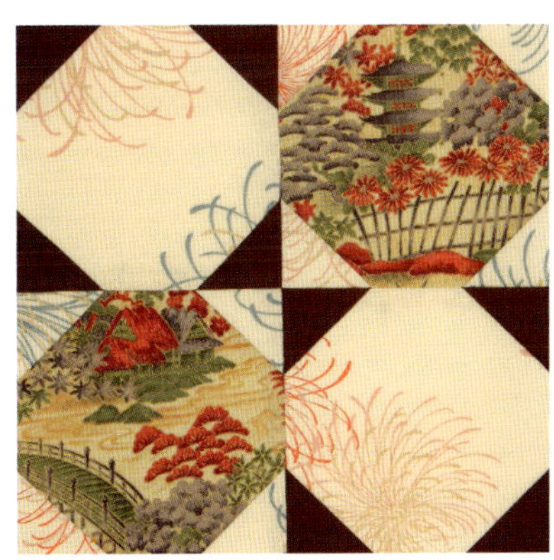

ZUSCHNITT

A 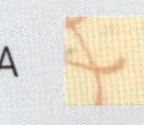

B 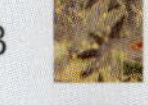

C 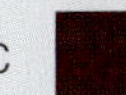

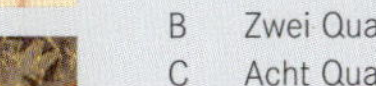

- A Zwei Quadrate, 10,5 x 10,5 cm groß.
- A Acht Quadrate, 4,5 x 4,5 cm groß.
- B Zwei Quadrate, 10,5 x 10,5 cm groß.
- C Acht Quadrate, 4,5 x 4,5 cm groß.

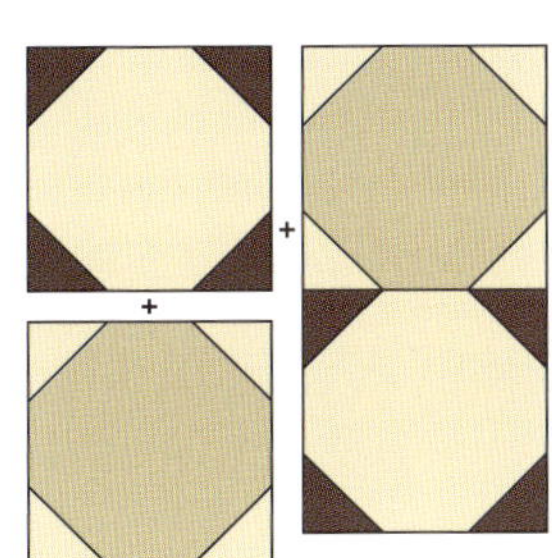

Nähen

Patchen Sie den Block dem Nähschema folgend. Nähen Sie für die Achtecke die Dreiecke nach der Anleitung für schnelle Ecken (Seite 37) an die Quadrate. Setzen Sie den Block aus vier Teilblöcken zusammen.

28 *Yosegi kōshi kumitate*

(Rahmen mit Karos)

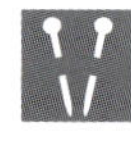
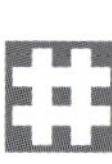
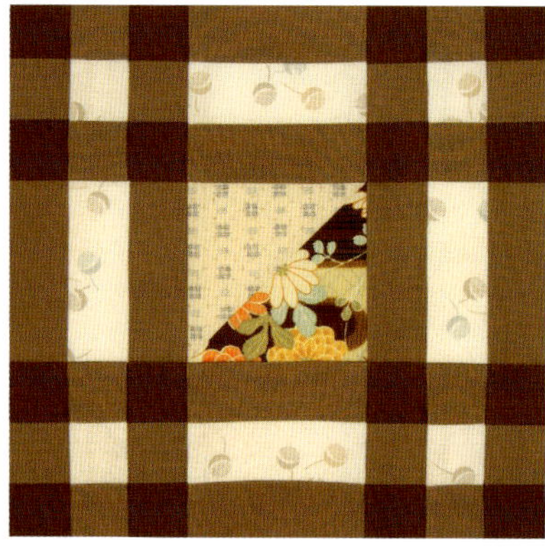

ZUSCHNITT

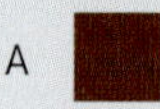
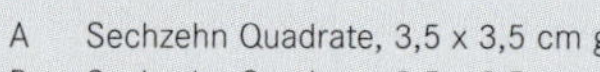
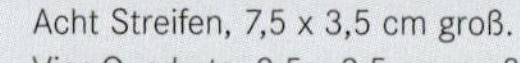
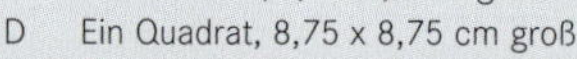
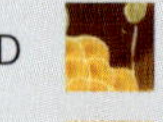
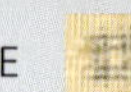

A	Sechzehn Quadrate, 3,5 x 3,5 cm groß.
B	Sechzehn Quadrate, 3,5 x 3,5 cm groß.
B	Acht Streifen, 7,5 x 3,5 cm groß.
C	Vier Quadrate, 3,5 x 3,5 cm groß.
C	Vier Streifen, 7,5 x 3,5 cm groß.
D	Ein Quadrat, 8,75 x 8,75 cm groß.
E	Ein Quadrat, 8,75 x 8,75 cm groß.

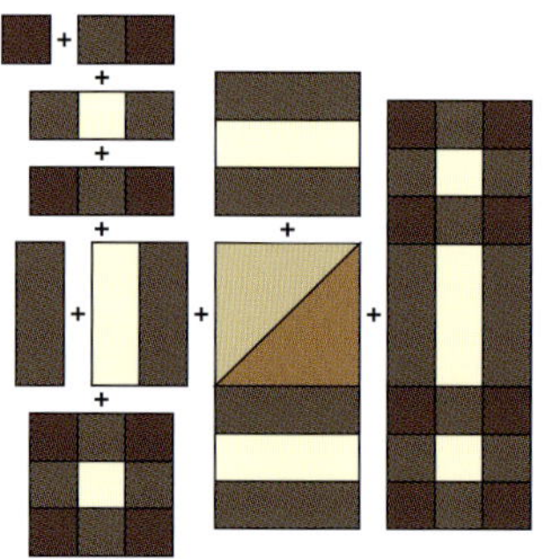

Nähen

Patchen Sie den Block dem Nähschema folgend. Nähen Sie aus D und E das Mittelquadrat nach der Anleitung für Dreiecksquadrate (Seite 36). Setzen Sie den Block aus drei Streifen zusammen. Verwenden Sie das überzählige Dreiecksquadrat für einen anderen Block.

29 *Uroko*

(Schuppen)

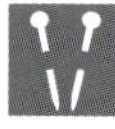

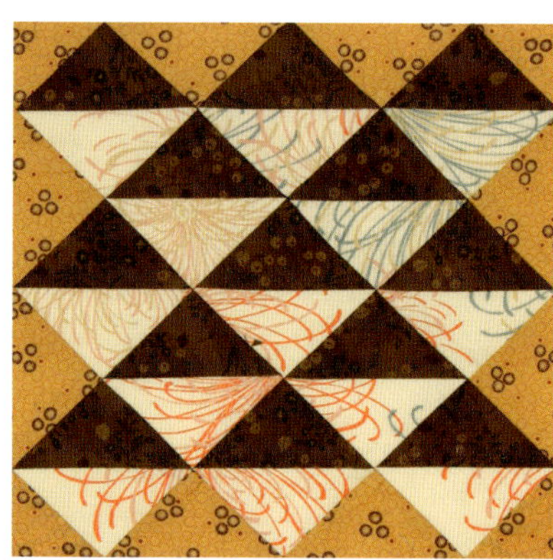

ZUSCHNITT

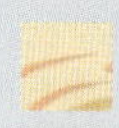

A	Sieben Quadrate, 7,25 x 7,25 cm groß.
B	Zwei 10 x 10 cm große Quadrate, diagonal geviertelt.
B	Zwei 6 x 6 cm große Quadrate, diagonal halbiert.
C	Sieben Quadrate, 7,25 x 7,25 cm groß.

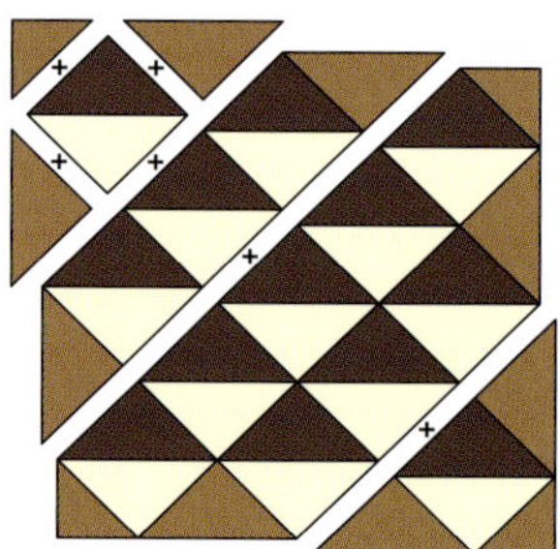

Nähen

Patchen Sie den Block dem Nähschema folgend. Nähen Sie immer ein A-Quadrat und ein C-Quadrat nach der Anleitung für Dreiecksquadrate (Seite 36) paarweise zusammen. Setzen Sie den Block aus diagonalen Streifen zusammen. Verwenden Sie das überzählige Dreiecksquadrat für einen anderen Block.

30 *Jūjitsunagi*

(Variante der verbundenen „Zehn“)

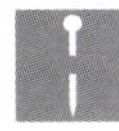
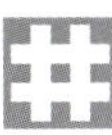
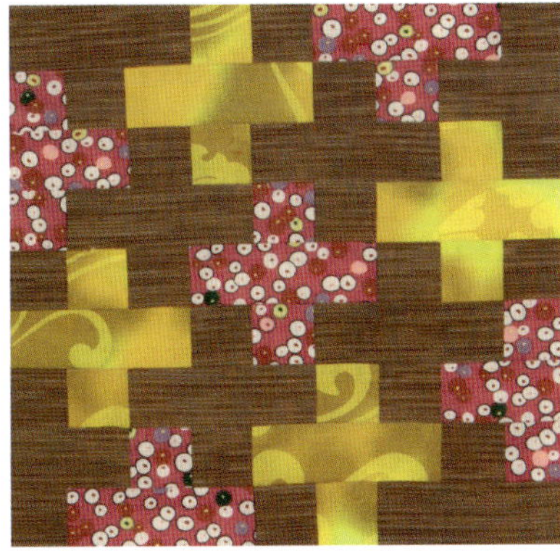

ZUSCHNITT

A 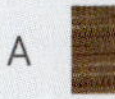
B 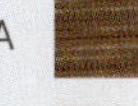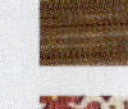
C 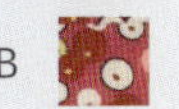
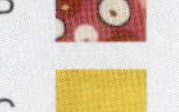

A Achtzehn Quadrate, 3,5 x 3,5 cm groß.
A Sechs Streifen, 7,5 x 3,5 cm groß.
A Zwei Streifen, 5,5 x 3,5 cm groß.
B Acht Quadrate, 3,5 x 3,5 cm groß.
B Drei Streifen, 7,5 x 3,5 cm groß.
B Zwei Streifen, 5,5 x 3,5 cm groß.
C Acht Quadrate, 3,5 x 3,5 cm groß.
C Vier Streifen, 7,5 x 3,5 cm groß.

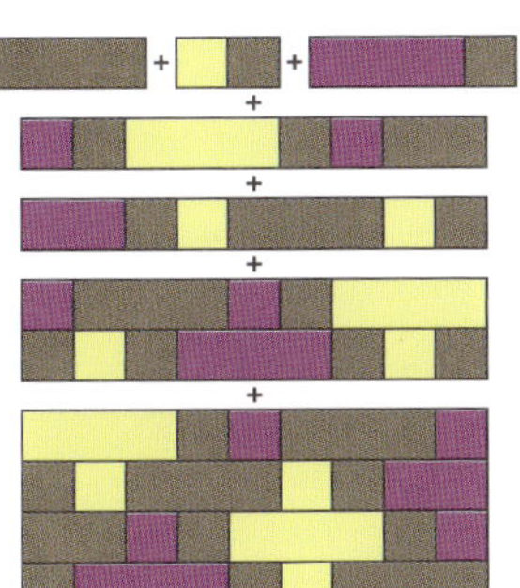

Nähen

Patchen Sie den Block dem Nähschema folgend. Setzen Sie ihn aus Streifen zusammen.

Frisch gemischt

Vorschläge für Blockkombinationen

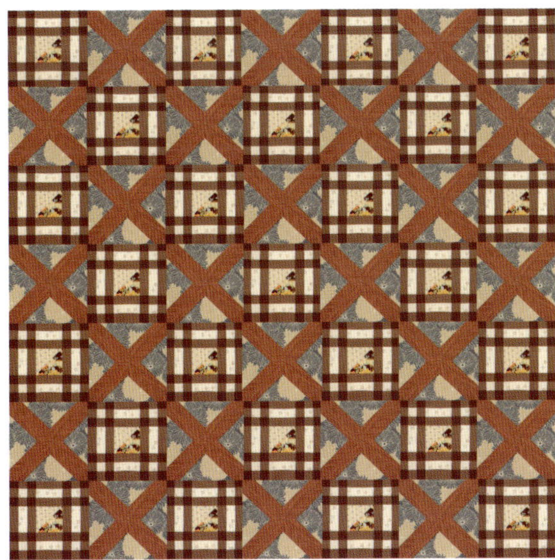

Abbildung oben, von links oben:
25 x Block 28 und 24 x Block 55.
Abbildung unten, von links oben:
25 x Block 38 und 24 x Block 30.

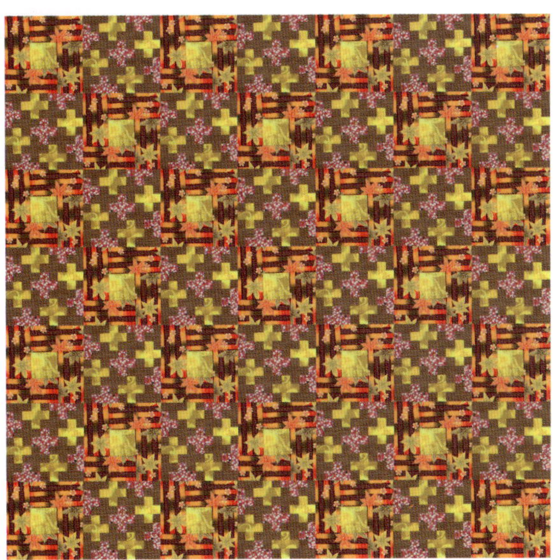

31 *Igeta ni hakkaku tsunagi*

(Besondere verbundene Brunnenränder)

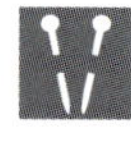

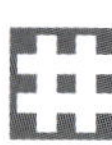

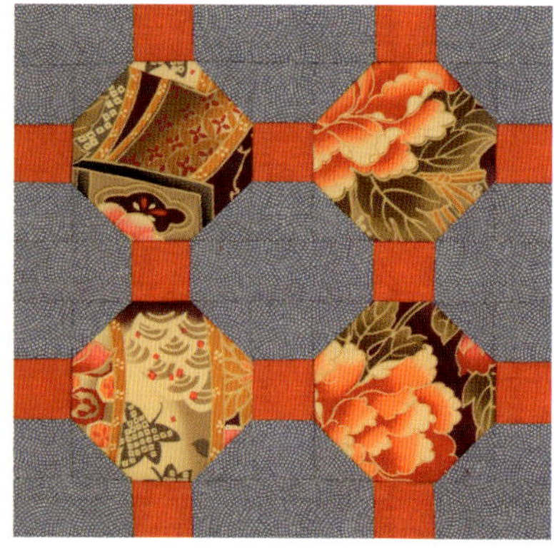

ZUSCHNITT

A B 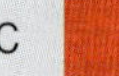 C

A Achtundzwanzig Quadrate, 3,5 x 3,5 cm groß.
A Drei Streifen, 7,5 x 3,5 cm groß.
A Sechs Streifen, 5,5 x 3,5 cm groß.
B Vier Quadrate, 7,5 x 7,5 cm groß.
C Zwölf Quadrate, 3,5 x 3,5 cm groß.

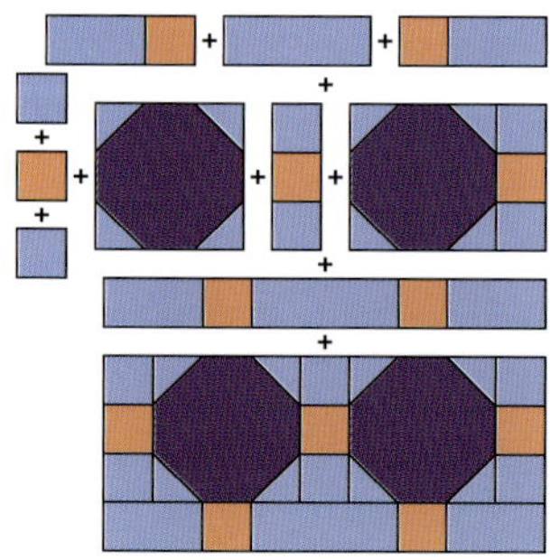

Nähen

Patchen Sie den Block dem Nähschema folgend. Nähen Sie für die Achtecke die Dreiecke nach der Anleitung für schnelle Ecken (Seite 37) an die Quadrate. Setzen Sie den Block aus Streifen zusammen.

32 *Zeni*

(Münze)

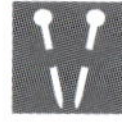

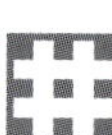

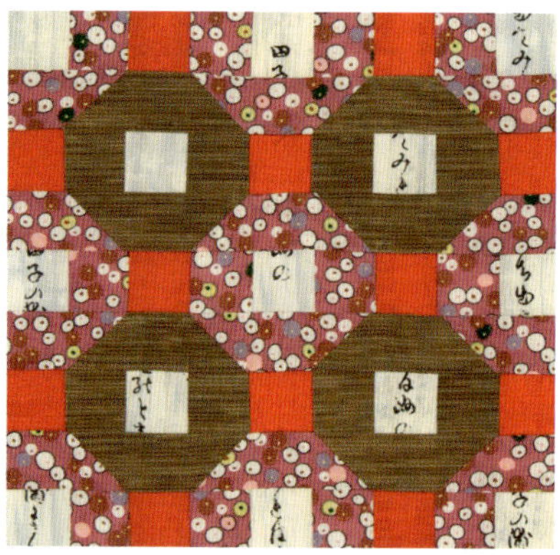

ZUSCHNITT

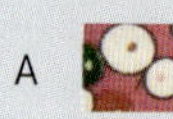 A

B

C

D

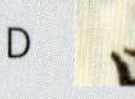

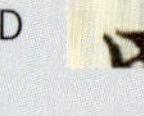

A Zwölf Quadrate, 3,5 x 3,5 cm groß.
A Acht Streifen, 3,5 x 5,5 cm groß.
A Vier Streifen, 3,5 x 7,5 cm groß.
B Acht Quadrate, 3,5 x 3,5 cm groß.
B Acht Streifen, 3,5 x 7,5 cm groß.
C Zwölf Quadrate, 3,5 x 3,5 cm groß.
D Dreizehn Quadrate, 3,5 x 3,5 cm groß.

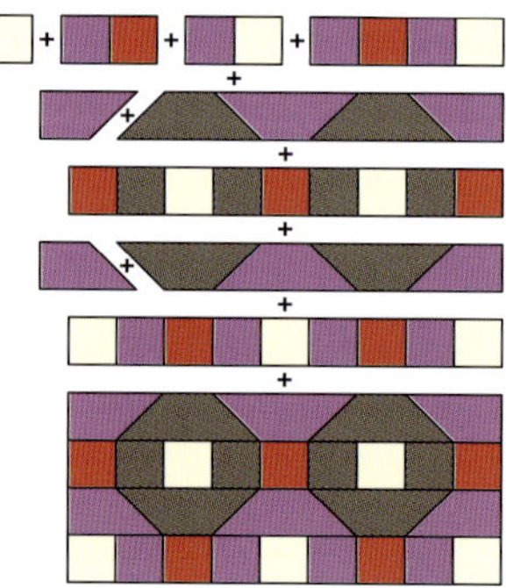

Nähen

Patchen Sie den Block dem Nähschema folgend. Fügen Sie die A-Streifen und die B-Streifen nach der Anleitung zum Nähen von 45°-Winkeln (Seite 35) zu 19,5 cm langen Streifen aneinander. Setzen Sie den Block aus Streifen zusammen.

33 *Manji*

(Buddhistisches Symbol)

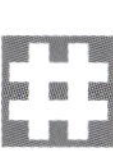
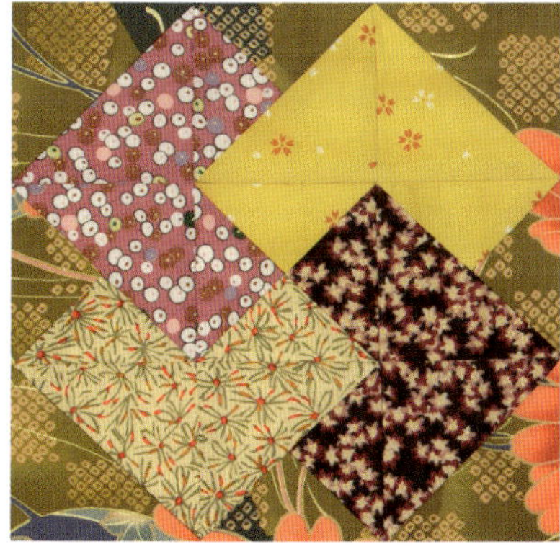

Das *manji*, ein altes buddhistisches Symbol aus Indien, steht für das Leben und das Universum.

ZUSCHNITT

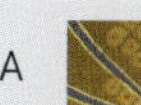

A, B, C, D, E

- A Zwei Quadrate, 8,75 x 8,75 cm groß.
- A Ein Quadrat, 10 x 10 cm groß.
- B Ein Quadrat, 8,75 x 8,75 cm groß.
- B Ein Quadrat, 10 x 10 cm groß.
- C Ein Quadrat, 8,75 x 8,75 cm groß.
- C Ein Quadrat, 10 x 10 cm groß.
- D Ein Quadrat, 8,75 x 8,75 cm groß.
- D Ein Quadrat, 10 x 10 cm groß.
- E Ein Quadrat, 8,75 x 8,75 cm groß.
- E Ein Quadrat, 10 x 10 cm groß.

Halbieren Sie die kleineren Quadrate entlang einer Diagonalen.
Vierteln Sie die größeren Quadrate entlang der beiden Diagonalen.

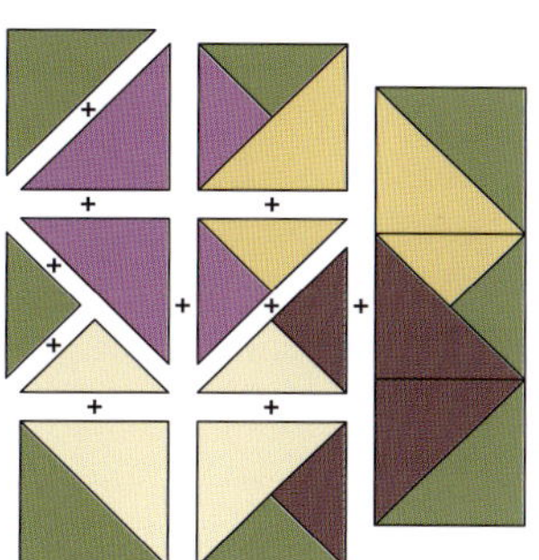

Nähen

Patchen Sie den Block dem Nähschema folgend. Achten Sie darauf, die diagonal zum Fadenlauf zugeschnittenen Kanten beim Nähen nicht zu dehnen. Setzen Sie den Block aus Streifen zusammen. Je ein kleines und ein großes Dreieck aus den Stoffen B, C, D und E bleiben übrig, verwenden Sie diese Teile für einen anderen Block.

34 *Yosegi kakudo*

(Winkel)

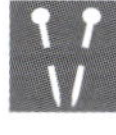
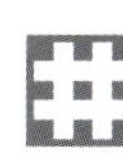
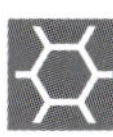
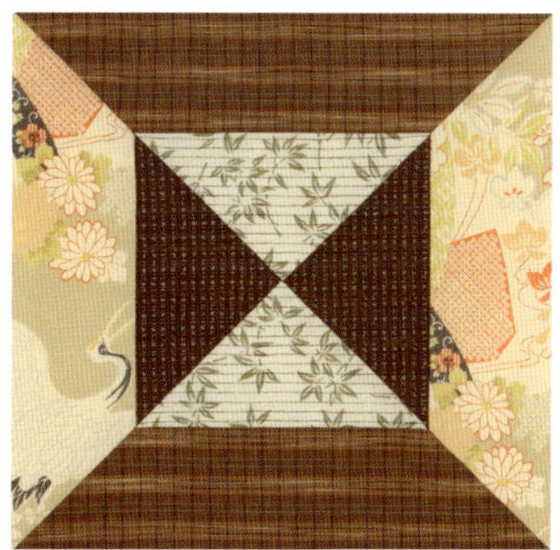

ZUSCHNITT

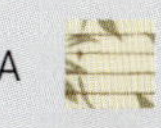
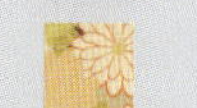

A, B, C, D

- A Ein Quadrat, 14 x 14 cm groß.
- B Ein Quadrat, 14 x 14 cm groß.
- C Zwei Streifen, 22 x 5,5 cm groß.
- D Zwei Streifen, 22 x 5,5 cm groß.

Vierteln Sie die Quadrate entlang der beiden Diagonalen.
Schneiden Sie von den Streifen an beiden Enden im Winkel von 45° ein Dreieck ab; so erhalten Sie Trapezoide, deren kürzere Längskante 11 cm mißt.

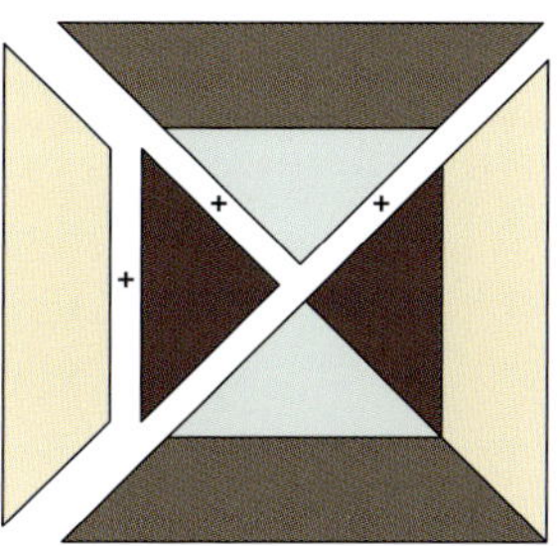

Nähen

Patchen Sie den Block dem Nähschema folgend. Achten Sie darauf, die diagonal zum Fadenlauf zugeschnittenen Kanten beim Nähen nicht zu dehnen. Je zwei Dreiecke aus den Stoffen A und B bleiben übrig, verwenden Sie diese Teile für einen anderen Block.

35 *Yosegi nijū kazaguruma*

(Doppeltes Windrad)

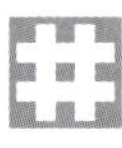
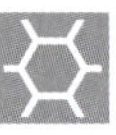

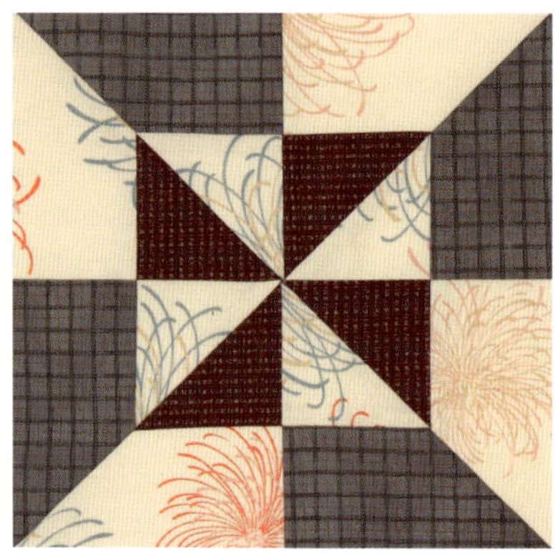

ZUSCHNITT

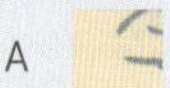

A B C

A Zwei Quadrate, 7,75 x 7,75 cm groß.
A Zwei Streifen, 18 x 5,5 cm groß.
B Zwei Quadrate, 7,75 x 7,75 cm groß.
C Zwei Streifen, 18 x 5,5 cm groß.

Halbieren Sie die Quadrate entlang einer Diagonalen. Halbieren Sie die Streifen im Winkel von 45°, so daß Sie Vierecke erhalten, die an der längsten Kante 11,75 cm und an der gegenüberliegenden 6,25 cm messen. Zerschneiden Sie die A-Streifen entlang der 45°-Linie von links unten nach rechts oben und die C-Streifen entlang der 45°-Linie von rechts unten nach links oben.

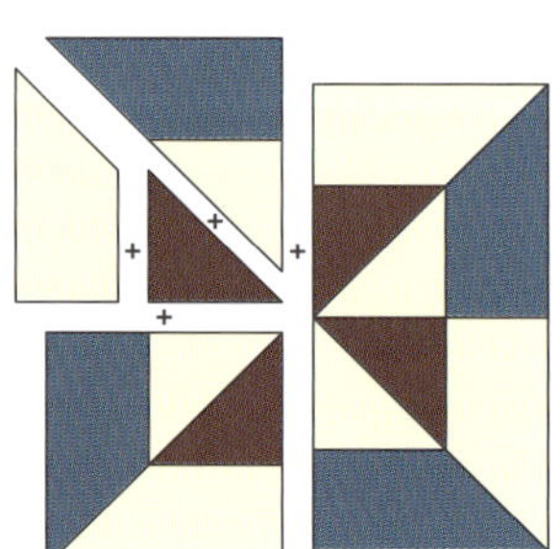

Nähen

Patchen Sie den Block dem Nähschema folgend. Achten Sie darauf, die diagonal zum Fadenlauf zugeschnittenen Kanten beim Nähen nicht zu dehnen.

36 *Yosegi ichimatsu masu*

(Karos und Quadrate)

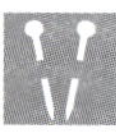
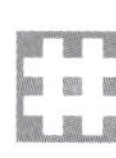
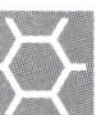

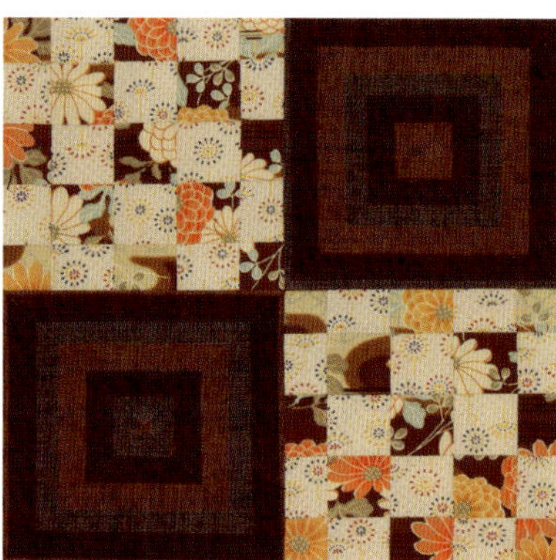

Schneiden Sie die Dreiecke so aus einem langen Stück gestreiftem Stoff zu, daß die Streifenmuster der aneinandergenähten Teile ein möglichst interessantes Muster ergeben. Fügen Sie jeweils vier Dreiecke zu einem Quadrat zusammen.

ZUSCHNITT

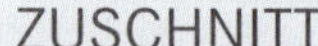

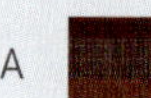

A B C

A Acht rechtwinklige Quadrate, in der Mitte 5,75 cm hoch und an der Grundlinie 13 cm lang.
B Zehn Quadrate, 3,5 x 3,5 cm groß.
B Acht Streifen, 3,5 x 3 cm groß.
B Acht Quadrate, 3 x 3 cm groß.
C Acht Quadrate, 3,5 x 3,5 cm groß.
C Sechzehn Streifen, 3,5 x 3 cm groß.

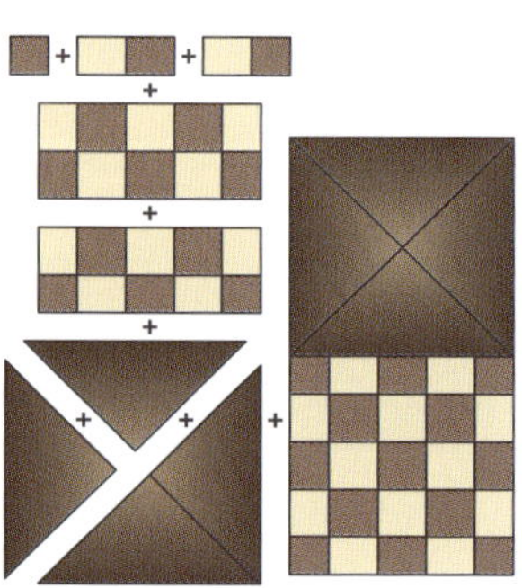

Nähen

Patchen Sie den Block dem Nähschema folgend. Achten Sie darauf, die diagonal zum Fadenlauf zugeschnittenen Kanten beim Nähen nicht zu dehnen. Die Streifen und kleineren Quadrate liegen am Rand der karierten Blockviertel. Setzen Sie den Block aus vier Teilblöcken zusammen.

37 *Tatami*

(Reisstrohmatten)

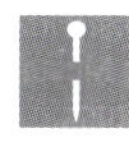
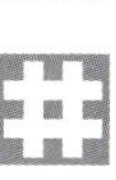
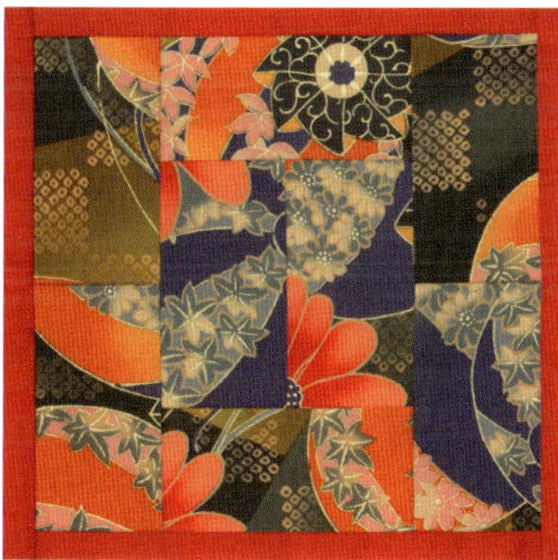

Verwenden Sie für diesen Block einen großgemusterten Stoff, um die gepatchten Nähte zu betonen.

ZUSCHNITT

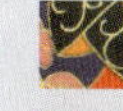

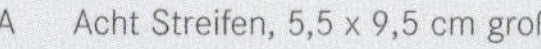

- A Acht Streifen, 5,5 x 9,5 cm groß.
- B Zwei Streifen, 19,5 x 2,5 cm groß.
- B Zwei Streifen, 17,5 x 2,5 cm groß.

Nähen

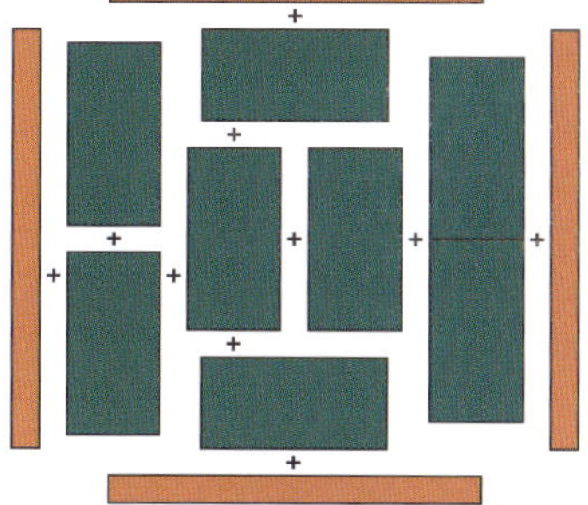

Patchen Sie den Block dem Nähschema folgend. Setzen Sie ihn von der Mitte nach außen zusammen.

38 *Irori*

(In den Boden eingelassene Feuerstelle)

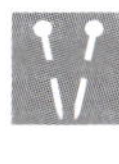
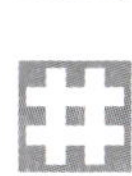
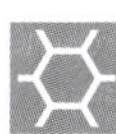
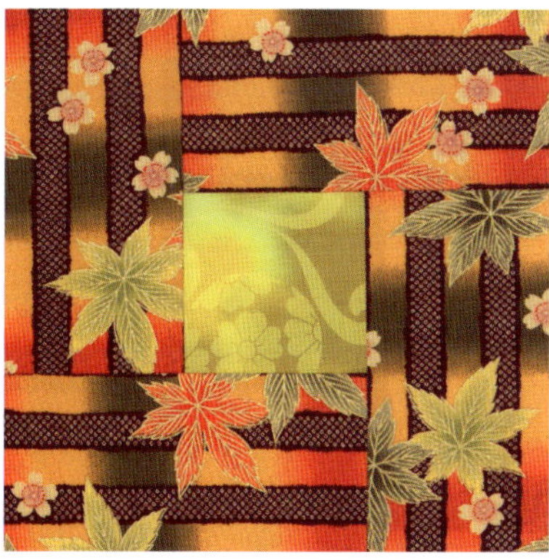

Dieser Block eignet sich gut für Stoffmuster mit ausgeprägter Richtung und für Streifen.

ZUSCHNITT

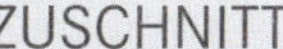
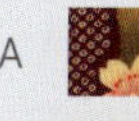

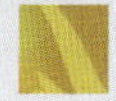

- A Vier Streifen, 13,5 x 7,5 cm groß.
- B Ein Quadrat, 7,5 x 7,5 cm groß.

Nähen

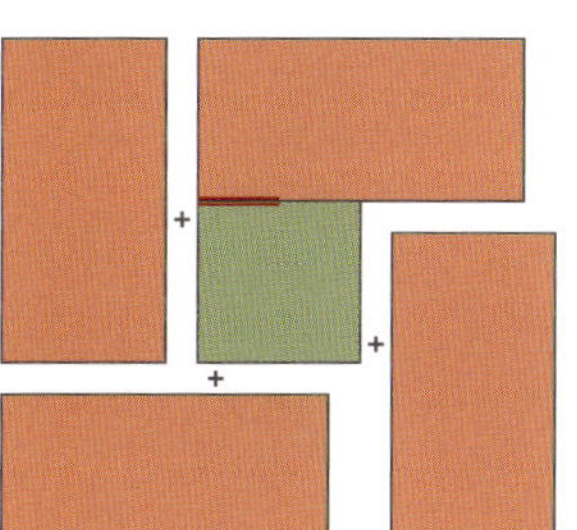

Patchen Sie den Block dem Nähschema folgend. Setzen Sie ihn von der Mitte nach außen zusammen. Beginnen Sie mit der rot eingezeichneten Naht, und befolgen Sie die Anleitung für Teilnähte (Seite 35).

39 *Kirichigae*

(Veränderter Schnitt)

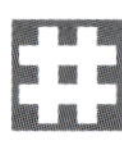
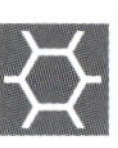

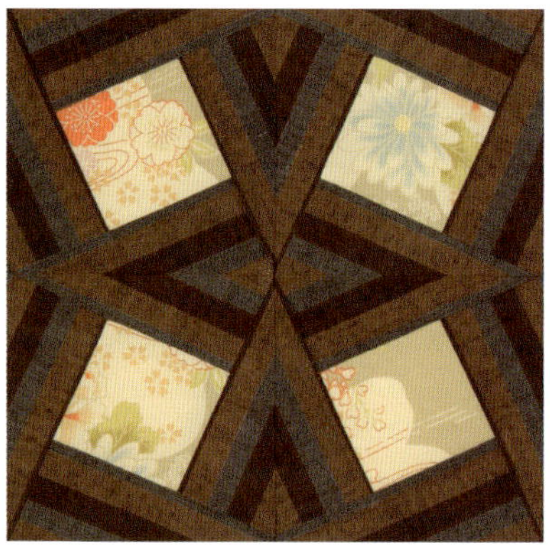

Dieser Block wirkt am besten, wenn Sie die Streifen so aus einem langen gestreiften Stück Stoff zuschneiden, daß das Streifenmuster auf allen Stoffstreifen identisch ist, und dann die Dreiecke zu einem kaleidoskopartigen Muster anordnen.

ZUSCHNITT

A 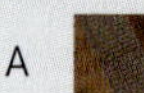 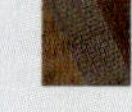

B 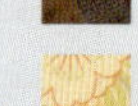

A Acht Streifen, 12 x 8 cm groß, und dann jeweils so entlang einer Diagonalen halbiert, daß der Schnitt immer in derselben Richtung verläuft.

B Vier Quadrate, 6 x 6 cm groß.

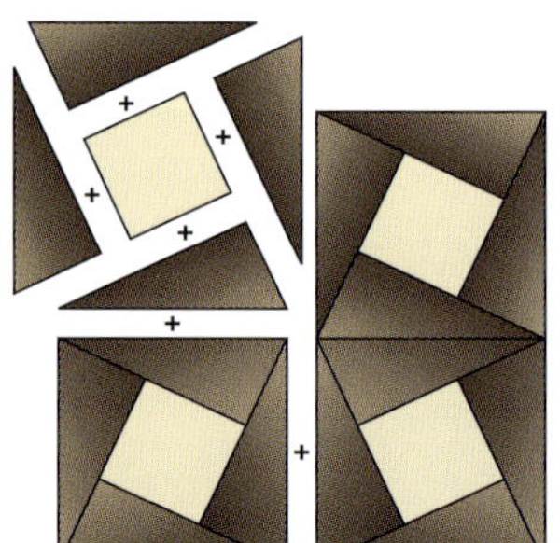

Nähen

Patchen Sie den Block dem Nähschema folgend, und arbeiten Sie jedes Blockviertel nach der Nähanleitung für Block 38. Achten Sie darauf, die diagonal zum Fadenlauf zugeschnittenen Kanten beim Nähen nicht zu dehnen. Setzen Sie den Block aus vier Teilblöcken zusammen.

40 *Iyo kasuri tsunagi masumon*

(Muster aus verbundenen Quadraten)

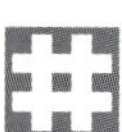

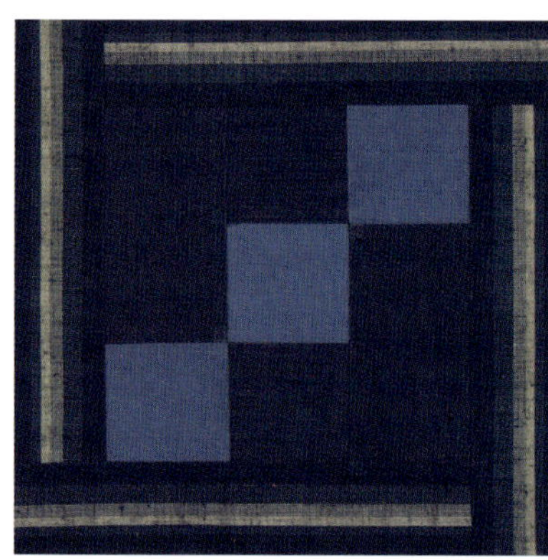

Ein Rand aus gestreiftem Stoff bringt das Muster optimal zur Geltung.

ZUSCHNITT

A 

B

C

A Zwei Quadrate, 5,5 x 5,5 cm groß.

A Zwei Streifen, 9,5 x 5,5 cm groß.

B Drei Quadrate, 5,5 x 5,5 cm groß.

C Vier Streifen, 16,5 x 4,5 cm groß.

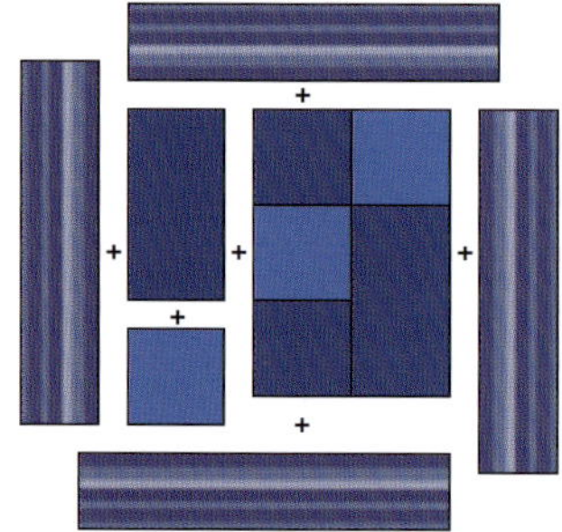

Nähen

Patchen Sie den Block dem Nähschema folgend. Setzen Sie das Mittelteil des Blocks aus drei Streifen zusammen. Fügen Sie die Randstreifen nach der Nähanleitung für Block 38 an.

41 *Meisen kōshi*

(Karos im Stil von *meisen*-Seide)

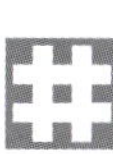
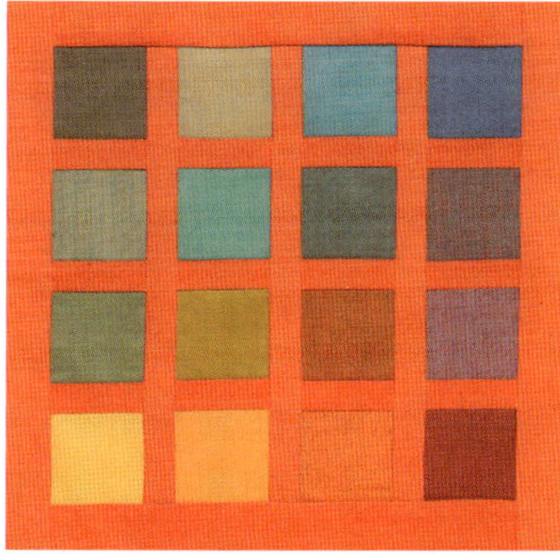

Schneiden Sie die Quadrate aus sechzehn Stoffen in verschiedenen Farben zu, und ordnen Sie sie so an, daß sich ein harmonischer Farbverlauf ergibt.

ZUSCHNITT

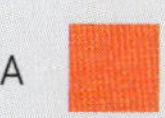

A

B

- A Zwei Streifen, 16,5 x 3 cm groß.
- A Zwei Streifen, 19,5 x 3 cm groß.
- A Drei Streifen, 16,5 x 2,5 cm groß.
- A Zwölf Streifen, 4,5 x 2,5 cm groß.
- B Sechzehn Quadrate, 4,5 x 4,5 cm groß, in verschiedenen Farben.

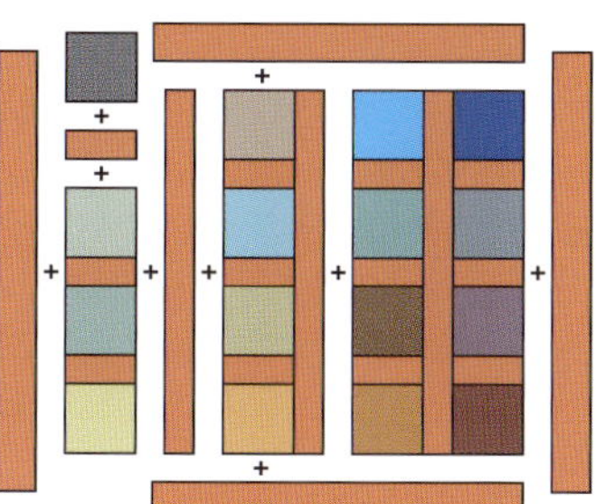

Nähen

Patchen Sie den Block dem Nähschema folgend. Setzen Sie ihn aus Streifen zusammen.

42 *Iyo kasuri masumon*

(Quadratmuster im Iyo-Stil)

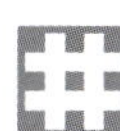
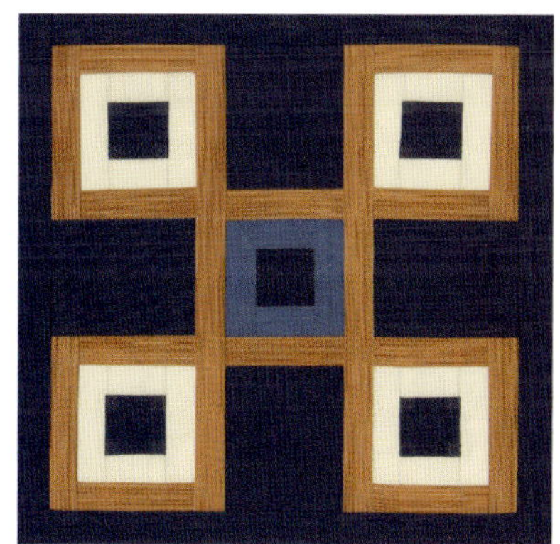

ZUSCHNITT

A

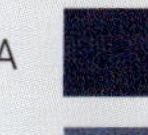
B

C

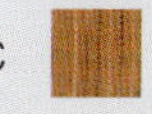
D

- A Fünf Quadrate, 3,5 x 3,5 cm groß.
- A Vier Streifen, 6,5 x 5,5 cm groß.
- A Zwei Streifen, 17,5 x 2,5 cm groß.
- A Zwei Streifen, 19,5 x 2,5 cm groß.
- B Zwei Streifen, 3,5 x 2,5 cm groß.
- B Zwei Streifen, 5,5 x 2,5 cm groß.
- C Zehn Streifen, 5,5 x 2,5 cm groß.
- C Vier Streifen, 7,5 x 2,5 cm groß.
- C Zwei Streifen, 17,5 x 2,5 cm groß.
- D Acht Streifen, 3,5 x 2,5 cm groß.
- D Acht Streifen, 5,5 x 2,5 cm groß.

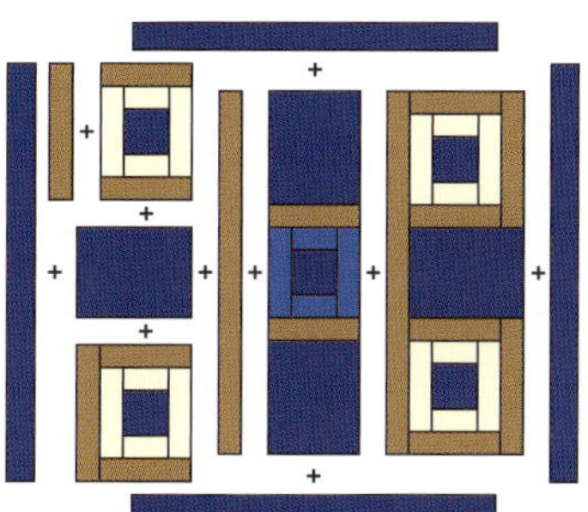

Nähen

Patchen Sie den Block dem Nähschema folgend. Setzen Sie ihn aus Streifen zusammen. Nähen Sie die zusammengesetzten Quadrate im Knoten genauso wie die Quadrate von Block 43.

43 *Iyo kasuri komochi masumon*

(„Eltern-und-Kind“-Quadrate im Iyo-Stil)

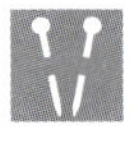
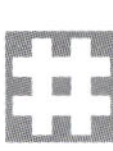
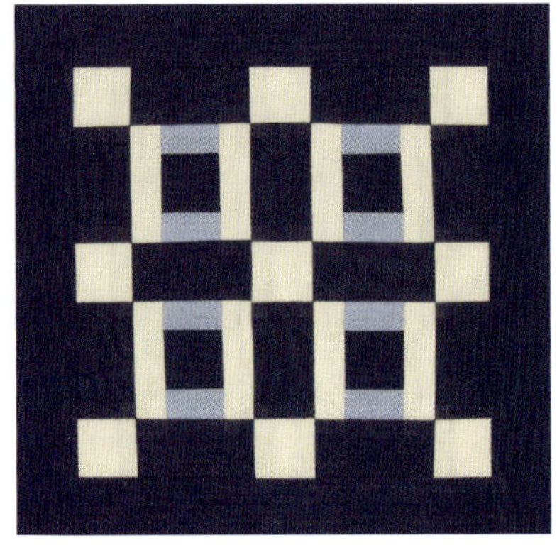

ZUSCHNITT

A 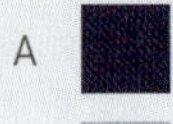

B 

C

- A Vier Quadrate, 3,5 x 3,5 cm groß.
- A Zwölf Streifen, 5,5 x 3,5 cm groß.
- A Zwei Streifen, 15,5 x 3,5 cm groß.
- A Zwei Streifen, 19,5 x 3,5 cm groß.
- B Acht Streifen, 3,5 x 2,5 cm groß.
- C Neun Quadrate, 3,5 x 3,5 cm groß.
- C Acht Streifen, 5,5 x 2,5 cm groß.

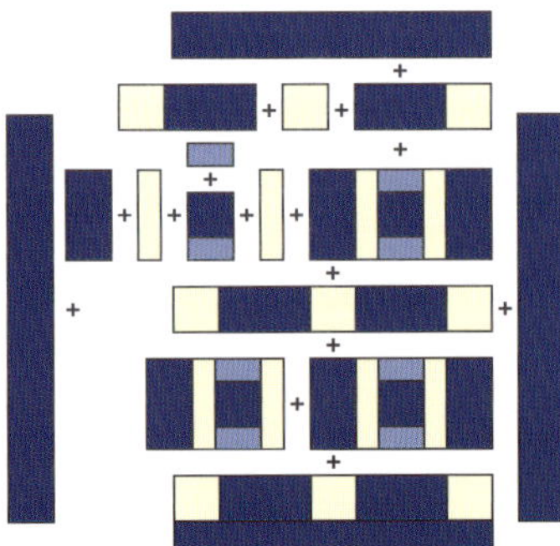

Nähen

Patchen Sie den Block dem Nähschema folgend. Setzen Sie ihn aus Streifen zusammen.

44 *Kurume kasuri kago jūji kika*

(Geometrisches eingesperrtes Kreuz)

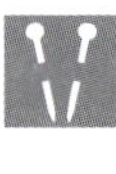
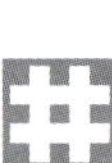
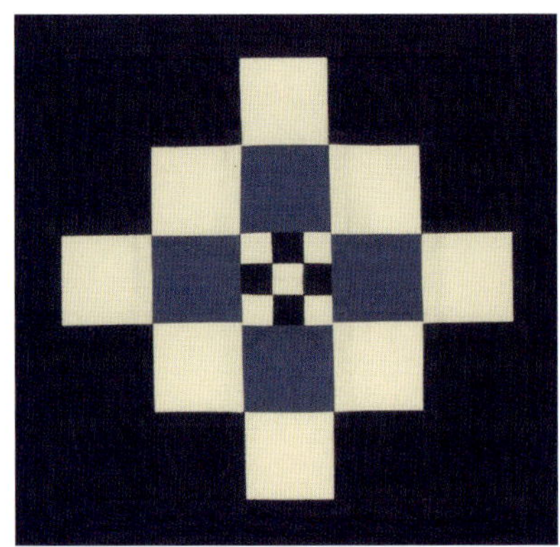

ZUSCHNITT

A 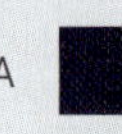

B

C

- A Vier Quadrate, 2,5 x 2,5 cm groß.
- A Vier Quadrate, 4,5 x 4,5 cm groß.
- A Vier Streifen, 7,5 x 4,5 cm groß.
- A Zwei Streifen, 16,5 x 3 cm groß.
- A Zwei Streifen, 19,5 x 3 cm groß.
- B Vier Quadrate, 4,5 x 4,5 cm groß.
- C Fünf Quadrate, 2,5 x 2,5 cm groß.
- C Acht Quadrate, 4,5 x 4,5 cm groß.

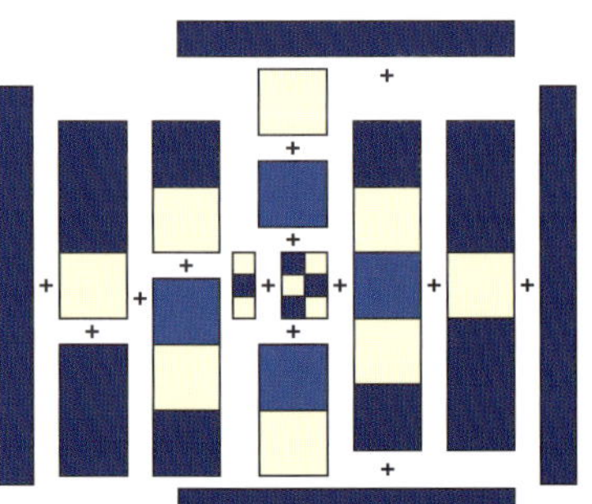

Nähen

Patchen Sie den Block dem Nähschema folgend. Setzen Sie ihn aus Streifen zusammen.

45 *Kurume kasuri fukumoji*

(Schriftzeichen für Glück)

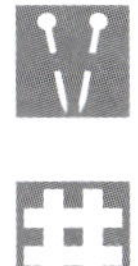

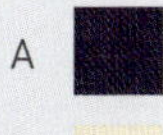

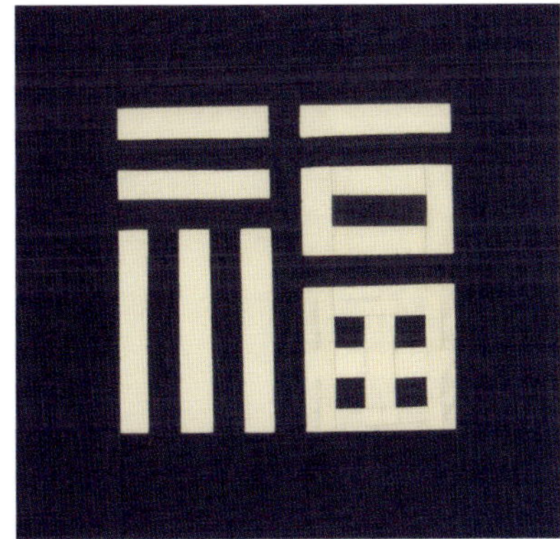

ZUSCHNITT

A
B

- A Vier Quadrate, 2,5 x 2,5 cm groß.
- A Ein Streifen, 4,5 x 2,5 cm groß.
- A Vier Streifen, 6,5 x 2,5 cm groß.
- A Zwei Streifen, 8,5 x 2,5 cm groß.
- A Ein Streifen, 12,5 x 2,5 cm groß.
- A Zwei Streifen, 12,5 x 5 cm groß.
- A Zwei Streifen, 19,5 x 5 cm groß.
- B Zwei Quadrate, 2,5 x 2,5 cm groß.
- B Sieben Streifen, 4,5 x 2,5 cm groß.
- B Fünf Streifen, 6,5 x 2,5 cm groß.
- B Drei Streifen, 8,5 x 2,5 cm groß.

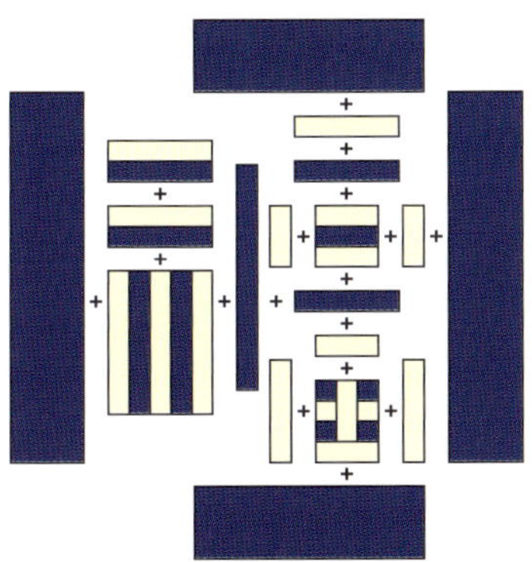

Nähen

Patchen Sie den Block dem Nähschema folgend. Setzen Sie ihn aus Teilblöcken zusammen.

Frisch gemischt

Vorschläge für Blockkombinationen

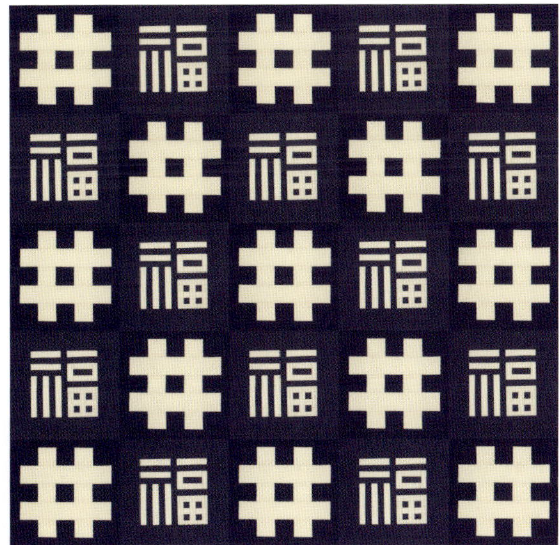

Abbildung oben, von links oben:
13 x Block 5 und 12 x Block 45.
Abbildung unten, von links oben:
25 x Block 17 und 24 x Block 44.

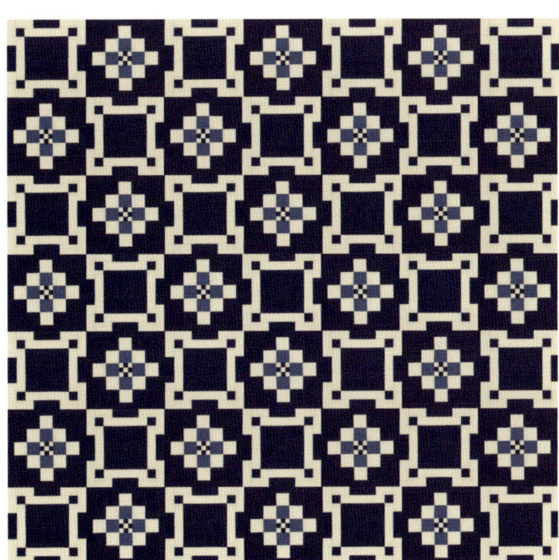

46 *Meisen maru*

(Kreis im Stil von *meisen*-Seide)

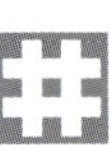

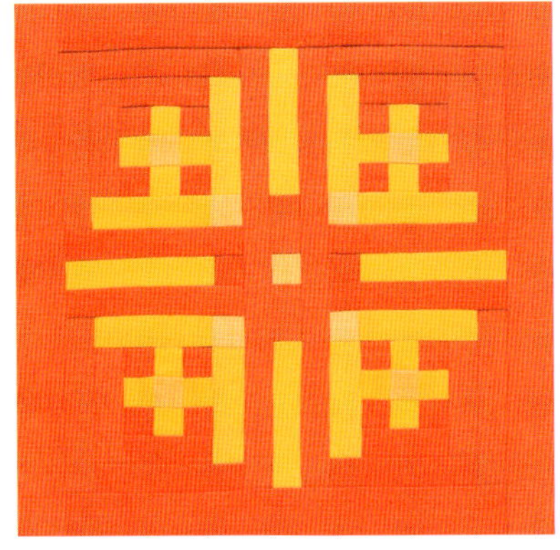

ZUSCHNITT

A 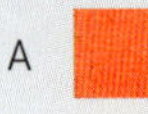

B 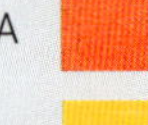

C 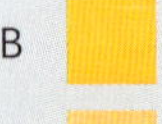

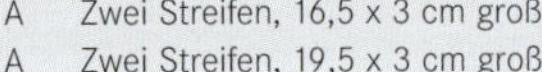

A Zwei Streifen, 16,5 x 3 cm groß.
A Zwei Streifen, 19,5 x 3 cm groß.
A Achtzehn Quadrate, 2,5 x 2,5 cm groß.
A Vier Streifen, 2,5 x 4,5 cm groß.
A Vier Streifen, 2,5 x 5,5 cm groß.
A Vier Streifen, 2,5 x 6,5 cm groß.
A Acht Streifen, 2,5 x 7,5 cm groß.
A Zwei Streifen, 2,5 x 16,5 cm groß.
A Zwei Streifen, 2,5 x 3,5 cm groß.
B Sechzehn Quadrate, 2,5 x 2,5 cm groß.
B Acht Streifen, 2,5 x 5,5 cm groß.
B Vier Streifen, 2,5 x 6,5 cm groß.
C Neun Quadrate, 2,5 x 2,5 cm groß.

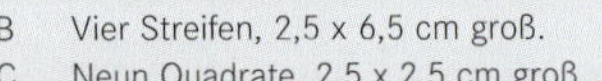

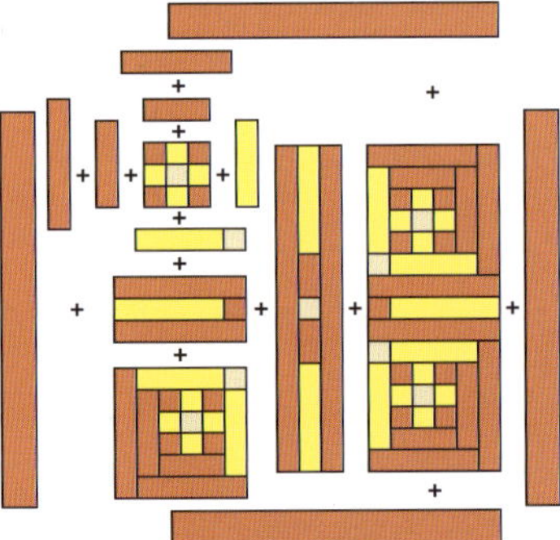

Nähen

Patchen Sie den Block dem Nähschema folgend. Setzen Sie ihn aus Streifen zusammen.

47 *Tatemimasu*

(Drei Quadrate auf der Spitze)

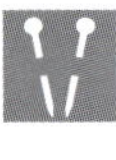

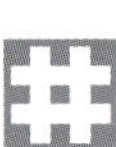

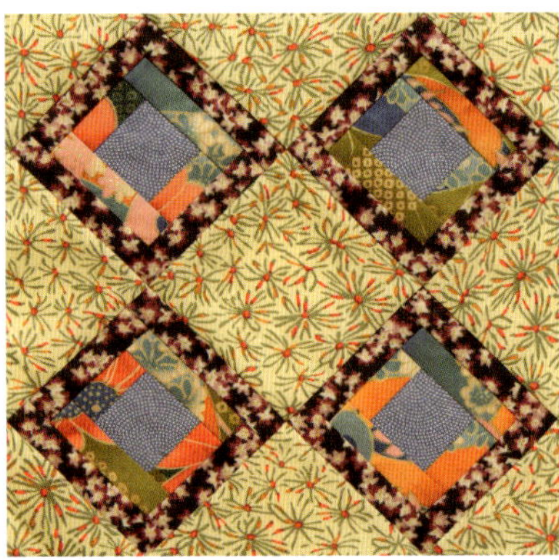

Verwenden Sie kleingemusterte Stoffe, so daß es aussieht, als lägen massive Quadrate aufeinander. Damit das Fertigmaß des Blocks auch wirklich 18 x 18 cm beträgt, sollten Sie überprüfen, ob Sie beim Aneinandernähen der Quadrate und Dreiecke die Nahtzugaben eher knapp oder großzügig bemessen müssen.

ZUSCHNITT

A 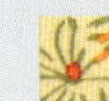

B 

C 

D 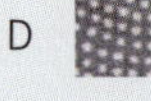

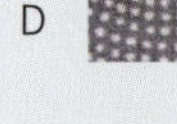

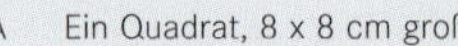

A Ein Quadrat, 8 x 8 cm groß.
A Zwei 9,25 x 9,25 cm große Quadrate, diagonal halbiert.
A Ein 10,5 x 10,5 cm großes Quadrat, diagonal geviertelt.
B Acht Streifen, 2,5 x 8 cm groß.
B Acht Streifen, 2,5 x 6 cm groß.
C Acht Streifen, 2,5 x 6 cm groß.
C Acht Streifen, 2,5 x 4 cm groß.
D Vier Quadrate, 4 x 4 cm groß.

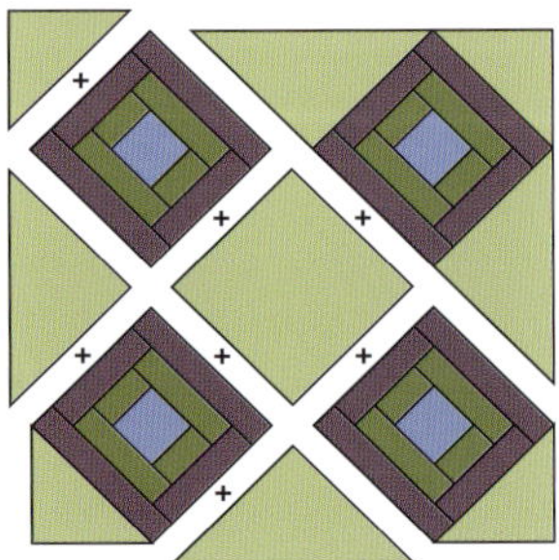

Nähen

Patchen Sie den Block dem Nähschema folgend. Nähen Sie die aufeinandergestapelten Quadrate nach der Anleitung für Block 23. Setzen Sie den Block aus diagonalen Streifen zusammen.

48 *Kumiko*

(Gitter)

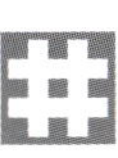
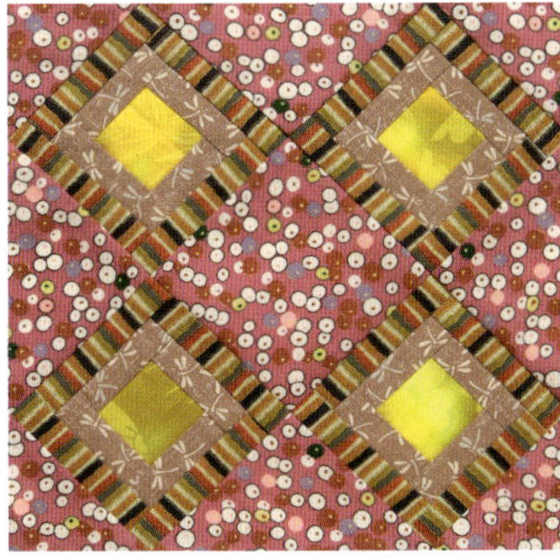

Verwenden Sie gestreiften Stoff, so daß es aussieht, als würden sich die Quadrate drehen. Damit das Fertigmaß des Blocks auch wirklich 18 x 18 cm beträgt, sollten Sie überprüfen, ob Sie beim Aneinandernähen der Quadrate und Dreiecke die Nahtzugaben eher knapp oder großzügig bemessen müssen.

ZUSCHNITT

A 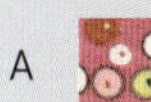
B 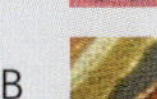
C 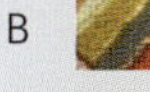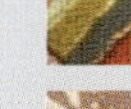
D 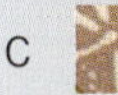

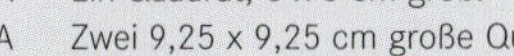

- A Ein Quadrat, 8 x 8 cm groß.
- A Zwei 9,25 x 9,25 cm große Quadrate, diagonal halbiert.
- A Ein 10,5 x 10,5 cm großes Quadrat, diagonal geviertelt.
- B Sechzehn Streifen, 2,5 x 7 cm groß.
- C Sechzehn Streifen, 2,5 x 5 cm groß.
- D Vier Quadrate, 4 x 4 cm groß.

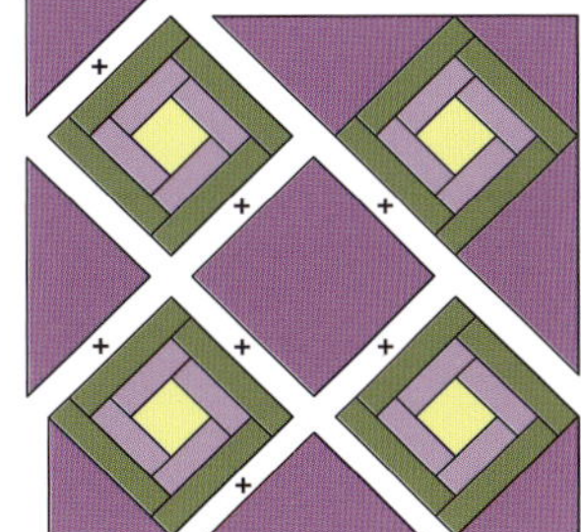

Nähen

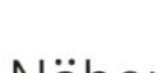

Patchen Sie den Block dem Nähschema folgend. Nähen Sie die aufeinanderliegenden Quadrate nach der Anleitung für Block 38. Setzen Sie den Block aus diagonalen Streifen zusammen.

49 *Yosegi kawari royagoshi*

(Gefängnisgitterkaro-Variante)

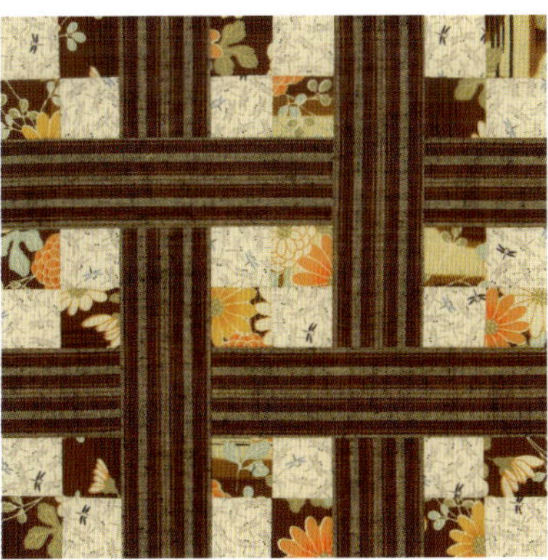

Wählen Sie gestreiften Stoff, um das Flechtmuster zu betonen.

ZUSCHNITT

A 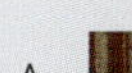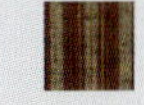
B 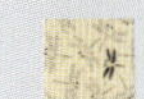
C 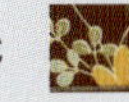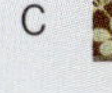

- A Vier Streifen, 12,5 x 4,5 cm groß.
- A Vier Streifen, 5,5 x 4,5 cm groß.
- B Achtzehn Quadrate, 3,5 x 3,5 cm groß.
- C Achtzehn Quadrate, 3,5 x 3,5 cm groß.

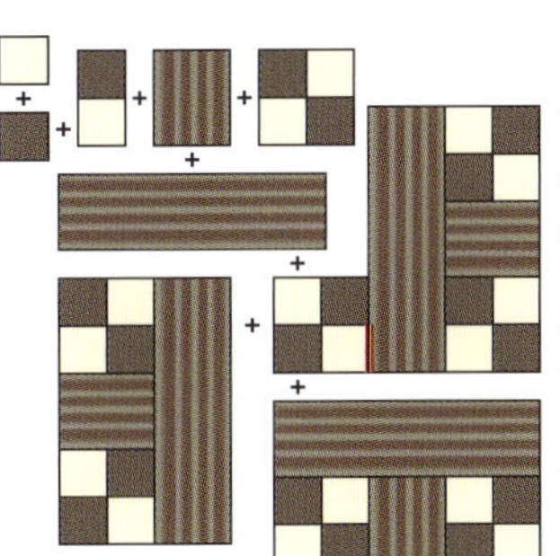

Nähen

Patchen Sie den Block dem Nähschema folgend. Stellen Sie zuerst die äußeren Abschnitte fertig, und setzen Sie dann den Block von der Mitte nach außen zusammen. Beginnen Sie mit der rot eingezeichneten Naht, und befolgen Sie die Anleitung für Teilnähte (Seite 35).

50 *Yosegi kawari royagoshi* Nr. 2

(Gefängnisgitterkaro-Variante Nr. 2)

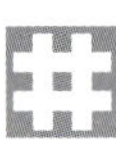

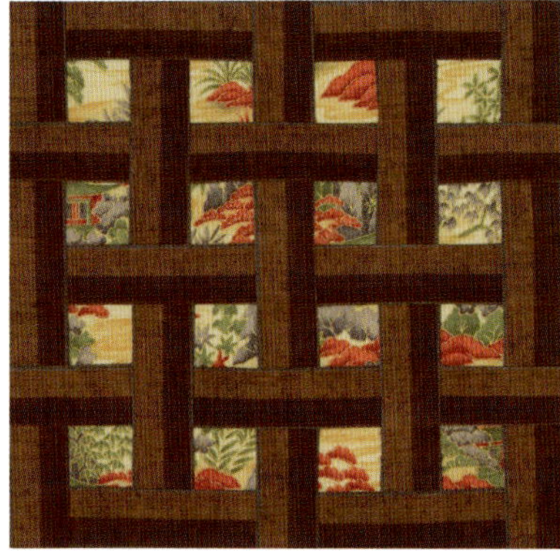

Schneiden Sie die Quadrate aus Stoffen mit Landschaftsdarstellungen zu, damit es aussieht, als blicke man durch das Gitter nach draußen.

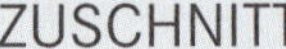

ZUSCHNITT

A

B

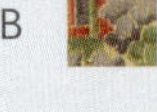

A Zehn Streifen, 5,5 x 3,5 cm groß.
A Fünfzehn Streifen, 7,5 x 3,5 cm groß.
B Sechzehn Quadrate, 3,5 x 3,5 cm groß.

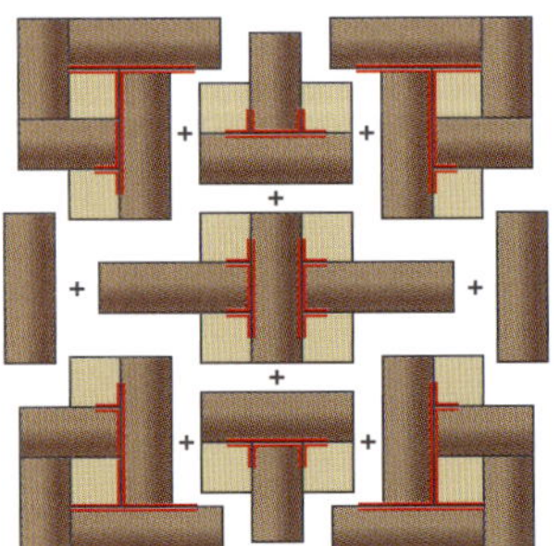

Nähen

Patchen Sie den Block dem Nähschema folgend und nach der Anleitung für Teilnähte (Seite 35). Setzen Sie die einzelnen Teile gemäß dem Nähschema zu Teilblöcken zusammen, diese ebenfalls mit Teilnähten zum Block.

51 Gepatchtes *sayagata*

(*Saya*-Brokatmuster)

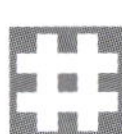

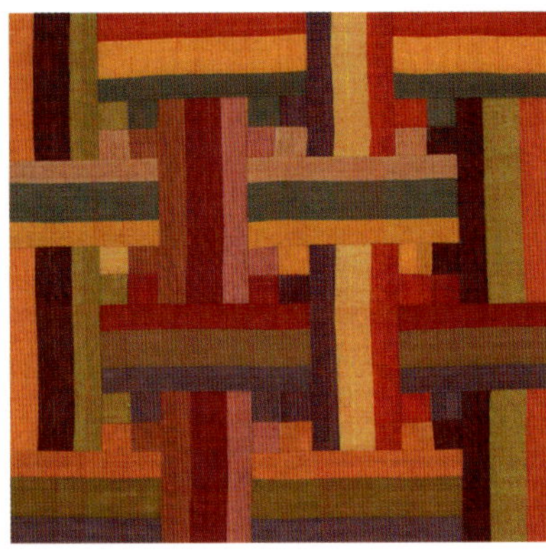

Wenn Sie für die kleinen Viererblock-Teile den gleichen gestreiften Stoff verwenden wie für die Streifen und die kleinen Quadrate jeweils neben einen gleichfarbigen Streifen setzen, wirkt der Block wie ein gepatchtes *sayagata*-Brokatmuster. Dies erfordert jedoch eine äußerst sorgfältige Planung und sehr viel Stoff. Eine weniger raffinierte Variante des Blocks erhalten Sie mit zweifarbigem gestreiftem Stoff.

ZUSCHNITT

A

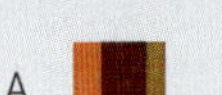

A Acht Streifen, 8,5 x 4,5 cm groß.
A Acht Streifen, 6,5 x 4,5 cm groß.
A Sechsunddreißig Quadrate, 2,5 x 2,5 cm groß.

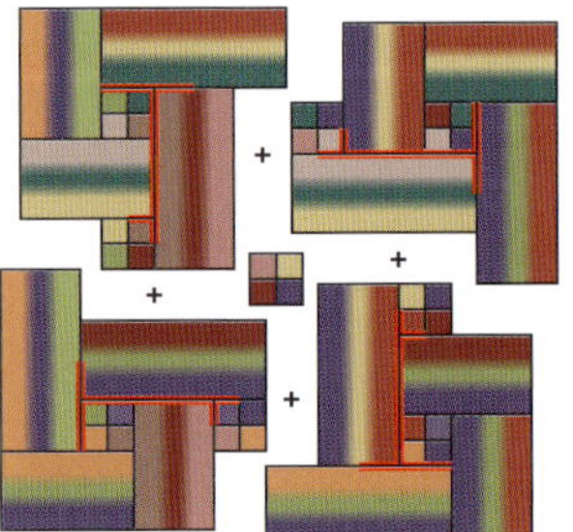

Nähen

Patchen Sie den Block dem Nähschema folgend und nach der Anleitung für Teilnähte (Seite 35). Nähen Sie zuerst die kleinen Viererblöcke. Setzen Sie die Viererblöcke und Streifen gemäß dem Nähschema zu Teilblöcken zusammen, diese ebenfalls mit Teilnähten zum Block.

52 *Yosegi higaki*

(Zypressenzaun)

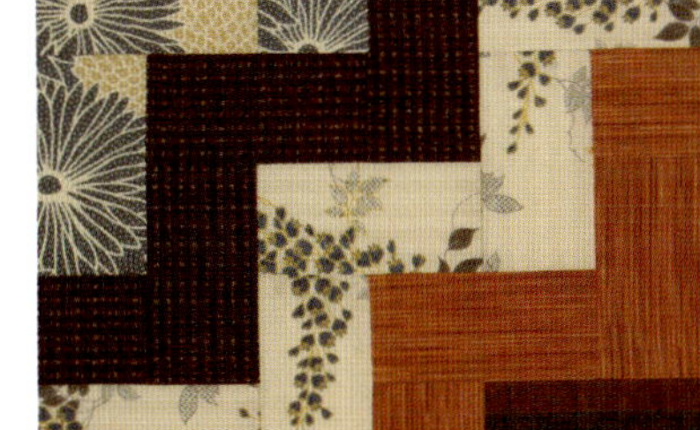

Stoffe mit Streifen oder Dessins mit ausgeprägter Richtung betonen das Flechtmuster.

ZUSCHNITT

A 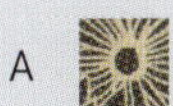

B 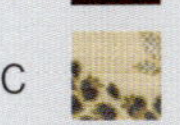

C 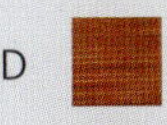

D 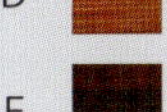

E 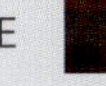

- A Zwei Streifen, 7,5 x 4,5 cm groß.
- A Zwei Quadrate, 4,5 x 4,5 cm groß.
- B Drei Streifen, 7,5 x 3,5 cm groß.
- B Ein Quadrat, 4,5 x 4,5 cm groß.
- C Fünf Streifen, 7,5 x 3,5 cm groß.
- C Ein Quadrat, 4,5 x 4,5 cm groß.
- D Vier Streifen, 7,5 x 3,5 cm groß.
- D Ein Quadrat, 4,5 x 4,5 cm groß.
- E Ein Streifen, 7,5 x 3,5 cm groß.
- E Ein Quadrat, 4,5 x 4,5 cm groß.

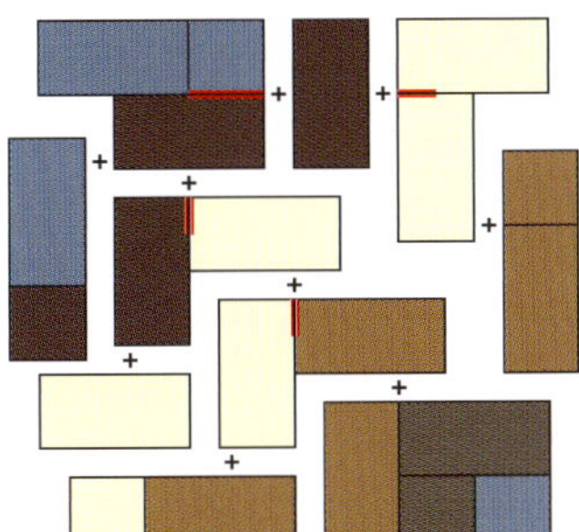

Nähen

Patchen Sie den Block dem Nähschema folgend und nach der Methode für Teilnähte (Seite 35). Setzen Sie zuerst die Streifen wie im Nähschema abgebildet zu Blockabschnitten zusammen, diese dann ebenfalls mit Teilnähten von der linken oberen Ecke aus zum ganzen Block.

53 *Yosegi kawari higaki*

(Zypressenzaun-Variante)

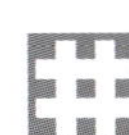

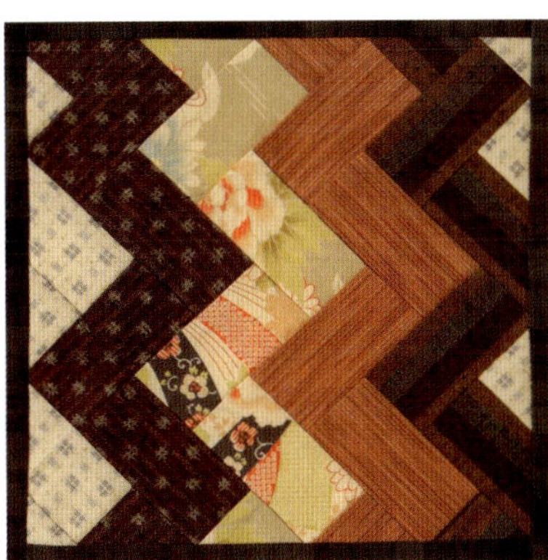

Betonen Sie das Flechtmuster durch Stoffe mit Streifen oder Dessins mit ausgeprägter Richtung.

ZUSCHNITT

A 

B 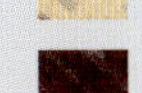

C 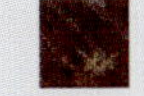

D 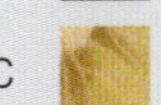

E 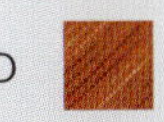

F 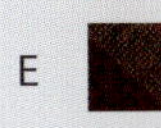

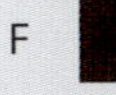

- A Zwei 5,5 x 5,5 cm große Quadrate, diagonal halbiert.
- A Ein 6,75 x 6,75 cm großes Quadrat, diagonal geviertelt.
- A Zwei Streifen, 4,25 x 7 cm groß.
- B Vier Streifen, 4,25 x 7 cm groß.
- B Ein 5,5 x 5,5 cm großes Quadrat, diagonal halbiert.
- C Schneiden Sie die gleichen Teile zu wie für B.
- D Schneiden Sie die gleichen Teile zu wie für B.
- E Schneiden Sie die gleichen Teile zu wie für B.
- F Zwei Streifen, 2 x 18,5 cm groß.
- F Zwei Streifen, 2 x 19,5 cm groß.

Schneiden Sie am rechten Ende der beiden A-Streifen und am rechten Ende von zwei E-Streifen im Winkel von 45° ein Dreieck so ab, daß der Schnitt von links oben nach rechts unten verläuft.

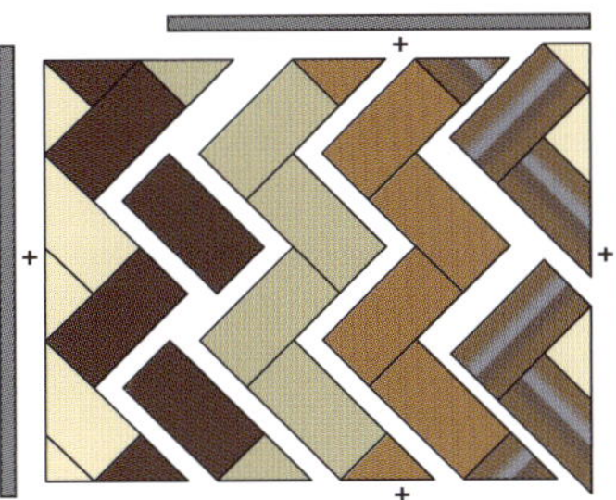

Nähen

Patchen Sie den Block dem Nähschema folgend und nach der Anleitung für Block 52. Nähen Sie zuletzt die Randstreifen an, und schneiden Sie deren Nahtzugaben auf knapp 0,5 cm zurück. Verwenden Sie die beiden kleinen überzähligen A-Eckdreiecke für einen anderen Block.

54 *Yosegi chūshin no jūji*

(Mittelkreuz)

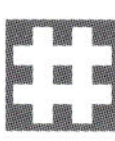

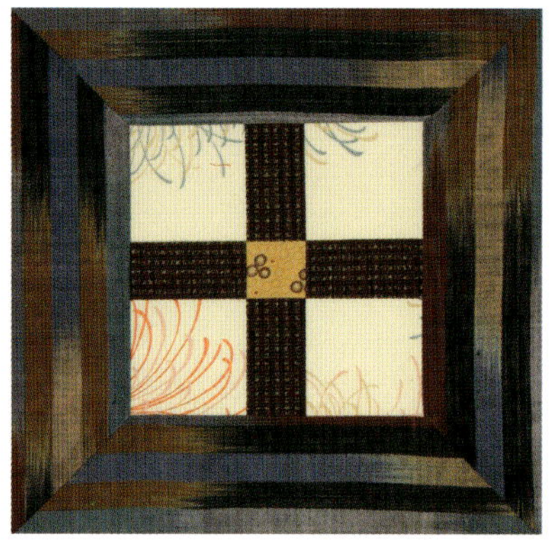

ZUSCHNITT

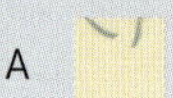

A Vier Quadrate, 5,5 x 5,5 cm groß.
B Vier Streifen, 5,5 x 3,5 cm groß.
C Ein Quadrat, 3,5 x 3,5 cm groß.
D Vier Streifen, 22 x 5,5 cm groß.
Schneiden Sie an jedem Ende der D-Streifen im Winkel von 45° ein Dreieck ab, so daß Sie Trapezoide erhalten, deren kürzere Längsseite 11 cm mißt.

A B C D

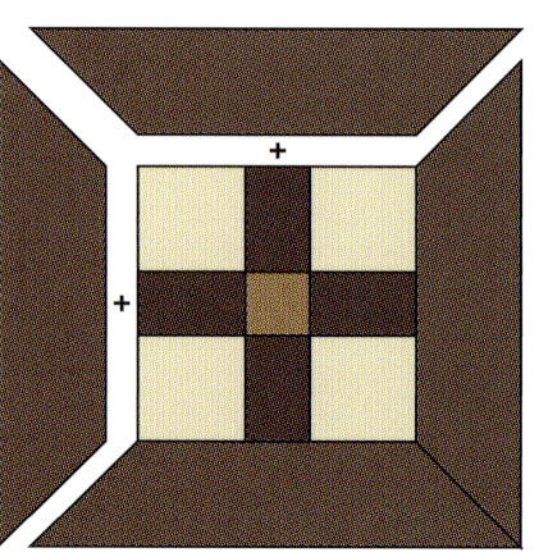

Nähen

Patchen Sie den Block dem Nähschema folgend. Setzen Sie zuerst das Mittelteil zusammen, und nähen Sie dann die Trapezoide nach der Anleitung für eingesetzte Nähte (Seite 34) daran.

55 *Yosegi naname jūji*

(Diagonales Kreuz)

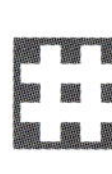

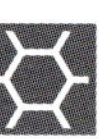

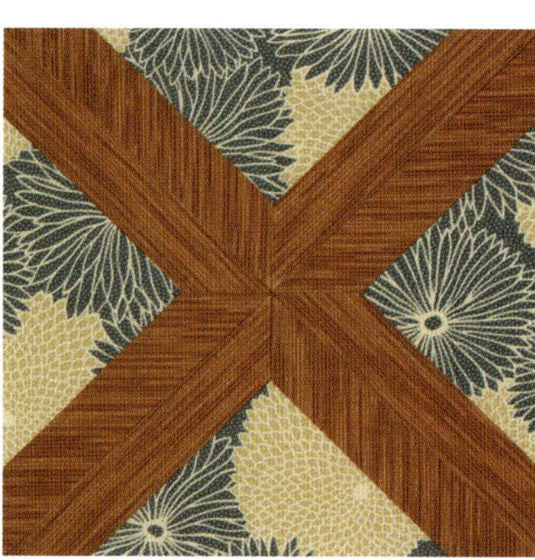

Eine interessante Wirkung erzielen Sie, wenn Sie vier B-Streifen parallel zum Streifenmuster des Stoffs zuschneiden und vier diagonal dazu.

ZUSCHNITT

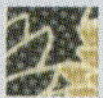

A Ein 16 x 16 cm großes Quadrat, diagonal geviertelt.
B Acht Streifen, 16,75 x 3,75 cm groß.
Schneiden Sie an jedem Ende der Streifen im Winkel von 45° ein Dreieck ab, so daß Sie Trapezoide erhalten, deren kürzere Längsseite 9 cm mißt.

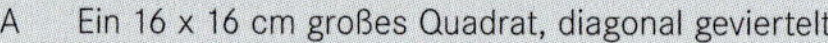

A B

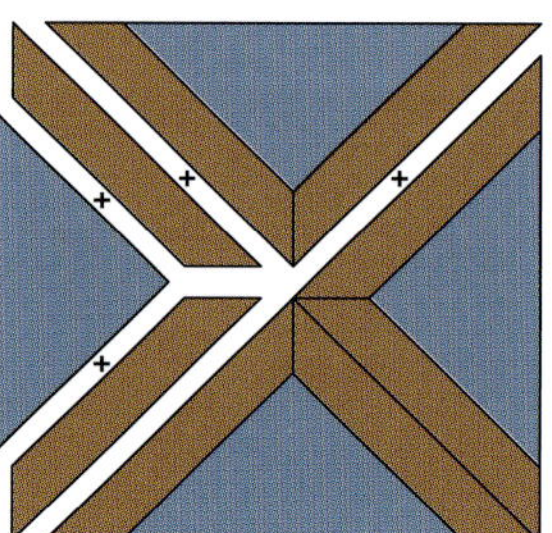

Nähen

Patchen Sie den Block dem Nähschema folgend. Setzen Sie zuerst die dreieckigen Teilblöcke nach der Anleitung für eingesetzte Nähte (Seite 34) zusammen.

56 *Yosegi yabane*

(Pfeilfedern)

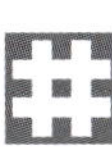
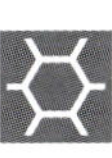

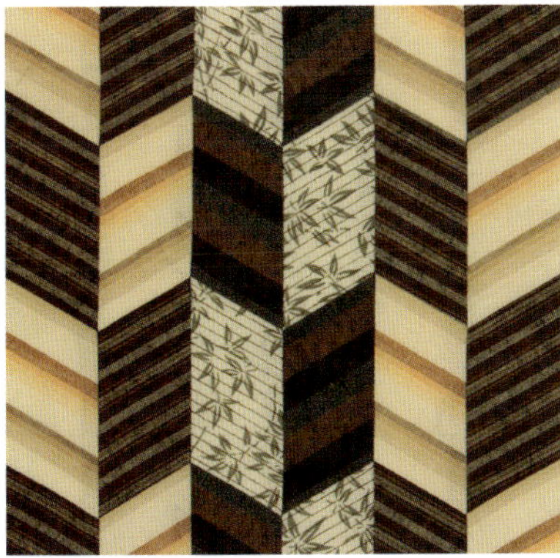

Stoffe mit eingewebten Streifen sind oft beidseitig verwendbar; machen Sie sich dies zunutze. Wenn Sie diesen Block für ein tessellierendes Muster verwenden möchten, müssen Sie die Anordnung der hellen und dunklen Teile umkehren.

ZUSCHNITT

A 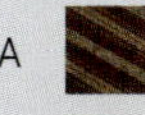

B 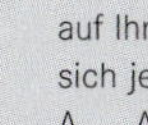

C 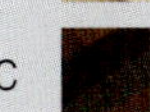

D 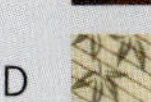

Schneiden Sie aus jedem Stoff parallel zum Streifenmuster 6,75 cm breite Streifen zu. Schneiden Sie daraus mit Hilfe des 60°-Winkels auf Ihrem Quiltlineal die folgenden Teile zu (die Maßangaben beziehen sich jeweils auf die Breite des Teils):

A Acht Teile, 4,5 cm breit.
B Acht Teile, 4,5 cm breit.
C Vier Teile, 4,5 cm breit.
D Vier Teile, 4,5 cm breit.

Kürzen Sie die Teile für den oberen und unteren Rand, so daß die Länge der kürzesten senkrechten Kante bei den oberen Teilen 6 cm und bei den unteren Teilen 4 cm beträgt.

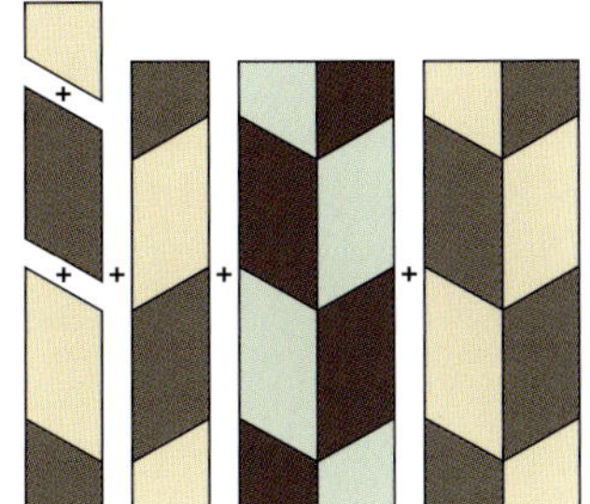

Nähen

Patchen Sie den Block dem Nähschema folgend. Achten Sie darauf, beim Nähen die diagonal zum Fadenlauf zugeschnittenen Kanten nicht zu dehnen. Setzen Sie den Block aus Streifen zusammen.

57 *Yosegi hoshi*

(Stern)

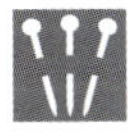
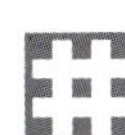

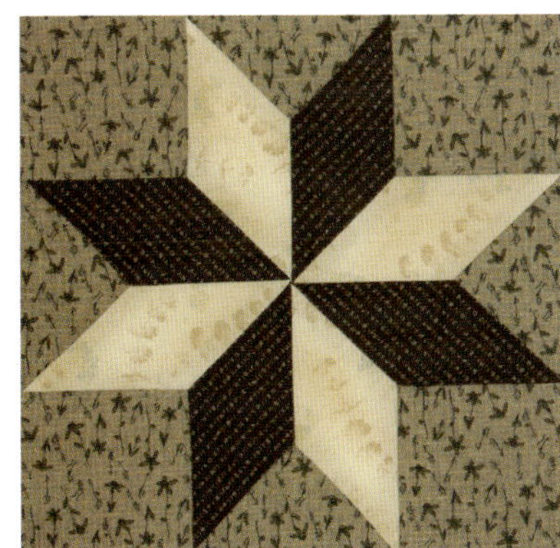

ZUSCHNITT

A 

B 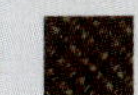

C 

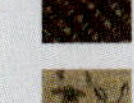

Schneiden Sie aus den Stoffen A und B 5,25 cm breite Streifen zu. Bei gestreiften Stoffen sollten die Musterstreifen parallel zur Längskante der Stoffstreifen verlaufen. Schneiden Sie aus den Streifen mit Hilfe des 45°-Winkels auf Ihrem Quiltlineal die Teile für den Stern zu (die angegebenen Maße für jedes Teil beziehen sich auf den Abstand zwischen den diagonalen Kanten, gemessen entlang der Längskante der Streifen).

A Vier Teile, 7,75 cm groß.
B Vier Teile, 7,75 cm groß (spiegelbildlich zu den A-Teilen zugeschnitten).
C Vier Quadrate, 7 x 7 cm groß.
C Ein 11 x 11 cm großes Quadrat, diagonal geviertelt.

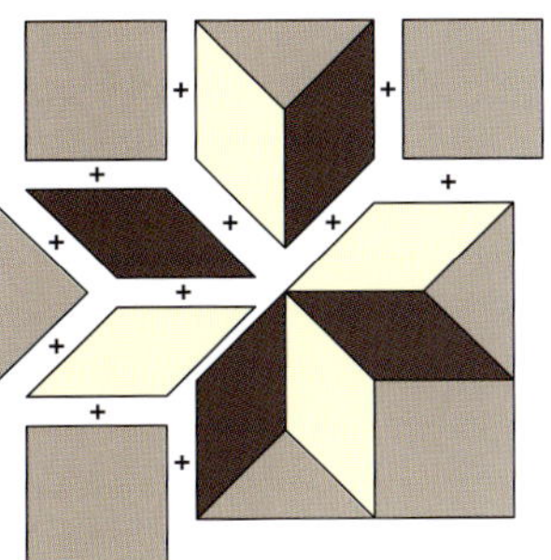

Nähen

Patchen Sie den Block dem Nähschema folgend. Steppen Sie zuerst je zwei Teile für den Stern aneinander. Bemessen Sie beim Aneinandernähen der Sternenviertel die Nahtzugaben großzügig, so daß die Mittelachsen des fertigen Sterns jeweils 13,25 cm lang sind. Stellen Sie den Block nach der Anleitung für eingesetzte Nähte (Seite 34) fertig.

58 *Kikkō*

(Sechsecke)

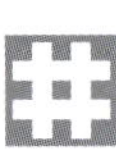
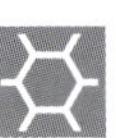

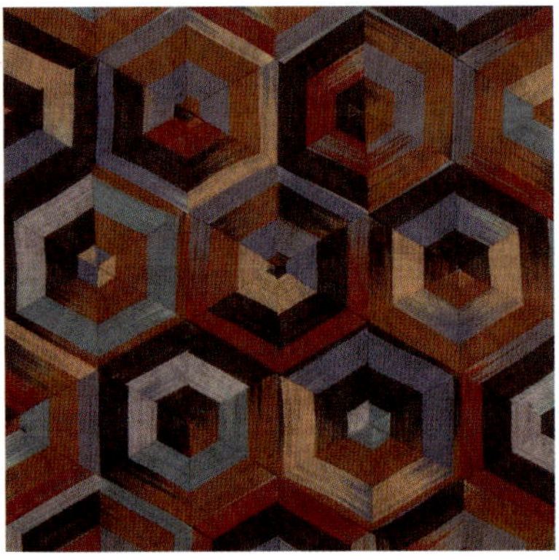

Da Stoffe mit eingewebten Streifen oft beidseitig verwendbar sind, können Sie damit Streifendessins flexibler zu Mustern anordnen als mit Streifendrucken. Gestreifte Ikatstoffe haben mehrere Farben. Der fertige Block ist 22,5 cm lang, Sie können ihn aber nach Wunsch wie auf dem Foto auf ein Quadrat von 19,5 x 19,5 cm kürzen.

ZUSCHNITT

A 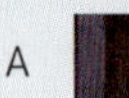

Schneiden Sie aus dem Stoff einen 5,25 cm und einen 6,5 cm breiten Streifen zu. Bei gestreiften Stoffen sollten die Musterstreifen parallel zur Längskante der Stoffstreifen verlaufen. Schneiden Sie mit Hilfe des 60°-Winkels auf Ihrem Quiltlineal aus den Streifen die Dreiecke zu (die angegebenen Maße für jedes Teil beziehen sich auf die gleich langen Schnittkanten). Sehen Sie sich auf dem Foto an, wie die Streifen verlaufen müssen, ehe Sie ein Teil zuschneiden.

A Sechsundsechzig 6 cm große Dreiecke, aus dem 5,25 cm breiten Streifen zugeschnitten.

A Sechs 7,5 cm große Dreiecke, aus dem 6,5 cm breiten Streifen zugeschnitten und dann halbiert, so daß rechtwinklige Dreiecke entstehen.

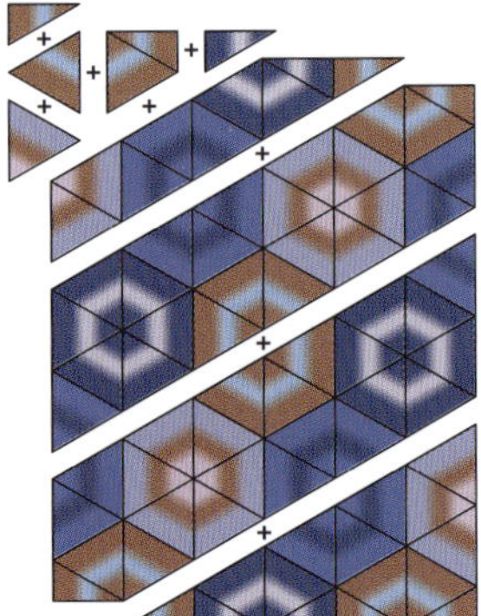

Nähen

Patchen Sie den Block dem Nähschema folgend. Ordnen Sie die Dreiecke so an, daß die Streifen ein Muster aus Sechsecken ergeben. Achten Sie darauf, die diagonal zum Fadenlauf zugeschnittenen Kanten beim Nähen nicht zu dehnen. Setzen Sie den Block aus Reihen zusammen.

59 *Yosegi hishiseigaiha*

(Rautenförmige Wellen)

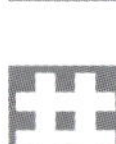
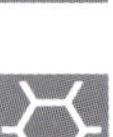

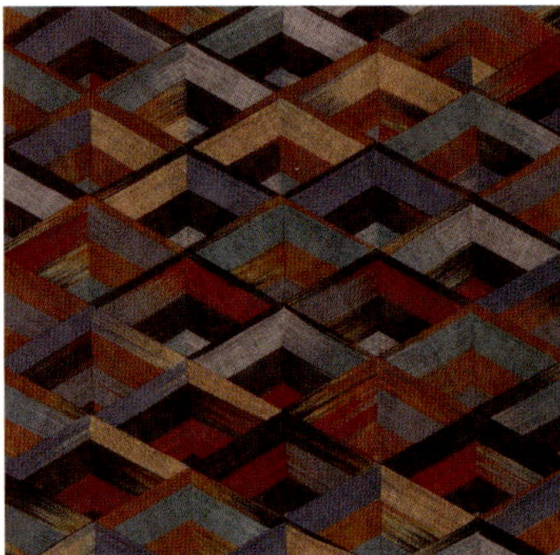

Verwenden Sie einen Stoff mit schattierten Streifen, damit die Rauten aussehen wie spitze Wellen. Der fertige Block ist 22,5 cm lang, Sie können ihn aber nach Wunsch wie auf dem Foto auf ein Quadrat von 19,5 x 19,5 cm kürzen.

ZUSCHNITT

A 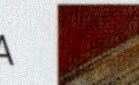

Schneiden Sie aus dem Stoff einen 5,25 cm und einen 6,5 cm breiten Streifen zu. Bei gestreiften Stoffen sollten die Musterstreifen parallel zur Längskante der Stoffstreifen verlaufen. Schneiden Sie mit Hilfe des 60°-Winkels auf Ihrem Quiltlineal aus den Streifen die Dreiecke zu (die angegebenen Maße für jedes Teil beziehen sich auf die gleich langen Schnittkanten). Sehen Sie sich auf dem Foto an, wie die Streifen verlaufen müssen, ehe Sie ein Teil zuschneiden.

A Sechsundsechzig 6 cm große Dreiecke, aus dem 5,25 cm breiten Streifen zugeschnitten.

A Sechs 7,5 cm große Dreiecke, aus dem 6,5 cm breiten Streifen zugeschnitten und dann halbiert, so daß rechtwinklige Dreiecke entstehen.

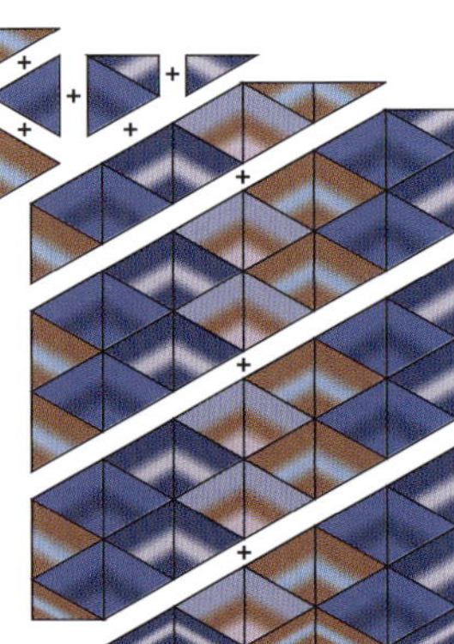

Nähen

Patchen Sie den Block dem Nähschema folgend. Ordnen Sie die Dreiecke so an, daß die Streifen ein Muster aus rautenförmigen Wellen ergeben. Achten Sie darauf, die diagonal zum Fadenlauf zugeschnittenen Kanten beim Nähen nicht zu dehnen. Setzen Sie den Block aus Reihen zusammen.

60 *Yosegi uroko*

(Schuppen-Variante)

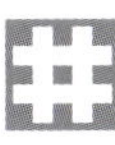
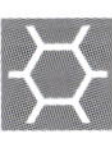

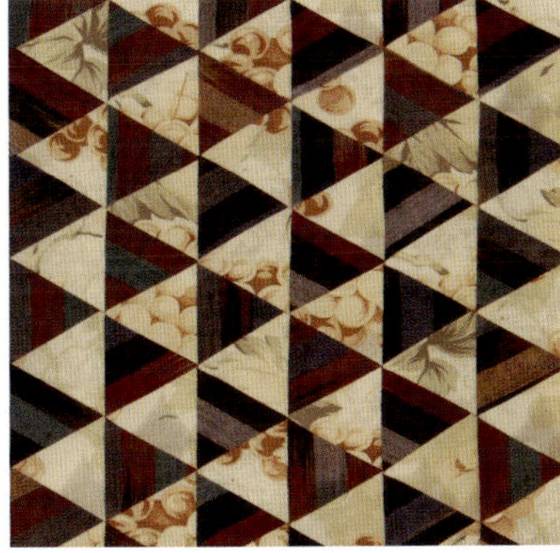

Verwenden Sie die überzähligen Dreiecke von Block 58 und 59 für dieses Muster. Der fertige Block ist 22,5 cm lang, Sie können Ihn aber nach Wunsch wie auf dem Foto auf ein Quadrat von 19,5 x 19,5 cm kürzen.

ZUSCHNITT

A 

B 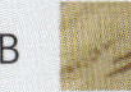

Schneiden Sie aus den Stoffen A und B 5,25 cm und 6,5 cm breite Streifen zu. Bei gestreiften Stoffen sollten die Musterstreifen parallel zur Längskante der Stoffstreifen verlaufen. Schneiden Sie mit Hilfe des 60°-Winkels auf Ihrem Quiltlineal aus den Streifen die Dreiecke zu (die angegebenen Maße für jedes Teil beziehen sich auf die gleich langen Schnittkanten). Sehen Sie sich auf dem Foto an, wie die Streifen verlaufen müssen, ehe Sie ein Teil zuschneiden.

A Dreiunddreißig 6 cm große Dreiecke, aus 5,25 cm breiten Streifen zugeschnitten.
A Drei 7,5 cm große Dreiecke, aus 6,5 cm breiten Streifen zugeschnitten und dann halbiert, so daß rechtwinklige Dreiecke entstehen.
B Dreiunddreißig 6 cm große Dreiecke, aus 5,25 cm breiten Streifen zugeschnitten.
B Drei 7,5 cm große Dreiecke, aus 6,5 cm breiten Streifen zugeschnitten und dann halbiert, so daß rechtwinklige Dreiecke entstehen.

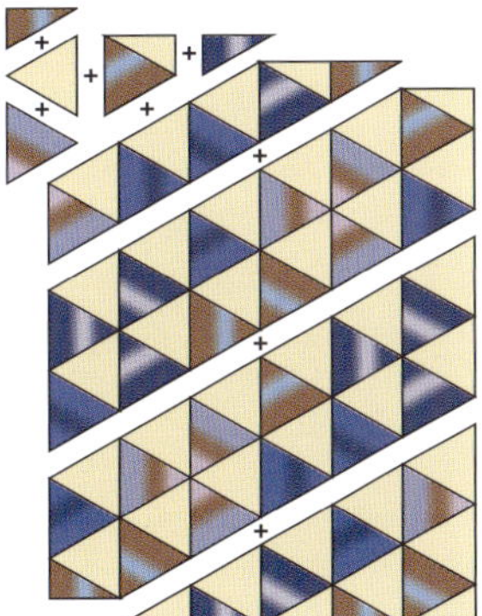

Nähen

Patchen Sie den Block dem Nähschema folgend. Ordnen Sie die gestreiften Dreiecke so an, daß die obersten Spitzen in der Mitte aufeinandertreffen, wenn Gruppen von drei Dreiecken aneinanderliegen. Achten Sie darauf, die diagonal zum Fadenlauf zugeschnittenen Kanten beim Nähen nicht zu dehnen. Setzen Sie den Block aus Reihen zusammen.

Frisch gemischt

Vorschläge für Blockkombinationen

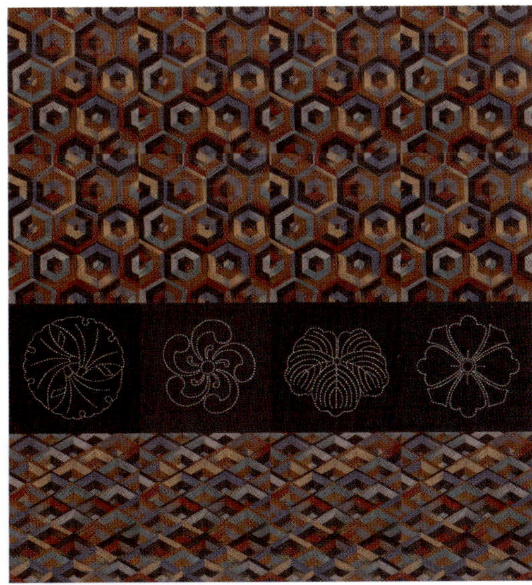

Abbildung oben, von links oben:
8 x Block 58 (ungekürzt), je 1 x Block 106, 103, 104 und 109 sowie 4 x Block 59 (ungekürzt).
Abbildung unten, von links oben:
21 x Block 36 und 21 x Block 39.

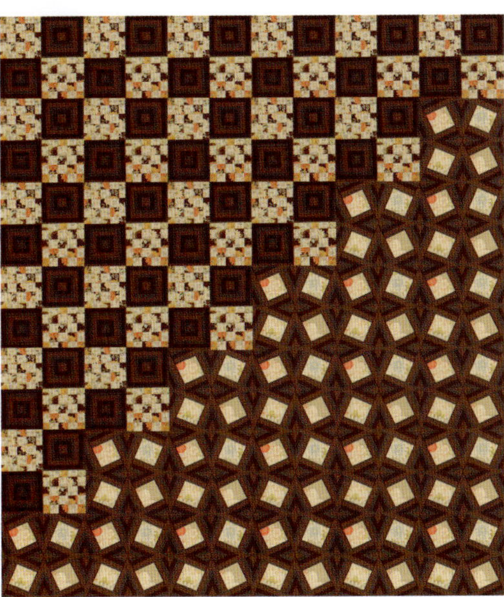

61 *Yosegi matsukawabishi*

(Kiefernrindenraute)

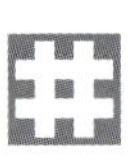
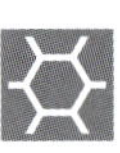

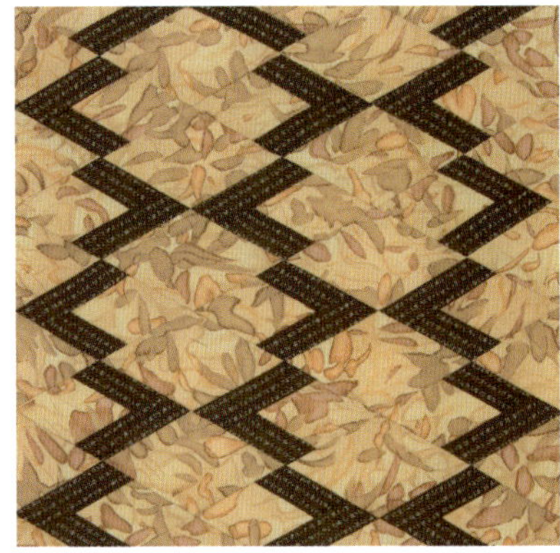

Dieser Block eignet sich auch für ein tessellierendes Muster, wenn Sie ihn zusätzlich spiegelbildlich arbeiten und beide Varianten nebeneinander anordnen. Der fertige Block ist 22,5 cm lang, Sie können ihn aber nach Wunsch wie auf dem Foto auf ein Quadrat von 19,5 x 19,5 cm kürzen.

ZUSCHNITT

A
B

Schneiden Sie aus Stoff A Streifen von 5,25 cm, 4,5 cm und 3,5 cm Breite zu, aus Stoff B einen Streifen von 2,5 cm Breite. Schneiden Sie die einzelnen Teile mit Hilfe des 60°-Winkels auf Ihrem Quiltlineal aus diesen Streifen zu (die angegebenen Maße für jedes Teil beziehen sich auf die Schnittkanten).

- A Zwölf 6 cm große Dreiecke, aus breiten Streifen zugeschnitten.
- A Fünfzehn 5,25 cm große Rauten, aus mittelbreiten Streifen zugeschnitten und drei davon längs halbiert.
- A Fünfzehn 4 cm große Rauten, aus schmalen Streifen zugeschnitten.
- B Achtzehn 5,25 cm lange Parallelogramme, bei denen die schrägen Kanten von links oben nach rechts unten verlaufen, und drei, bei denen sie von links unten nach rechts oben zeigen.
- B Fünfzehn 4,25 cm lange Parallelogramme, bei denen die schrägen Kanten von links unten nach rechts oben verlaufen.

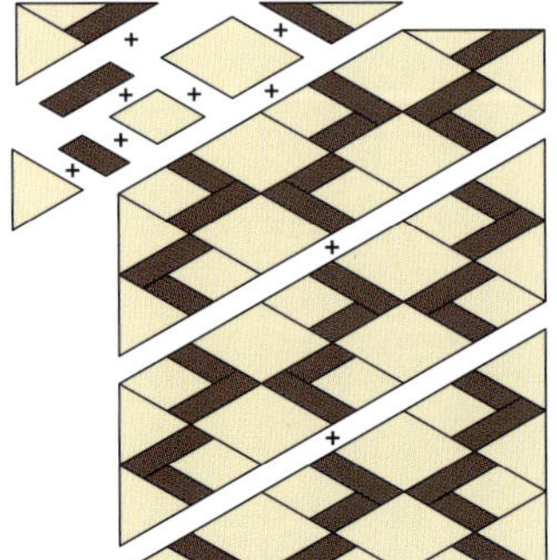

Nähen

Patchen Sie den Block dem Nähschema folgend. Verwenden Sie die halben Rauten für die Ober- und Unterkante des Blocks. Achten Sie darauf, die diagonal zum Fadenlauf zugeschnittenen Kanten beim Nähen nicht zu dehnen. Setzen Sie den Block aus Reihen zusammen. Begradigen Sie die Unter- und Oberkante des fertigen Blocks.

62 Gepatchter *kagome*

(Bambuskorb)

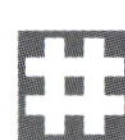
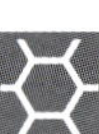

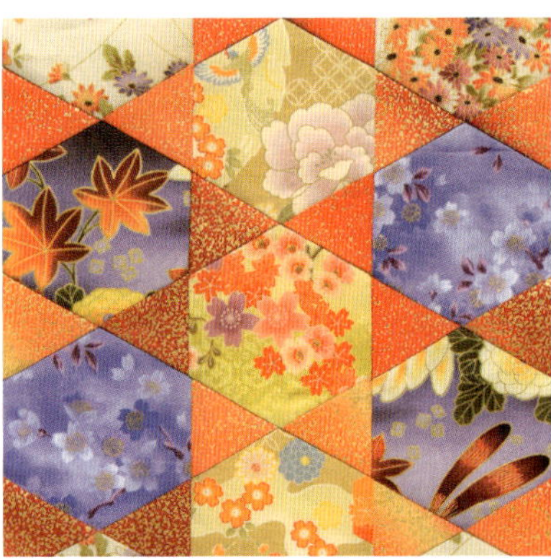

Setzen Sie den Block für ein waagrecht tessellierendes Muster abwechselnd in der abgebildeten Version und in einer zweiten aneinander, bei der der Mittelstreifen zum Randstreifen und der Randstreifen zum Mittelstreifen wird. Der fertige Block ist 22,5 cm lang, Sie können Ihn aber nach Wunsch wie auf dem Foto auf ein Quadrat von 19,5 x 19,5 cm kürzen.

ZUSCHNITT

A 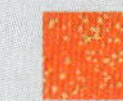
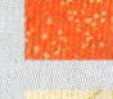
B 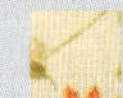
C 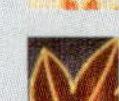
D 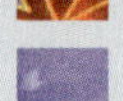
E 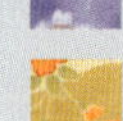
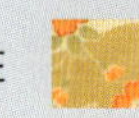
F 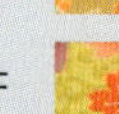

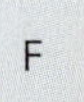

- A Sechzehn gleichseitige Dreiecke von 6 cm Kantenlänge, mit Hilfe des 60°-Winkels auf Ihrem Quiltlineal aus einem 5,25 cm breiten Streifen zugeschnitten.
- A Zwei 4 x 6,75 cm große Streifen, der eine entlang der von links oben nach rechts unten verlaufenden Diagonalen halbiert, der andere entlang der von links unten nach rechts oben verlaufenden.
- B Zwei halbe Sechsecke von 4,4 cm Kantenlänge.
- C Zwei Sechsecke von 4,4 cm Kantenlänge.
- D Zwei Sechsecke von 4,4 cm Kantenlänge.
- E Zwei Sechsecke von 4,4 cm Kantenlänge.
- F Ein Sechseck von 4,4 cm Kantenlänge.

Bei jedem Sechseck beträgt der Abstand der parallelen Kanten zueinander 7,5 cm.

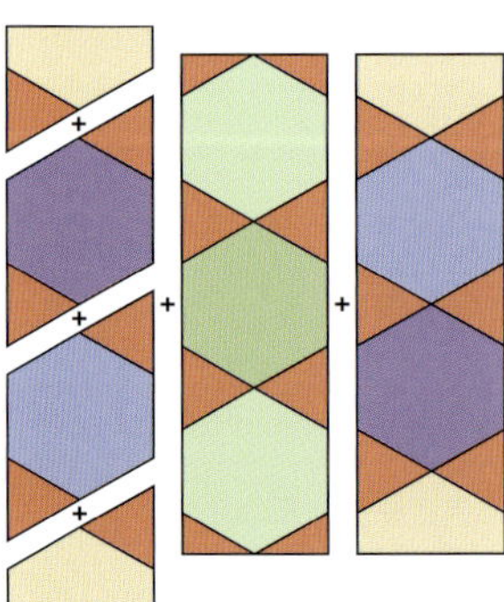

Nähen

Patchen Sie den Block dem Nähschema folgend. Achten Sie darauf, die diagonal zum Fadenlauf zugeschnittenen Kanten beim Nähen nicht zu dehnen. Setzen Sie den Block aus senkrechten Streifen zusammen.

63 *Kasane-kikkō*-Variante

(Variante der aufeinandergelegten Schildkrötenpanzer)

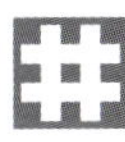
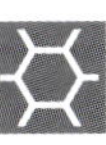

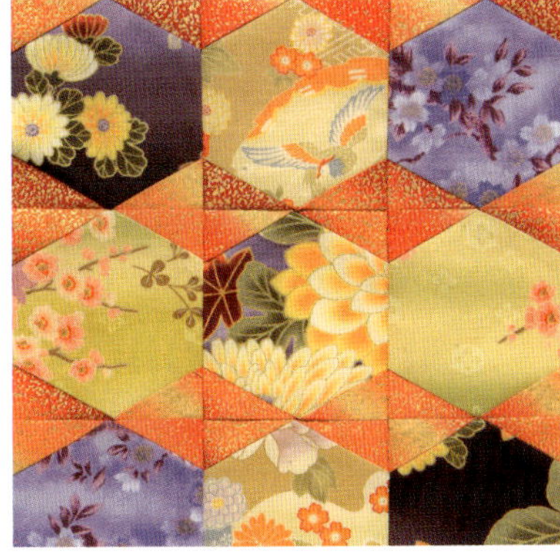

Verwenden Sie nach Wunsch für das mittlere Sechseck einen anderen Stoff, der jedoch farblich mit den äußeren Sechsecken harmonieren sollte. Der fertige Block ist 22,5 cm lang, Sie können ihn aber nach Wunsch wie auf dem Foto auf ein Quadrat von 19,5 x 19,5 cm kürzen.

ZUSCHNITT

A 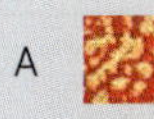
B 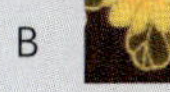
C 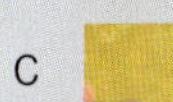
D 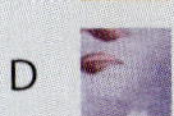
E 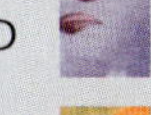
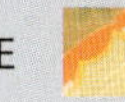

- A Achtzehn Streifen, 4 x 6,75 cm groß, davon neun entlang der von links oben nach rechts unten verlaufenden Diagonalen halbiert und neun entlang der von links unten nach rechts oben verlaufenden.
- B Drei Sechsecke von 4,4 cm Kantenlänge.
- C Zwei Sechsecke von 4,4 cm Kantenlänge.
- D Zwei Sechsecke von 4,4 cm Kantenlänge.
- E Zwei Sechsecke von 4,4 cm Kantenlänge.

Bei jedem Sechseck beträgt der Abstand der parallelen Kanten zueinander 7,5 cm.

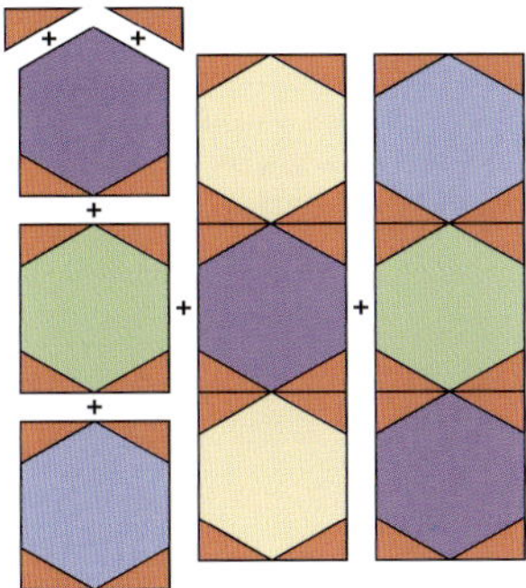

Nähen

Patchen Sie den Block dem Nähschema folgend. Achten Sie darauf, die diagonal zum Fadenlauf zugeschnittenen Kanten beim Nähen nicht zu dehnen. Setzen Sie den Block aus senkrechten Streifen zusammen.

64 *Yosegi-kikkō*-Variante

(Schildkrötenpanzer-Variante)

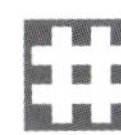
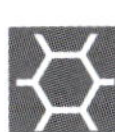

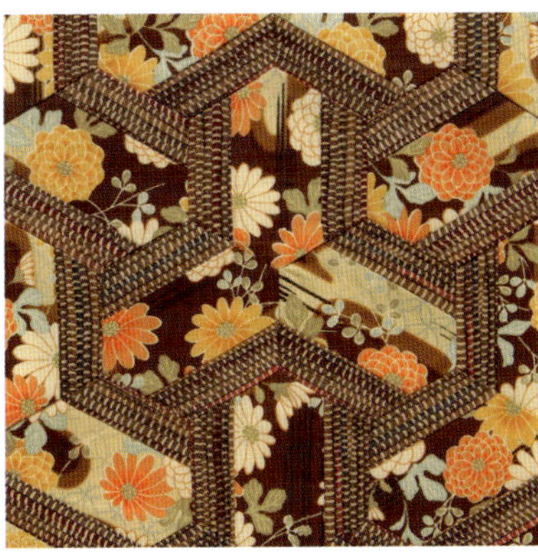

Dieser Block läßt sich mit erheblich weniger Aufwand nähen, wenn Sie die Sechsecke aus einem Stoff mit breiten Streifen zuschneiden, statt sie zu patchen. Der fertige Block ist 22,5 cm lang, Sie können ihn aber nach Wunsch wie auf dem Foto auf ein Quadrat von 19,5 x 19,5 cm kürzen.

ZUSCHNITT

A 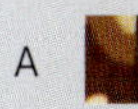
B 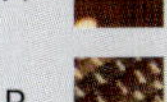

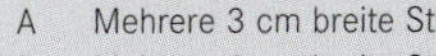

- A Mehrere 4,5 cm breite Streifen.
- A Mehrere 3 cm breite Streifen.
- B Mehrere 3 cm breite Streifen.

Ganze Sechsecke: Nähen Sie an beide Längsseiten eines breiten A-Streifens einen B-Streifen, schneiden Sie dann acht Sechsecke von 4,4 cm Kantenlänge daraus zu. Bei jedem Sechseck beträgt der Abstand der parallelen Kanten zueinander 7,5 cm.

Teilsechsecke an der Ober- und Unterkante: Nähen Sie einen breiten A-Streifen und einen B-Streifen längs aneinander, schneiden Sie dann vier Teilsechsecke von 4,4 cm Kantenlänge daraus zu.

Teilsechsecke an den Seitenkanten und Ecken: Nähen Sie einen schmalen A-Streifen und einen B-Streifen längs aneinander, schneiden Sie dann sechs Teilsechsecke von 4,4 cm Kantenlänge daraus zu.

Näheres zur Schnellschneidemethode finden Sie auf Seite 33.

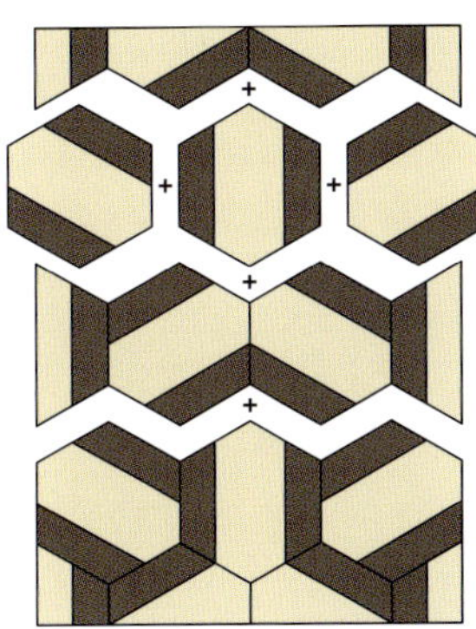

Nähen

Patchen Sie den Block dem Nähschema folgend. Setzen Sie ihn aus Streifen zusammen. Stellen Sie ihn nach der Anleitung für eingesetzte Nähte (Seite 34) fertig, und begradigen Sie zuletzt die Ober- und Unterkante.

65 *Kasane kikkō*

(Aufeinandergelegte Schildkrötenpanzer)

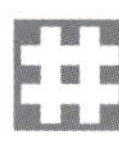
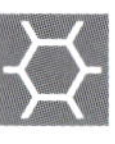

Der fertige Block ist 22,5 cm lang, Sie können ihn aber nach Wunsch wie auf dem Foto auf ein Quadrat von 19,5 x 19,5 cm kürzen.

ZUSCHNITT

A 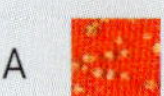
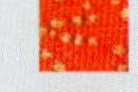
B 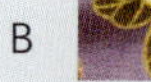
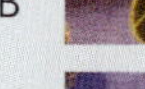
C 
D 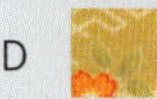
E 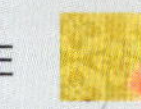

Schneiden Sie aus Stoff A 4,5 cm und 5,25 cm breite Streifen zu, daraus mit Hilfe des 60°-Winkels auf Ihrem Quiltlineal die Rauten und gleichseitigen Dreiecke (die angegebenen Maße für jedes Teil beziehen sich auf die Schnittkanten).

A Acht 5,25 cm große Rauten, aus schmalen Streifen zugeschnitten.
A Vier 6 cm große gleichseitige Dreiecke, aus breiten Streifen zugeschnitten.
A Zwei 4 x 6,75 cm breite Streifen, einer entlang der von links oben nach rechts unten verlaufenden Diagonalen halbiert und einer entlang der von links unten nach rechts oben verlaufenden.
B Drei Sechsecke von 4,4 cm Kantenlänge.
C Zwei Sechsecke von 4,4 cm Kantenlänge.
D Zwei Sechsecke von 4,4 cm Kantenlänge.
E Zwei Sechsecke von 4,4 cm Kantenlänge.

Bei jedem Sechseck beträgt der Abstand der parallelen Kanten zueinander 7,5 cm.

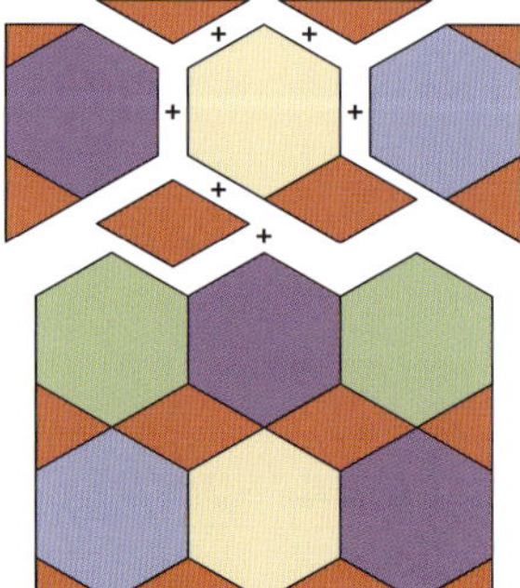

Nähen

Patchen Sie den Block dem Nähschema folgend. Stellen Sie ihn nach der Anleitung für eingesetzte Nähte (Seite 34) fertig, und begradigen Sie zuletzt die Ober- und Unterkante.

66 *Bishamon-kikkō*-Variante

(Bishamon-Schildkrötenpanzer)

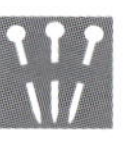
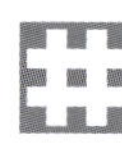
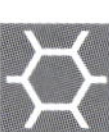
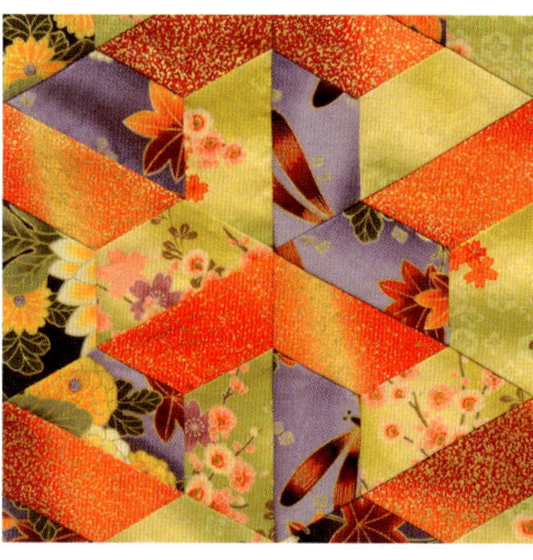

Der fertige Block ist 22,5 cm lang, Sie können ihn aber nach Wunsch wie auf dem Foto auf ein Quadrat von 19,5 x 19,5 cm kürzen.

ZUSCHNITT

A 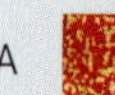
B
C

A Zwei Streifen, 4 x 6,75 cm groß.
A Acht halbe Sechsecke von 4,4 cm Kantenlänge.
B Ein Streifen, 4 x 6,75 cm groß.
B Neun halbe Sechsecke von 4,4 cm Kantenlänge.
C Ein Streifen, 4 x 6,75 cm groß.
C Neun halbe Sechsecke von 4,4 cm Kantenlänge.

Halbieren Sie alle Streifen diagonal: den einen A- und den C-Streifen entlang der Diagonalen von links unten nach rechts oben, den anderen A- und den B-Streifen entlang der Diagonalen von links oben nach rechts unten.

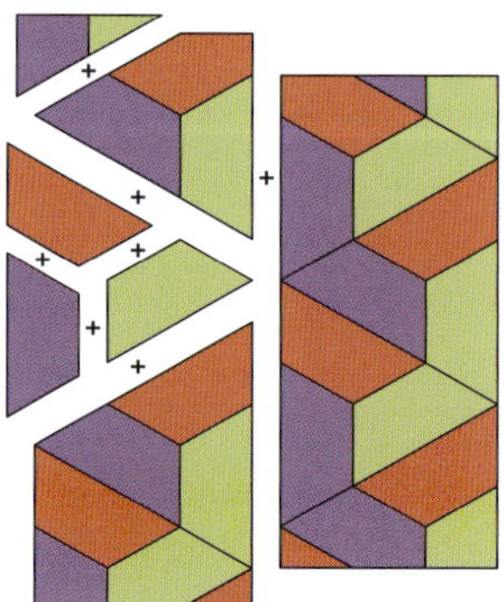

Nähen

Patchen Sie den Block dem Nähschema folgend. Stellen Sie ihn nach der Anleitung für eingesetzte Nähte (Seite 34) fertig, und begradigen Sie zuletzt die Ober- und Unterkante. Verwenden Sie die überzähligen kleinen B- und C-Dreiecke für einen anderen Block.

67 *Mukai-kikkō-yamagata*-Variante

(Berg aus einander zugewandten Schildkrötenpanzern)

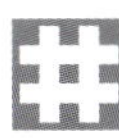
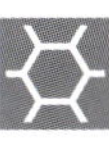

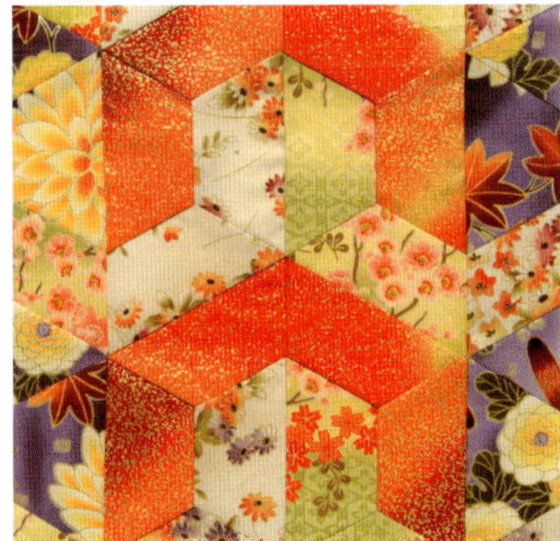

Der fertige Block ist 22,5 cm lang, Sie können ihn aber nach Wunsch wie auf dem Foto auf ein Quadrat von 19,5 x 19,5 cm kürzen.

ZUSCHNITT

A 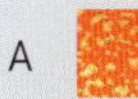
B 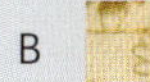
C 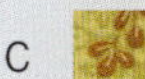 
D 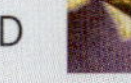

Schneiden Sie aus den Stoffen B und C 4,5 cm breite Streifen zu, aus Stoff D einen 5,25 cm breiten. Schneiden Sie daraus die Rauten und gleichseitigen Dreiecke mit Hilfe des 60°-Winkels auf Ihrem Quiltlineal zu (die angegebenen Maße für jedes Teil beziehen sich auf die Schnittkanten).

A Zwei Streifen, 4 x 6,75 cm groß. Schneiden Sie je einen ebenso großen Streifen aus den Stoffen B und C zu.
A Acht halbe Sechsecke von 4,4 cm Kantenlänge. Schneiden Sie aus den Stoffen B und C je fünf, aus Stoff D vier halbe Sechsecke von dieser Kantenlänge zu.
B Eine Raute, 5,25 cm groß.
C Eine Raute, 5,25 cm groß.
D Vier gleichseitige Dreiecke, 6 cm groß.

Halbieren Sie die Streifen diagonal: je einen A- und B-Streifen entlang der Diagonalen von links unten nach rechts oben, je einen A- und C-Streifen entlang der Diagonalen von links oben nach rechts unten.

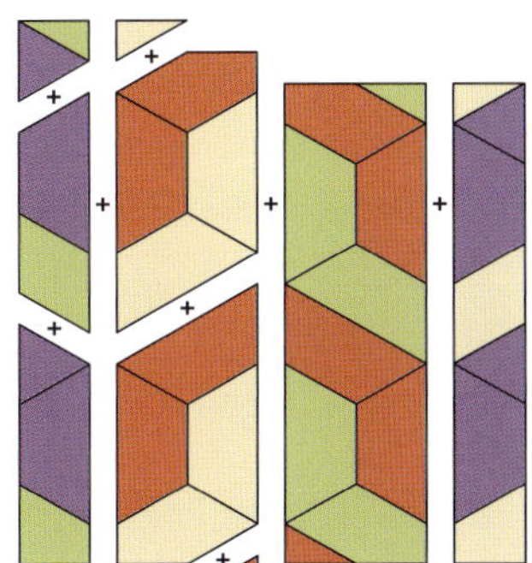

Nähen

Patchen Sie den Block dem Nähschema folgend. Stellen Sie ihn nach der Anleitung für eingesetzte Nähte (Seite 34) fertig, und begradigen Sie zuletzt die Ober- und Unterkante. Verwenden Sie die überzähligen kleinen A-Dreiecke für einen anderen Block.

68 Kimono

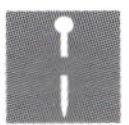
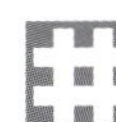

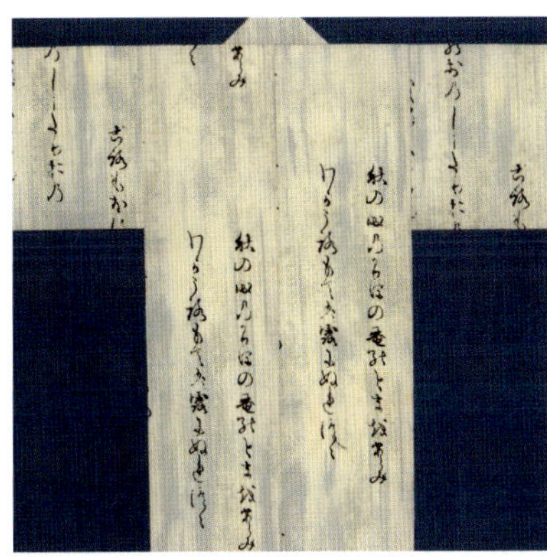

ZUSCHNITT

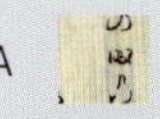
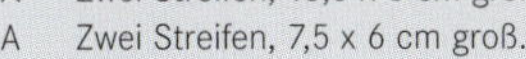
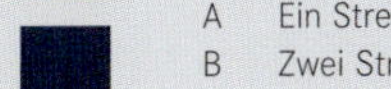

A Zwei Streifen, 18,5 x 6 cm groß.
A Zwei Streifen, 7,5 x 6 cm groß.
A Ein Streifen, 5 x 2,5 cm groß.
B Zwei Streifen, 12,5 x 6 cm groß.
B Zwei Streifen, 9,75 x 2,5 cm groß.

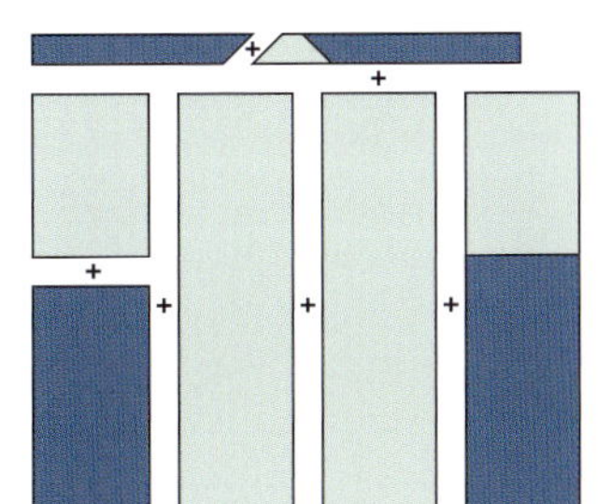

Nähen

Patchen Sie den Block dem Nähschema folgend. Setzen Sie ihn aus Streifen zusammen. Fügen Sie das Teil für den Kragen mit Nähten im Winkel von 45° an die schmalen Streifen an, wie auf Seite 35 beschrieben.

69 *Komon-* Kimono

(Kleingemusterter Kimono)

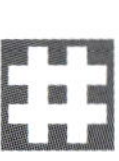

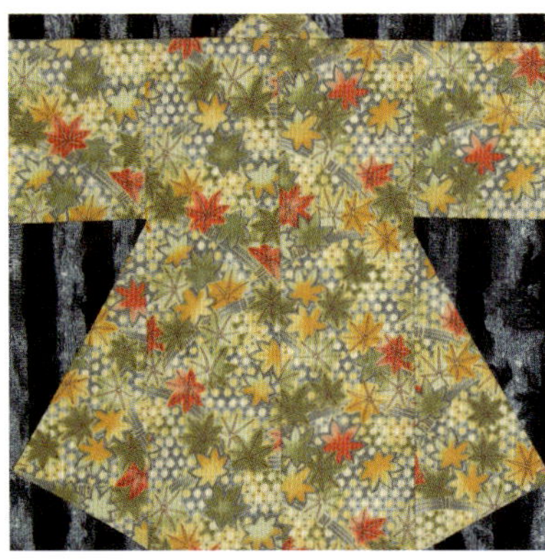

Da Sie für die Seitenteile des Kimonos doppelt so viele Dreiecke wie nötig erhalten, könnten Sie falls gewünscht noch Streifen für einen zweiten Block zuschneiden. Wenn Sie beidseitig verwendbare Stoffe wählen, verfahren Sie bitte nach der Anleitung für Block 70.

ZUSCHNITT

A 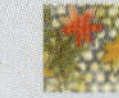

B 

- A Zwei Streifen, 18,5 x 6 cm groß.
- A Zwei Streifen, 7,5 x 6 cm groß.
- A Ein Streifen, 5 x 2,5 cm groß.
- A Zwei 13,25 x 7,25 cm große Streifen, rechts auf rechts aufeinandergelegt und diagonal halbiert.
- B Zwei 12,25 x 6,5 cm große Streifen, rechts auf rechts aufeinandergelegt und diagonal halbiert.
- B Zwei 4,5 x 8 cm große Streifen, rechts auf rechts aufeinandergelegt und diagonal halbiert.
- B Zwei Streifen, 9,75 x 2,5 cm groß.

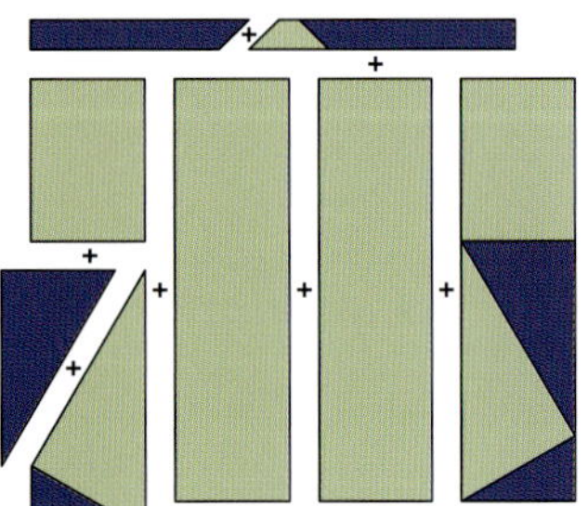

Nähen

Patchen Sie den Block dem Nähschema folgend. Nähen Sie zuerst die dreieckigen Seitenteile des Kimonos, und achten Sie dabei darauf, die diagonal zum Fadenlauf zugeschnittenen Kanten nicht zu dehnen. Setzen Sie den Block, wie bei Block 68 angegeben, aus Streifen zusammen.

70 Gestreifter Kimono

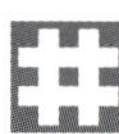

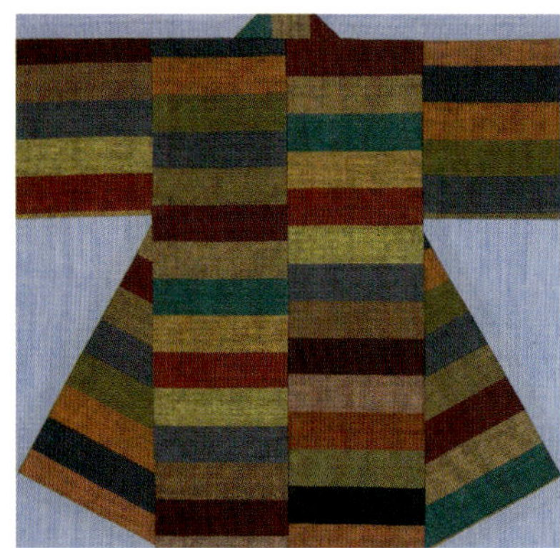

Dieser Block eignet sich nur für beidseitig verwendbare Stoffe. Die Streifen können senkrecht oder waagrecht verlaufen. Falls Sie einseitig verwendbare Stoffe wählen, verfahren Sie bitte nach der Anleitung für Block 69.

ZUSCHNITT

A 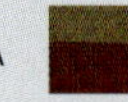

B

- A Zwei Streifen, 18,5 x 6 cm groß.
- A Zwei Streifen, 7,5 x 6 cm groß.
- A Ein Streifen, 5 x 2,5 cm groß.
- A Ein 13,25 x 7,25 cm großer Streifen, diagonal halbiert.
- B Ein 12,25 x 6,5 cm großer Streifen, diagonal halbiert.
- B Ein 4,5 x 8 cm großer Streifen, diagonal halbiert.
- B Zwei Streifen, 9,75 x 2,5 cm groß.

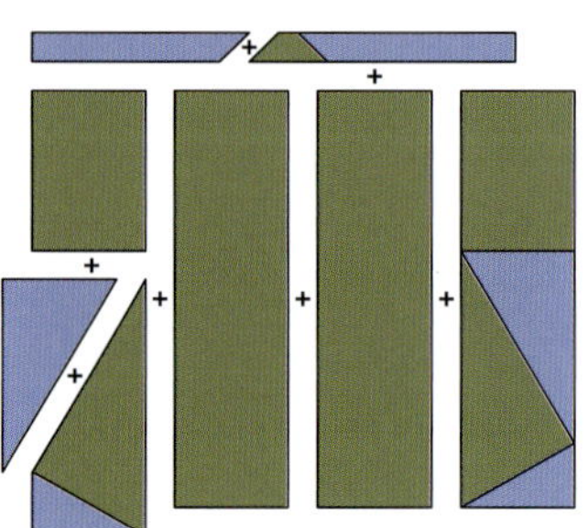

Nähen

Patchen Sie den Block dem Nähschema folgend. Nähen Sie für das eine dreieckige Seitenteil des Kimonos die Dreiecke rechts auf rechts zusammen, für das andere links auf links. Achten Sie darauf, die diagonal zum Fadenlauf zugeschnittenen Kanten beim Nähen nicht zu dehnen. Setzen Sie den Block, wie bei Block 68 angegeben, aus Streifen zusammen.

71 *Somoyo-* Kimono

(Flächenmuster)

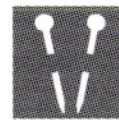

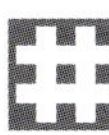

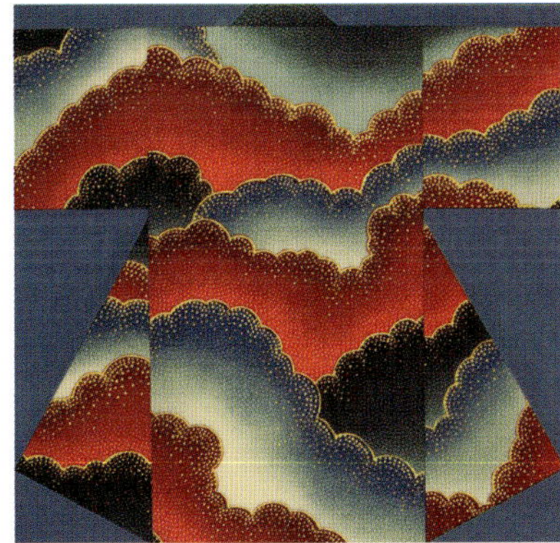

Kimonos mit großen Flächenmustern kamen im 17. Jahrhundert in Mode. Schneiden Sie die Kimonoteile so zu, daß sich das Muster über Rückenteil und Ärmel fortsetzt. Wählen Sie für den Hintergrund einen beidseitig verwendbaren Unistoff.

ZUSCHNITT

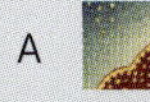

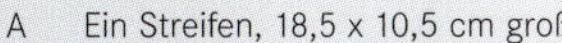

A
B

- A Ein Streifen, 18,5 x 10,5 cm groß.
- A Zwei Streifen, 7,5 x 6 cm groß.
- A Ein Streifen, 5 x 2,5 cm groß.
- A Zwei 13,25 x 7,25 cm große Streifen, rechts auf rechts aufeinandergelegt und diagonal halbiert.
- B Ein 12,25 x 6,5 cm großer Streifen, diagonal halbiert.
- B Ein 4,5 x 8 cm großer Streifen, diagonal halbiert.
- B Zwei Streifen, 9,75 x 2,5 cm groß.

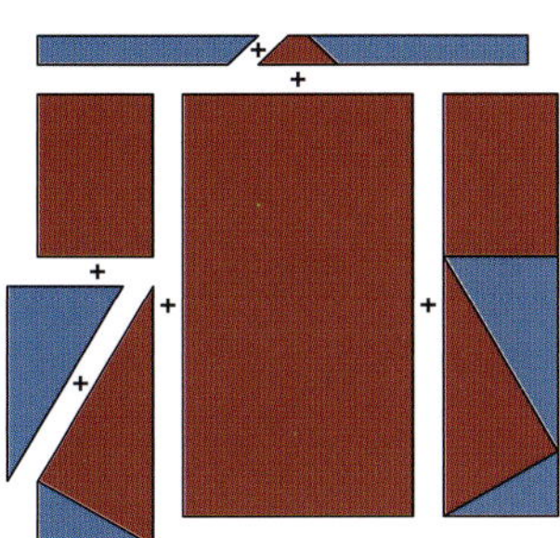

Nähen

Patchen Sie den Block dem Nähschema folgend. Nähen Sie zunächst die dreieckigen Seitenteile des Kimonos, verwenden Sie dafür wie bei Block 70 die B-Dreiecke einmal mit der rechten und einmal mit der linken Seite nach oben. Zwei A-Dreiecke für Kimono-Seitenteile bleiben übrig. Achten Sie darauf, die diagonal zum Fadenlauf zugeschnittenen Kanten beim Nähen nicht zu dehnen. Setzen Sie den Block, wie bei Block 68 angegeben, aus Streifen zusammen.

Frisch gemischt

Vorschläge für Blockkombinationen

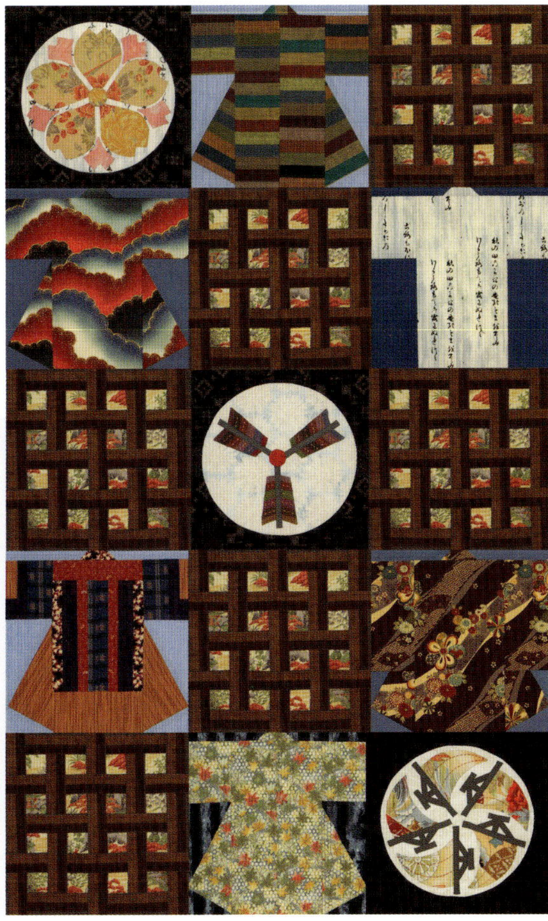

Abbildung oben, von links oben: Je 1 *kamon*-Block 114, 116 und 115, je 1 Kimonoblock 70, 71, 68, 73, 72 und 69 sowie 6 x der gepatchte Block 50.

72 *Furisode*-Kimono

(Kimono mit flatternden Ärmeln)

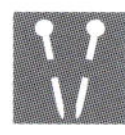

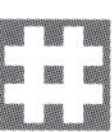

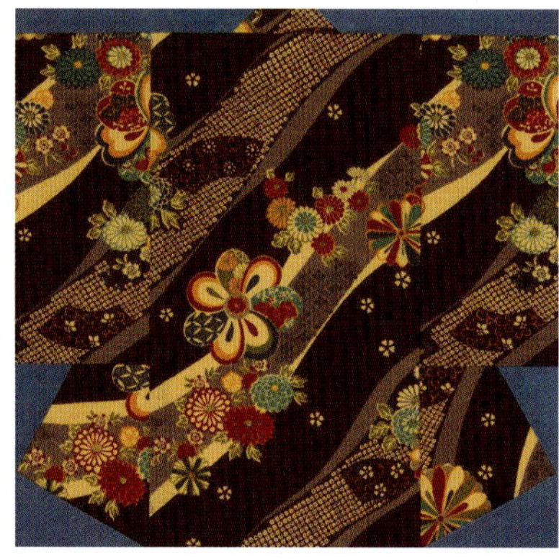

Furisode, wie sie von unverheirateten Mädchen getragen werden, bestehen oft aus großgemustertem Stoff. Schneiden Sie die Kimonoteile so zu, daß sich das Muster des Rückenteils auf beiden Ärmeln fortsetzt. Wählen Sie einen beidseitig verwendbaren Stoff für den Hintergrund.

ZUSCHNITT

A 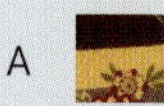

B  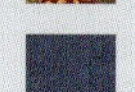

- A Ein Streifen, 18,5 x 10,5 cm groß.
- A Zwei Streifen, 12,5 x 6 cm groß.
- A Ein Streifen, 5 x 2,5 cm groß.
- A Zwei 13,25 x 7,25 cm große Streifen, diagonal halbiert.
- B Ein 4,5 x 8 cm großer Streifen, diagonal halbiert.
- B Ein 12,25 x 6,5 cm großer Streifen, diagonal halbiert.
- B Zwei Streifen, 9,75 x 2,5 cm groß.

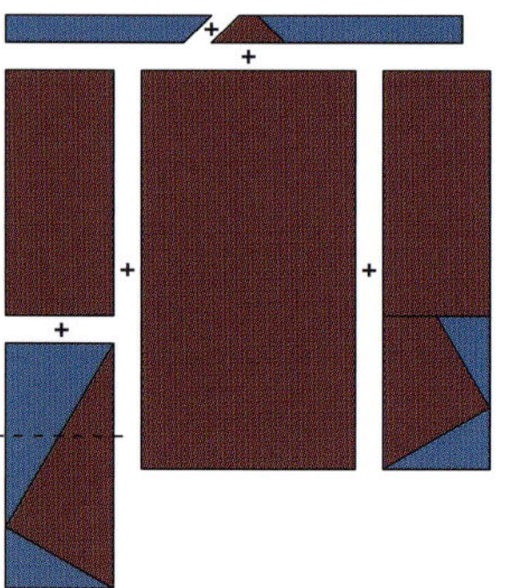

Nähen

Patchen Sie den Block dem Nähschema folgend. Nähen Sie zunächst die dreieckigen Seitenteile des Kimonos nach der Anleitung für Block 71. Kürzen Sie die Seitenteile, wie durch die gestrichelte Linie angegeben, auf 7,5 cm Länge, und werfen Sie die oberen Abschnitte weg. Setzen Sie den Block, wie bei Block 68 angegeben, aus Streifen zusammen.

73 Patchwork-Kimono

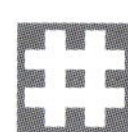

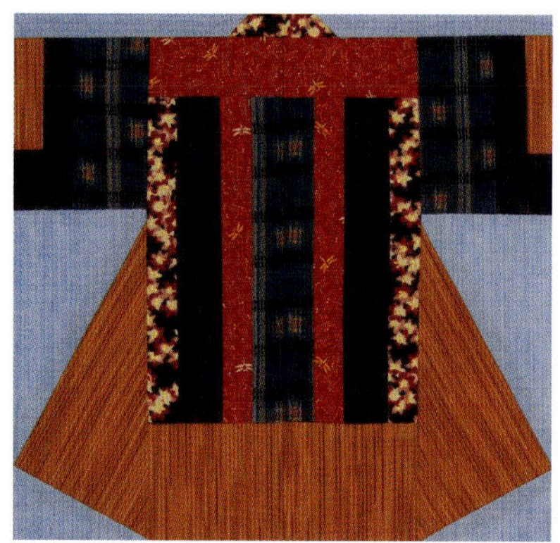

Patchwork-Kimonos dienten früher als Unterkimonos von zweilagigen *kasane*-Ensembles, heute werden Sie von erwachsenen Frauen beim Sommerfest in Nishimonai als Tanzkostüme getragen. Wählen Sie für A und F beidseitig verwendbare Stoffe, oder schneiden Sie die dreieckigen Seitenteile des Kimonos nach der Anleitung für Block 69 zu.

ZUSCHNITT

A 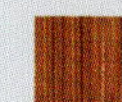

B

C

D

E

F

- A Zwei Streifen, 5,5 x 2,5 cm groß.
- A Zwei Streifen, 5,5 x 6 cm groß.
- A Ein 13,25 x 7,25 cm großer Streifen, diagonal halbiert.
- B Zwei Streifen, 12,5 x 2,5 cm groß. Je zwei ebenso große Streifen in D und E.
- B Zwei Streifen, 3,5 x 6 cm groß.
- C Zwei Streifen, 3,5 x 2,5 cm groß.
- C Zwei Streifen, 7,5 x 2,5 cm groß.
- C Zwei Streifen, 12,5 x 3 cm groß.
- D Ein Streifen, 5 x 2,5 cm groß.
- E Zwei Streifen, 7,5 x 4 cm groß.
- F Ein 4,5 x 8 cm großer Streifen, diagonal halbiert.
- F Ein 12,25 x 6,5 cm großer Streifen, diagonal halbiert.
- F Zwei Streifen, 9,75 x 2,5 cm groß.

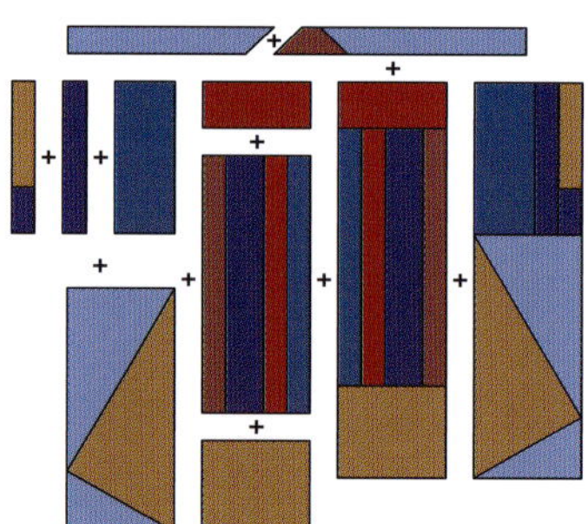

Nähen

Patchen Sie den Block dem Nähschema folgend. Nähen Sie für das eine dreieckige Seitenteil des Kimonos die Dreiecke rechts auf rechts zusammen, für das andere links auf links. Achten Sie darauf, die diagonal zum Fadenlauf zugeschnittenen Kanten beim Nähen nicht zu dehnen. Setzen Sie den Block, wie bei Block 68 angegeben, aus Streifen zusammen.

74 *Fujisan*

(Fujiama)

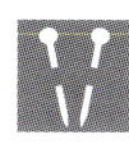
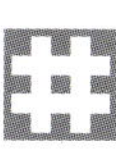
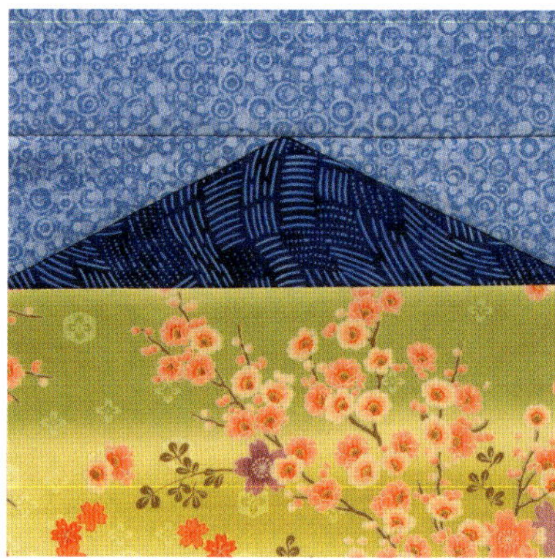

Ein kleiner Teil der Spitze des Dreiecks im Mittelstreifen verschwindet in der Naht, wenn der Streifen an den obersten angesetzt wird, wodurch der Fujiama die richtige Form erhält.

ZUSCHNITT

A 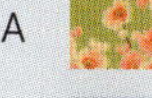
B 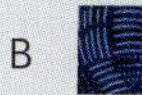
C 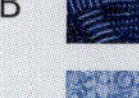

A Ein Streifen, 10,5 x 19,5 cm groß.
B Ein Streifen, 6,5 x 19,5 cm groß.
C Zwei 6,5 x 12,75 cm große Streifen, rechts auf rechts aufeinandergelegt und diagonal halbiert.
C Ein Streifen, 5,5 x 19,5 cm groß.

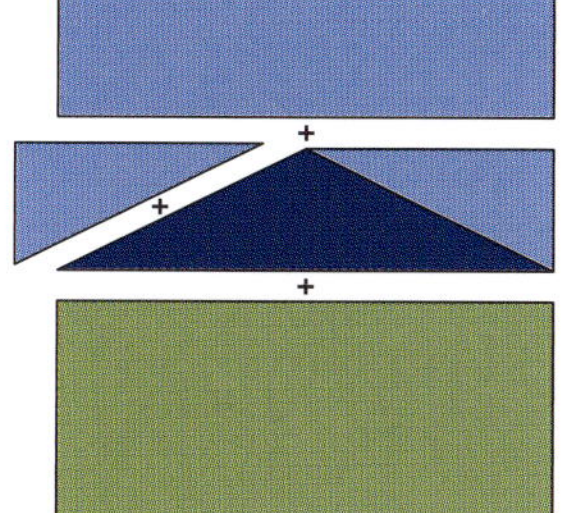

Nähen

Patchen Sie den Block dem Nähschema folgend. Nähen Sie zunächst die C-Dreiecke an den B-Streifen (Seite 37), steppen Sie dann die restlichen Teile aneinander. Verwenden Sie die beiden überzähligen C-Dreiecke für einen anderen Block.

75 *Torii*

(Heiliges Tor)

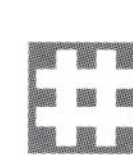
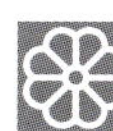
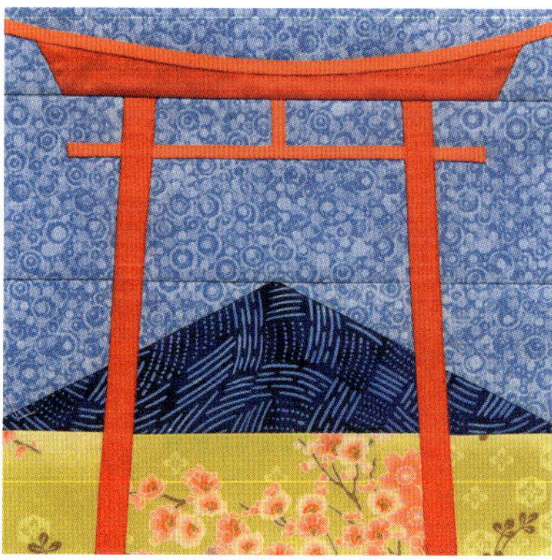

Das geschwungene Dach des Tors läßt sich ganz einfach aus Schrägband zum Aufbügeln formen.

ZUSCHNITT

A 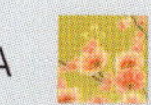
B 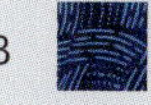
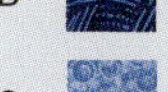
C 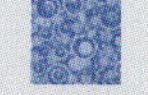
D 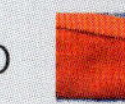

A Ein Streifen, 5,5 x 19,5 cm groß.
B Ein Streifen, 6,5 x 19,5 cm groß.
C Zwei 6,5 x 12,75 cm große Streifen, rechts auf rechts aufeinandergelegt und diagonal halbiert.
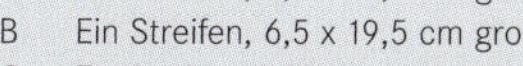
C Ein Streifen, 7,5 x 19,5 cm groß.
C Ein Streifen, 4,5 x 19,5 cm groß.
D Zwei Streifen, 2,5 x 18,5 cm groß.
D Ein Streifen, 3 x 15 cm groß.
D Etwa 60 cm Schrägband zum Aufbügeln, 6 mm breit.

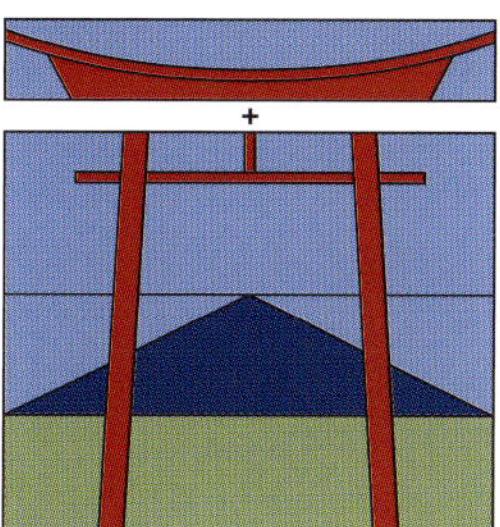

Nähen

Patchen Sie den Block dem Nähschema folgend. Nähen Sie den Block nach der Anleitung auf Seite 37; verwenden Sie den breiten C-Streifen für den Himmelsabschnitt oberhalb des Fujiama, den schmalen C-Streifen für den obersten Himmelsabschnitt, die schmalen D-Streifen für die Seitenpfeiler des Tors und den breiten D-Streifen für sein Dach. Verwenden Sie die beiden überzähligen C-Dreiecke für einen anderen Block.

76 *Minka*

(Bauernhaus)

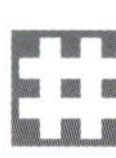

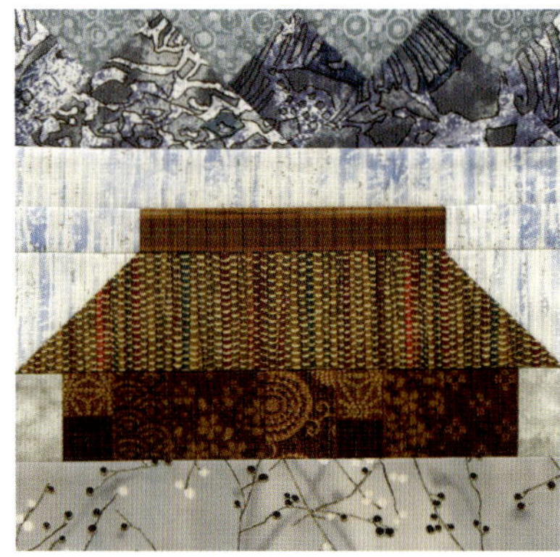

Sie können die Landschaft zu einer anderen Jahreszeit darstellen, indem Sie entsprechende Stoffe verwenden.

A

B

C

D

E

F

G

H

ZUSCHNITT

A Ein Streifen, 3,5 x 19,5 cm groß.
A Zwei Streifen, 3 x 5,5 cm groß.
A Zwei Quadrate, 5,5 x 5,5 cm groß.
B Ein Streifen, 4,5 x 16,5 cm groß.
C Ein Streifen, 5,5 x 19,5 cm groß.
D Ein Streifen, 3 x 11,5 cm groß.
E Ein Streifen, 4,5 x 19,5 cm groß.
F Ein 9,25 x 9,25 cm großes Quadrat, diagonal halbiert.
F Ein 6 x 6 cm großes Quadrat, diagonal halbiert.
F Ein Quadrat, 4,75 x 4,75 cm groß.
G Ein 8,5 x 8,5 cm großes Quadrat, diagonal geviertelt.
H Zwei Streifen, 3 x 4,5 cm groß.

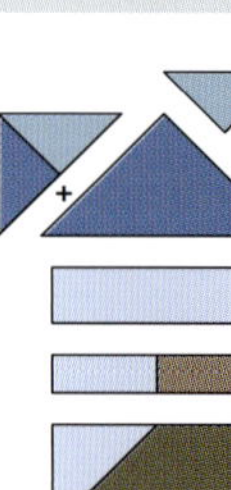

Nähen

Patchen Sie den Block dem Nähschema folgend. Nähen Sie für das Hausdach nach der Anleitung für schnelle Ecken (Seite 37) ein A-Quadrat an jedes Ende des C-Streifens. Setzen Sie den Block aus Streifen zusammen.

77 *Mura*

(Dorf)

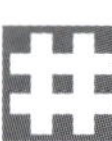

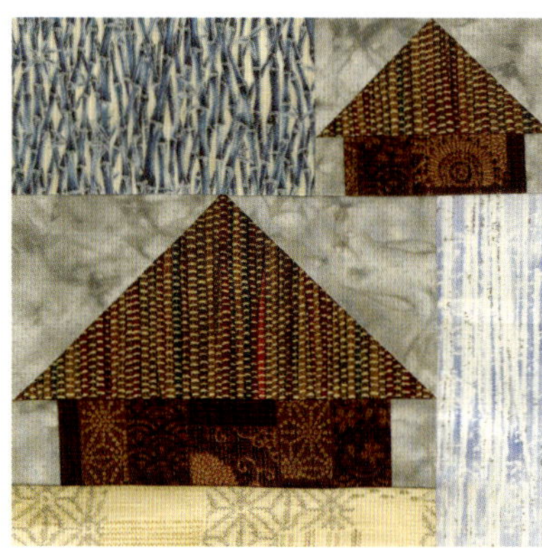

Stoffmuster, die an Schindeln, Holz etc. erinnern, lassen das Haus realistischer wirken.

A

B

C

D

E

F

ZUSCHNITT

A Ein 9,75 x 9,75 cm großes Quadrat, diagonal halbiert.
A Zwei Streifen, 3 x 4,5 cm groß.
A Ein 6,75 x 6,75 cm großes Quadrat, diagonal halbiert.
A Zwei Streifen, 2,5 x 3,5 cm groß.
B Ein Streifen, 7,5 x 11,5 cm groß.
C Ein Streifen, 4,5 x 12,5 cm groß.
C Ein Streifen, 3,5 x 7,5 cm groß.
D Ein rechtwinkliges Dreieck, in der Mitte 6 cm hoch und an der Grundlinie 12,75 cm lang.
D Ein rechtwinkliges Dreieck, in der Mitte 8,75 cm hoch und an der Grundlinie 17,5 cm lang.
E Ein Streifen, 13,5 x 5,5 cm groß.
F Ein Streifen, 3,5 x 15,5 cm groß.

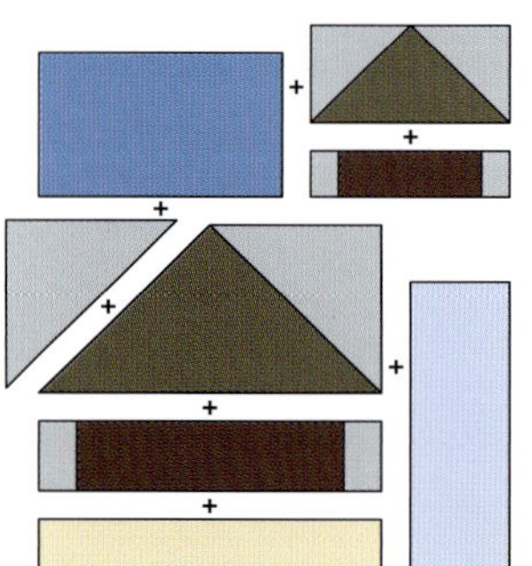

Nähen

Patchen Sie den Block dem Nähschema folgend. Nähen Sie zunächst die beiden Häuser zusammen, und achten Sie dabei darauf, die diagonal zum Fadenlauf zugeschnittenen Kanten nicht zu dehnen. Stellen Sie dann den Block fertig.

78 Gepatchter *ōgi*

(Faltbarer Fächer)

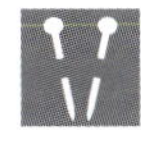
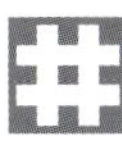

Großgemusterter Stoff bringt den Fächer hervorragend zur Geltung.

ZUSCHNITT

A

B

A Ein Quadrat, 19,5 x 19,5 cm groß.
B Vier Teile für den Fächer, nach der um 300 % vergrößerten Schablone zugeschnitten.

Nähen

Nähen Sie den Block anhand des Fotos. Steppen Sie die vier Teile für den Fächer aneinander, beenden Sie die Naht jeweils am eingezeichneten Punkt (siehe Schablone). Bügeln Sie die Nahtzugaben auseinander, und applizieren Sie den gepatchten Fächer auf das Stoffquadrat für den Hintergrund. Näheres zum Applizieren finden Sie auf den Seiten 38–39.

79 *Kiku*

(Chrysantheme)

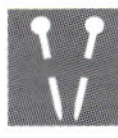
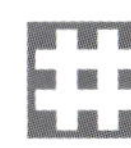
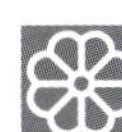

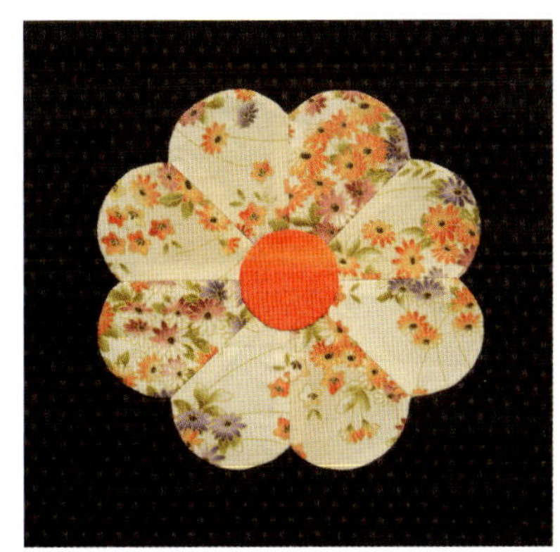

ZUSCHNITT

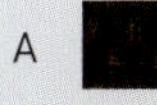
A

B
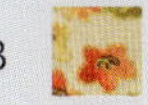
C
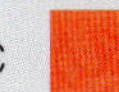

A Ein Quadrat, 19,5 x 19,5 cm groß.
B Acht Blütenblätter, nach der um 190 % vergrößerten Schablone zugeschnitten.
C Ein Kreis von 4 cm Durchmesser.

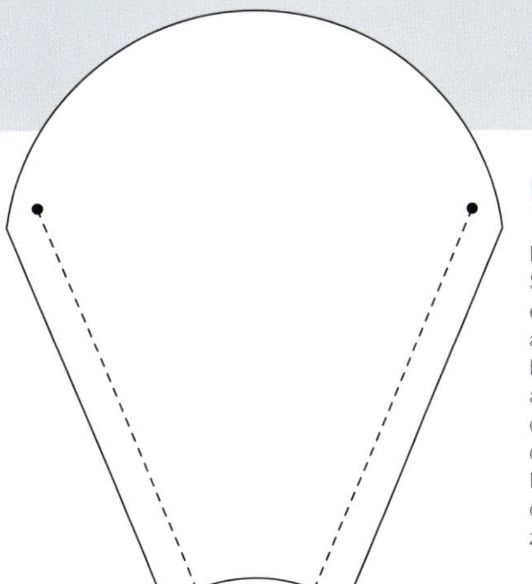

Nähen

Nähen Sie den Block anhand des Fotos. Steppen Sie die acht Blütenblätter aneinander, beenden Sie die Naht jeweils am eingezeichneten Punkt (siehe Schablone). Bügeln Sie die Nahtzugaben auseinander. Applizieren Sie nun zuerst die Blütenblätter auf das Stoffquadrat für den Hintergrund, dann den Kreis so in die Mitte der Blüte, daß er die Schnittkanten der Blätter verdeckt. Näheres zum Applizieren finden Sie auf den Seiten 38–39.

80 *Meisen momiji kōshi*

(Ahornblatt-Karo im Stil von *meisen*-Seide)

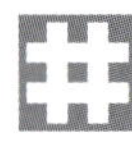
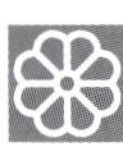

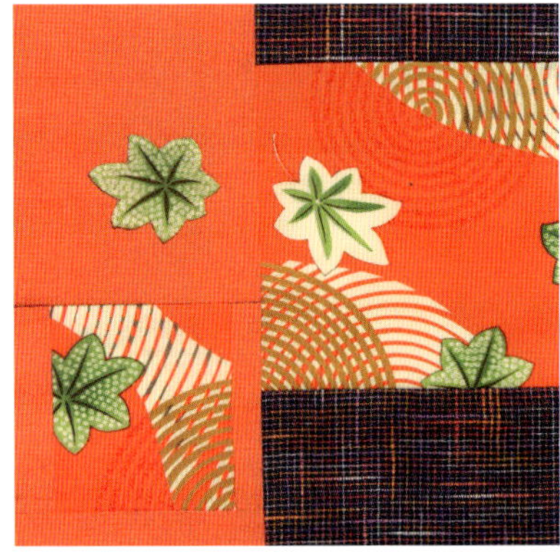

Wählen Sie für C einen Stoff mit klar umrissenem Motiv, das sich leicht ausschneiden und applizieren läßt.

ZUSCHNITT

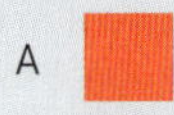

A
B
C

- A Ein Streifen, 11,5 x 9,5 cm groß.
- A Ein Streifen, 2,5 x 9,5 cm groß.
- A Zwei Streifen, 2,5 x 8,5 cm groß.
- B Ein Streifen, 11,5 x 3,5 cm groß.
- B Ein Streifen, 6,5 x 11,5 cm groß.
- C Ein Streifen, 8,5 x 7,5 cm groß.
- C Ein Streifen, 12,5 x 11,5 cm groß.
- C Motive zum Applizieren.

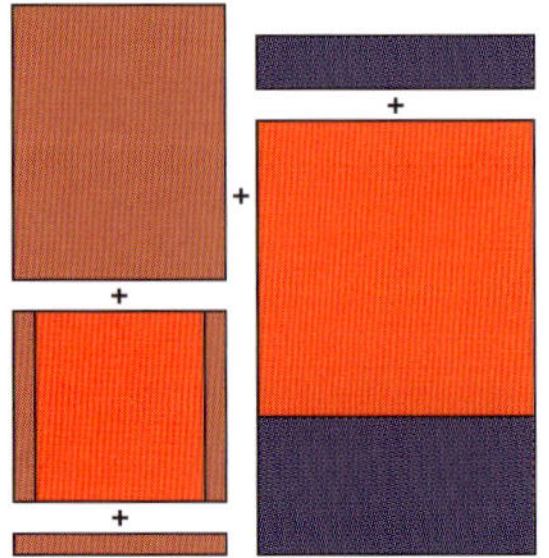

Nähen

Patchen Sie den Block dem Nähschema folgend. Setzen Sie ihn aus Streifen zusammen. Nähen Sie zuletzt die Motive auf. Näheres zum Applizieren finden Sie auf den Seiten 38–39.

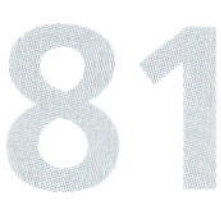

81 *Meisen momiji kōshi* Nr. 2

(Ahornblatt-Karo im Stil von *meisen*-Seide Nr. 2)

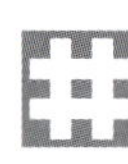
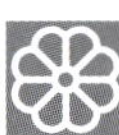

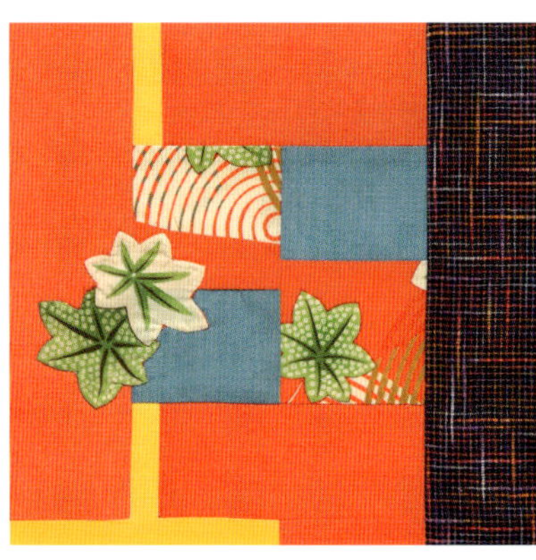

Wählen Sie für C einen Stoff mit klar umrissenem Motiv, das sich leicht ausschneiden und applizieren läßt.

ZUSCHNITT

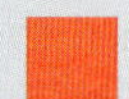
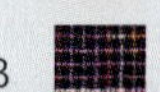

A
B
C
D
E

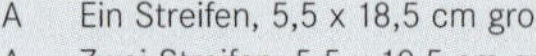

- A Ein Streifen, 5,5 x 18,5 cm groß.
- A Zwei Streifen, 5,5 x 10,5 cm groß.
- A Ein Streifen, 6,5 x 2,5 cm groß.
- B Ein Streifen, 19,5 x 5,5 cm groß.
- C Zwei Quadrate, 6,5 x 6,5 cm groß.
- C Motive zum Applizieren.
- D Zwei Streifen, 5,5 x 6,5 cm groß.
- E Zwei Streifen, 2,5 x 5,5 cm groß.
- E Ein Streifen, 2,5 x 10,5 cm groß.

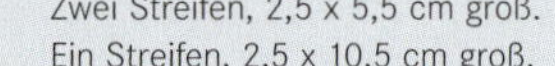

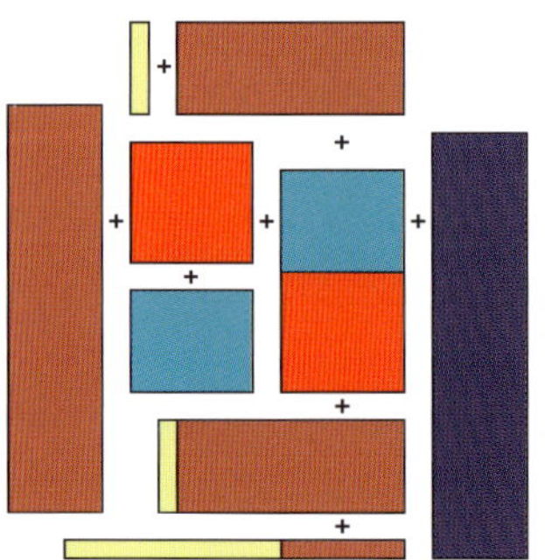

Nähen

Patchen Sie den Block dem Nähschema folgend. Nähen Sie zuletzt die Motive auf. Näheres zum Applizieren finden Sie auf den Seiten 38–39.

82 *Boromono*

(Flickenblock)

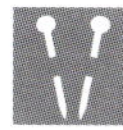
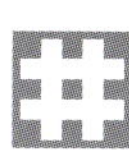
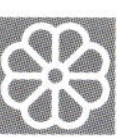

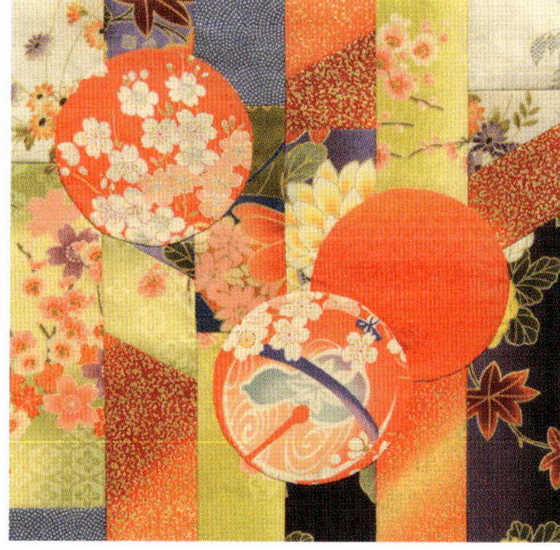

Dieser Block ist ideal, um Stoffreste zu verwerten. Die Breite und Anzahl der Streifen sowie die Größe der applizierten Kreise können Sie nach Bedarf verändern.

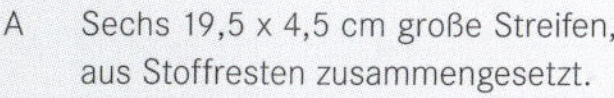

ZUSCHNITT

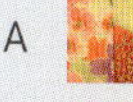
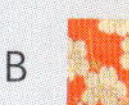

A Sechs 19,5 x 4,5 cm große Streifen, aus Stoffresten zusammengesetzt.
B Zwei Kreise von 6 cm Durchmesser.
C Ein Kreis von 6 cm Durchmesser.

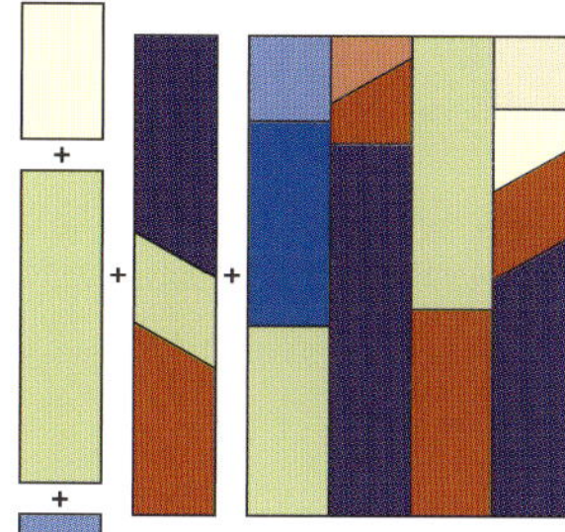

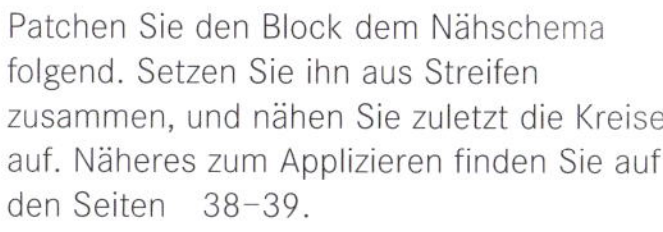

Nähen

Patchen Sie den Block dem Nähschema folgend. Setzen Sie ihn aus Streifen zusammen, und nähen Sie zuletzt die Kreise auf. Näheres zum Applizieren finden Sie auf den Seiten 38–39.

Frisch gemischt

Vorschläge für Blockkombinationen

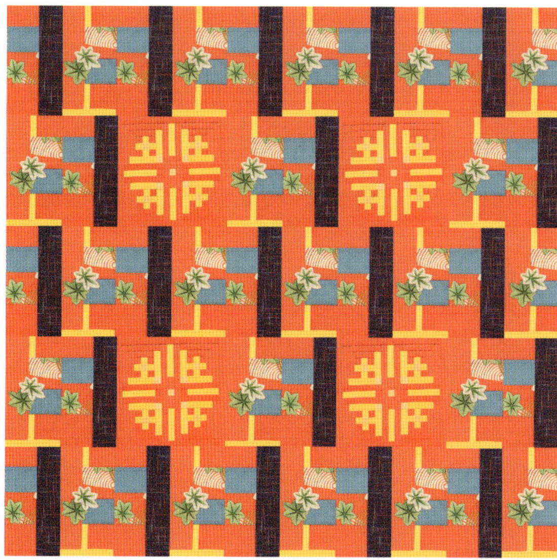

Abbildung oben, von links oben: 21 x Block 81 (in der 1., 3. und 5. Reihe sind die Blöcke versetzt angeordnet; diese Reihen beginnen und enden mit einem halben Block) und 4 x Block 46. Abbildung unten, von links oben: 20 x Block 82 (jeder zweite Block ist um 90° gedreht) und je 1 x Block 119, 117, 118, 124 und 120.

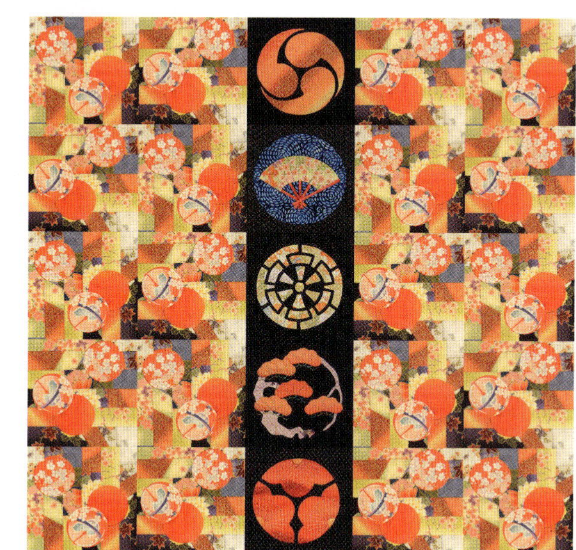

83 *Shippō*

(Sieben Kleinodien)

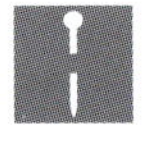

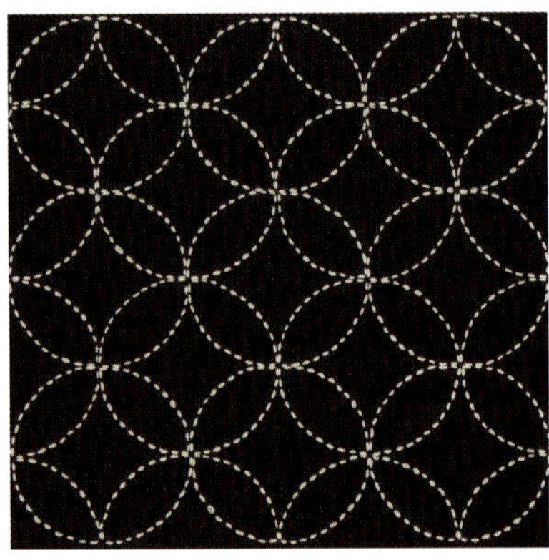

Der Name ist möglicherweise ein Wortspiel mit *shi ho* (vier Himmelsrichtungen).

Das Sashikomuster nähen

Schneiden Sie ein 19,5 x 19,5 cm großes Stoffquadrat zu. Zeichnen Sie ringsherum 0,75 cm von den Kanten die Nahtlinien auf, dann innerhalb dieser Linien einen Grundraster mit 3 x 3 cm großen Kästchen. Zeichnen Sie in den Raster mit Hilfe einer 6 cm großen Kreisschablone das Sashikomuster ein. Nähen Sie in Richtung der roten Pfeile in der Skizze diagonale Wellenlinien. Sticken Sie die Musterkonturen in fortlaufenden Linien. Näheres zum Sticken von Sashiko finden Sie auf den Seiten 40–41.

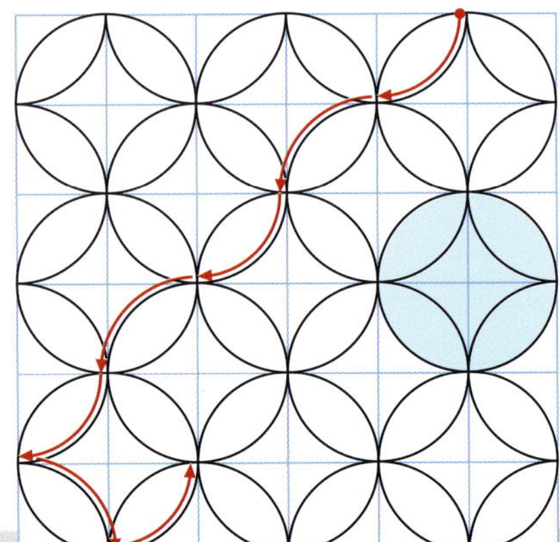

84 *Fundō*

(Gewichte)

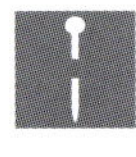
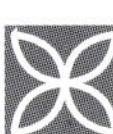
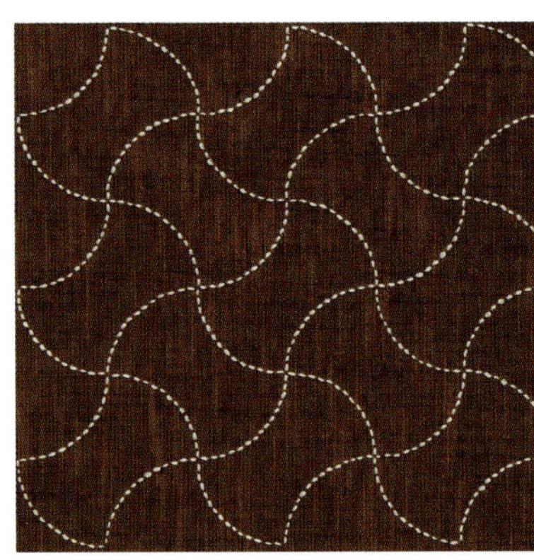

Goldbarren wurden traditionell in dieser symmetrischen Form gegossen.

Das Sashikomuster nähen

Schneiden Sie ein 19,5 x 19,5 cm großes Stoffquadrat zu. Zeichnen Sie ringsherum 0,75 cm von den Kanten die Nahtlinien auf, dann innerhalb dieser Linien einen Grundraster mit 3 x 3 cm großen Kästchen. Zeichnen Sie in den Raster mit Hilfe einer 6 cm großen Kreisschablone das Sashikomuster ein. Nähen Sie in Richtung der roten und blauen Pfeile in der Skizze diagonale Wellenlinien. Sticken Sie die Musterkonturen in fortlaufenden Linien. Näheres zum Sticken von Sashiko finden Sie auf den Seiten 40–41.

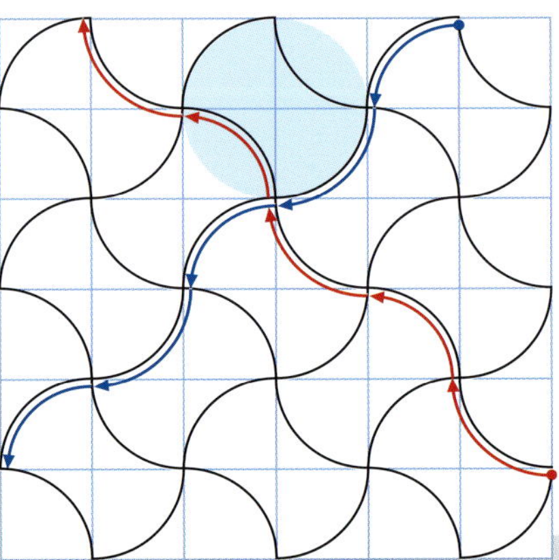

85 *Raimon*

(Spirale)

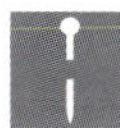

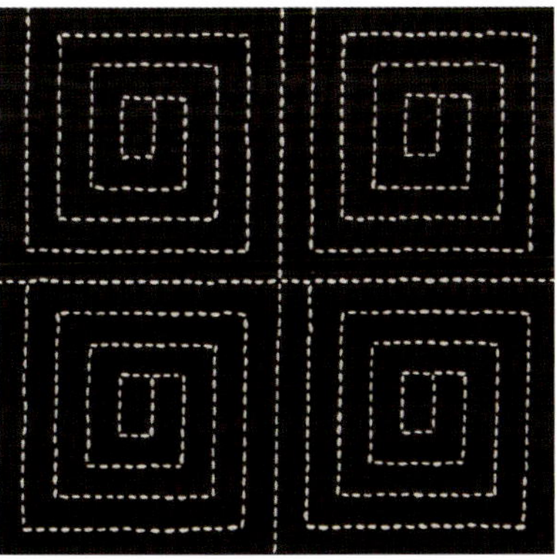

Dies ist eins der ältesten Sashikomuster.

Das Sashikomuster nähen

Schneiden Sie ein 19,5 x 19,5 cm großes Stoffquadrat zu. Zeichnen Sie ringsherum 0,75 cm von den Kanten die Nahtlinien auf, dann innerhalb dieser Linien einen Grundraster mit 9 x 9 cm großen Quadraten. Zeichnen Sie in jedes der vier Quadrate mit 1 cm Linienabstand Spiralen ein. Bitte beachten Sie, daß die unten abgebildete Skizze nur eine Spirale zeigt. Nähen Sie in der Mitte des Rasters senkrechte und waagrechte Linien. Sticken Sie jede Spirale in Richtung des roten Pfeils in der Skizze. Näheres zum Sticken von Sashiko finden Sie auf den Seiten 40–41.

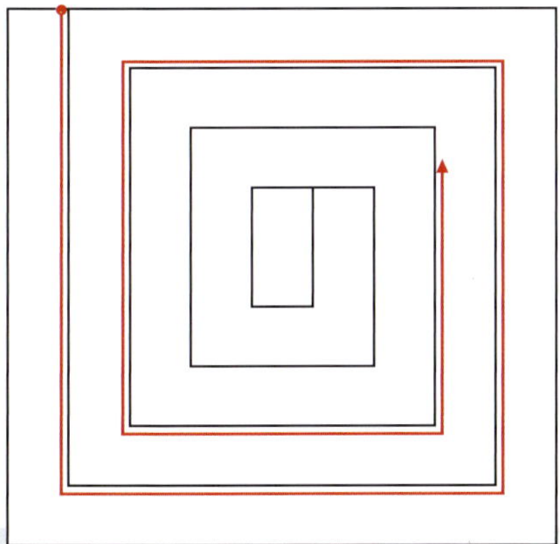

Frisch gemischt

Vorschläge für Blockkombinationen

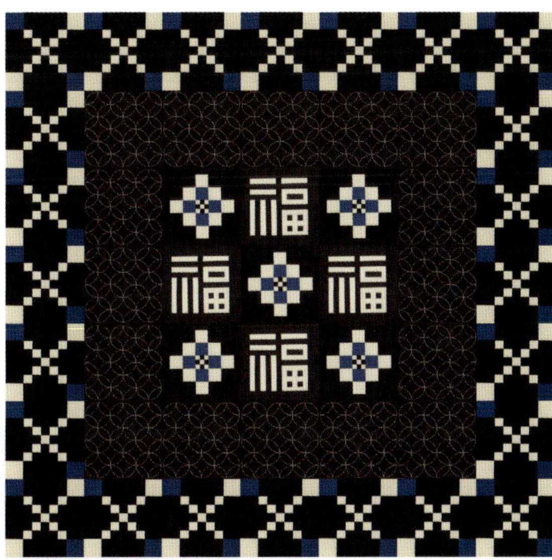

Abbildung oben, von innen nach außen:
5 x Block 44, 4 x Block 45, 16 x Block 83 und 24 x Block 10.
Abbildung unten, von links oben:
10 x Block 86 und 15 x Block 85.

86 *Masuzashi*

(Quadratische Meßgefäße)

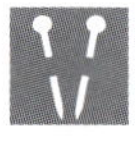

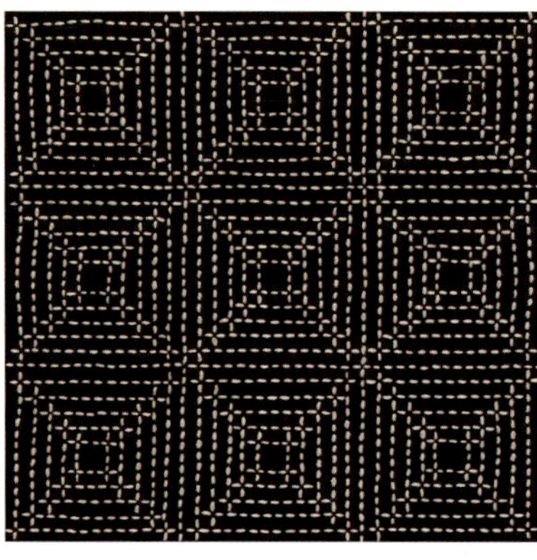

Masu sind ineinanderpassende Holzkästchen, die zum Abmessen von trockenen Lebensmitteln und als Trinkgefäße für Sake verwendet werden.

Das Sashikomuster nähen

Schneiden Sie ein 19,5 x 19,5 cm großes Stoffquadrat zu. Zeichnen Sie ringsherum 0,75 cm von den Kanten die Nahtlinien auf, dann innerhalb dieser Linien einen Grundraster mit 6 x 6 cm großen Quadraten. Zeichnen Sie anhand der Skizze in jeden Rasterabschnitt mit 0,5 cm Linienabstand die konzentrischen Quadrate ein; die Linien müssen sich an den Ecken kreuzen. Bitte beachten Sie, daß die unten abgebildete Skizze nur ein Quadrat zeigt. Sticken Sie einen Satz Kästchen nach dem anderen, beginnen Sie jeweils mit dem größten Quadrat, und arbeiten Sie von außen nach innen. An jeder Ecke müssen sich zwar die Nähte kreuzen, nicht aber die Stiche. Führen Sie von einer Naht zur nächsten den Faden auf der Rückseite des Blocks locker weiter. Näheres zum Sticken von Sashiko finden Sie auf den Seiten 40–41.

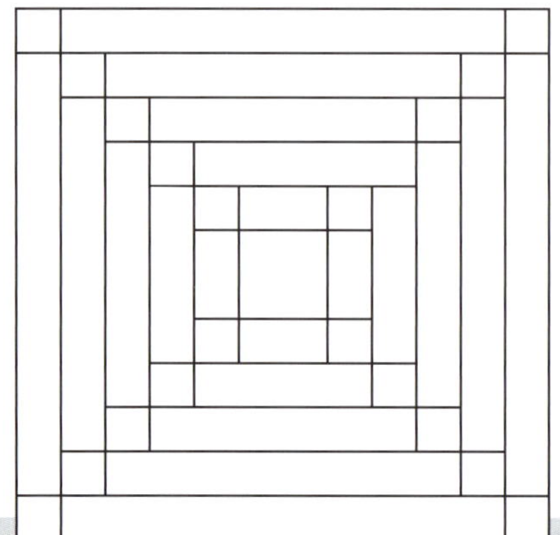

87 *Hirai jūmon*

(Gekreuzter Brunnenrand oder Kreuze)

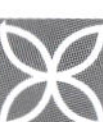

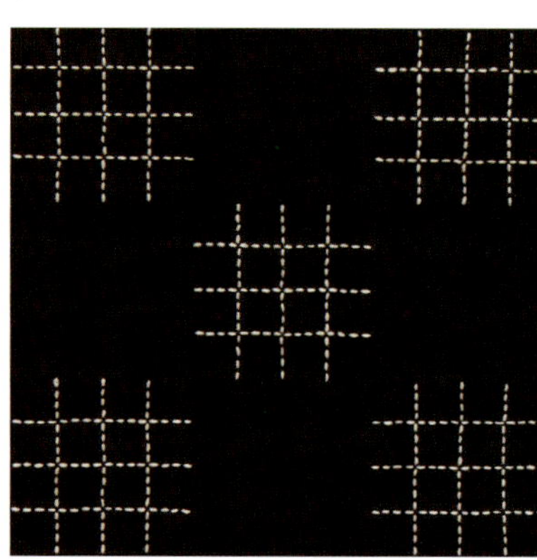

Dieses schlichte Design erinnert an *kasuri*-(Ikat) Muster.

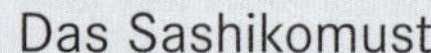

Das Sashikomuster nähen

Schneiden Sie ein 19,5 x 19,5 cm großes Stoffquadrat zu. Zeichnen Sie ringsherum 0,75 cm von den Kanten die Nahtlinien auf, dann innerhalb dieser Linien einen Grundraster mit 6 x 6 cm großen Quadraten. Zeichnen Sie in jedes zweite Quadrat mit 1,5 cm Linienabstand einen Raster ein; die Quadrate müssen gegeneinander versetzt sein. Nähen Sie in Richtung der roten Pfeile in der Skizze mit fortlaufendem Faden zunächst die senkrechten Linien, führen Sie dabei entsprechend der gestrichelten roten Linien den Faden auf der Rückseite des Blocks locker weiter. Sticken Sie die waagrechten Linien ebenso, stechen Sie dabei keinesfalls durch die weitergeführten senkrechten Fäden auf der Rückseite. Näheres zum Sticken von Sashiko finden Sie auf den Seiten 40–41.

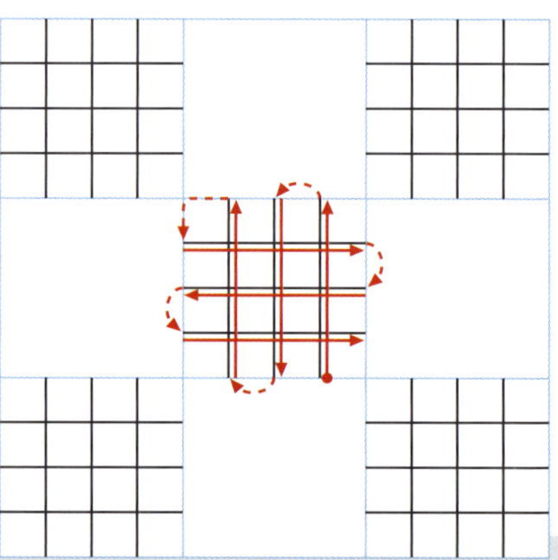

88 *Kagome*

(Bambuskorb)

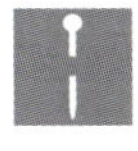

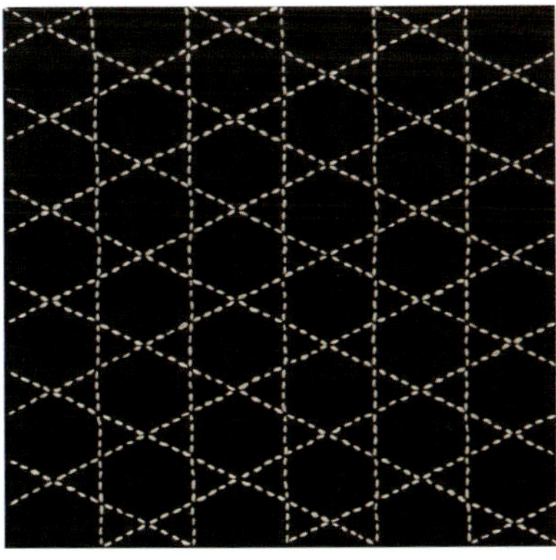

Dieses einfache Muster erinnert an geflochtene Körbe.

Das Sashikomuster nähen

Schneiden Sie ein 19,5 x 19,5 cm großes Stoffquadrat zu. Zeichnen Sie ringsherum 0,75 cm von den Kanten die Nahtlinien auf, dann innerhalb dieser Linien einen Grundraster mit 1,5 x 3 cm großen Kästchen. Zeichnen Sie in den Raster das Sashikomuster ein. Nähen Sie die senkrechten Linien in Richtung des roten Pfeils in der Skizze, die diagonalen Linien in Richtung des grünen und des blauen Pfeils. Näheres zum Sticken von Sashiko finden Sie auf den Seiten 40–41.

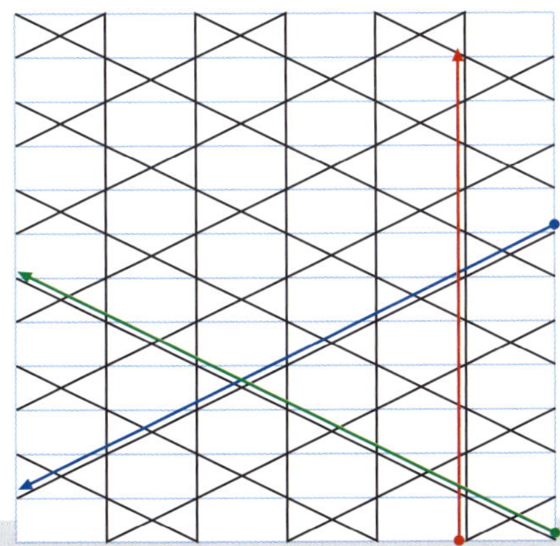

89 *Seigaiha*

(Blaue Ozeanwellen)

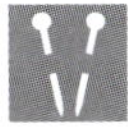
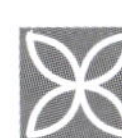
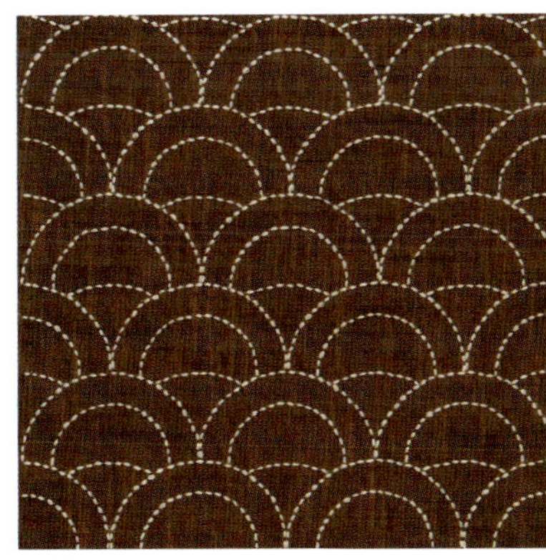

Dieses Muster, das Erinnerungen an angenehme Kühle und Frische weckt, stammt aus dem 18. Jahrhundert.

Das Sashikomuster nähen

Schneiden Sie ein 19,5 x 19,5 cm großes Stoffquadrat zu. Zeichnen Sie ringsherum 0,75 cm von den Kanten die Nahtlinien auf, dann innerhalb dieser Linien einen Grundraster mit 3 x 3 cm großen Kästchen. Zeichnen Sie in den Raster mit Hilfe einer 6 cm und einer 5 cm großen Kreisschablone das Sashikomuster ein. Nähen Sie in Richtung der roten Pfeile in der Skizze zunächst die größten Bogen, arbeiten Sie sie von der Unterkante des Blocks aus in aufeinanderfolgenden Reihen. Sticken Sie die mittleren und die kleinsten Bogen ebenfalls in Reihen in Richtung der blauen bzw. der grünen Pfeile, führen Sie dabei entsprechend der gestrichelten Linien den Faden locker auf der Rückseite des Blocks weiter. Näheres zum Sticken von Sashiko finden Sie auf den Seiten 40–41.

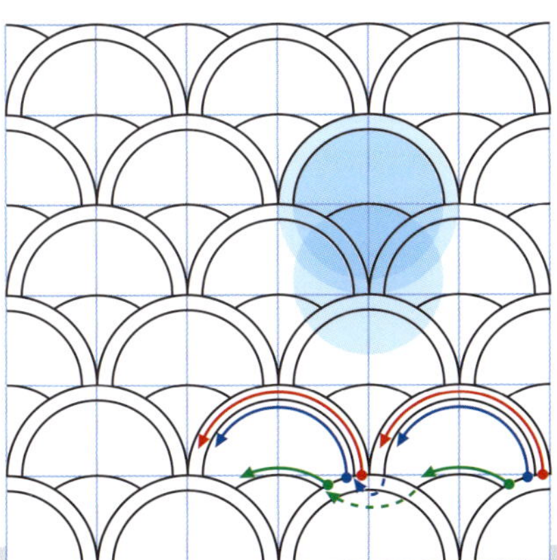

90 *Nowaki*

(„Gräser“)

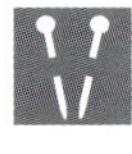

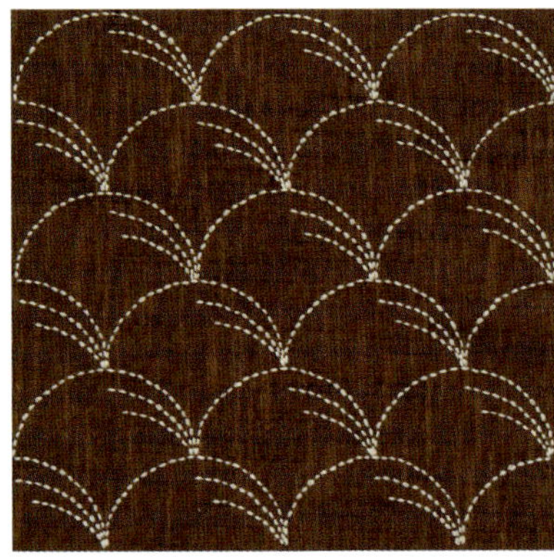

Nowaki bedeutet soviel wie „winterlicher Windstoß“. Das Muster stellt Grashalme dar, die sich im Herbstwind biegen.

Das Sashikomuster nähen

Schneiden Sie ein 19,5 x 19,5 cm großes Stoffquadrat zu. Zeichnen Sie ringsherum 0,75 cm von den Kanten die Nahtlinien auf, dann innerhalb dieser Linien einen Grundraster mit 3 x 3 cm großen Kästchen. Zeichnen Sie in den Raster mit Hilfe einer 6 cm großen Kreisschablone zunächst die Bogen ein, dann die sich biegenden „Halme“, indem Sie die Schablone immer weiter auf den Schnittpunkt der Rasterlinien zu drehen. Nähen Sie jede Reihe aus Bogen und Halmen in Richtung der roten Pfeile in der Skizze. Sticken Sie zunächst jeweils den untersten „Halm“, führen Sie dann den Faden locker auf der Rückseite des Blocks entlang zum Beginn des darüberliegenden „Halms“ und nähen Sie zuletzt den Bogen. Verfahren Sie so jeweils bis zum Ende der Reihe. Näheres zum Sticken von Sashiko finden Sie auf den Seiten 40–41.

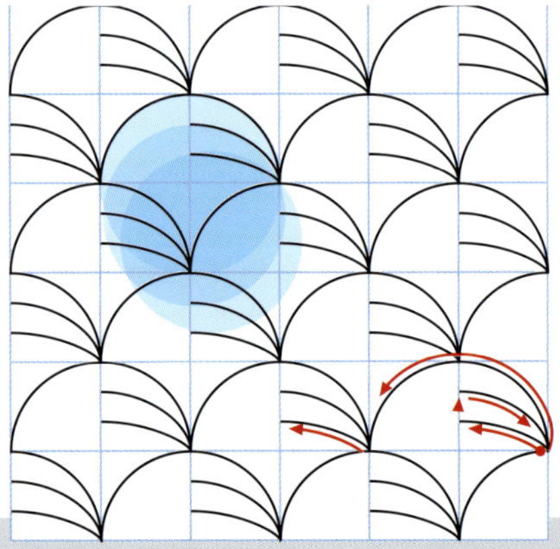

91 *Chidori tsunagi*

(Verbundene Regenpfeifer)

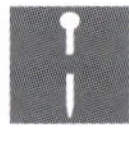

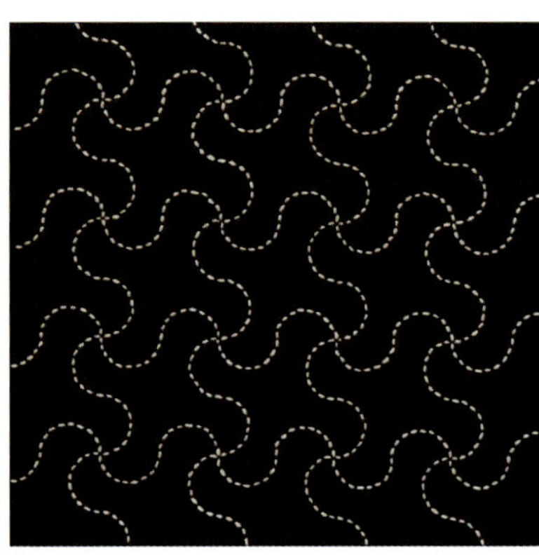

Die stilisierten Silhouetten dieses niedlichen Vogels ergeben ein tessellierendes Muster.

Das Sashikomuster nähen

Schneiden Sie ein 19,5 x 19,5 cm großes Stoffquadrat zu. Zeichnen Sie ringsherum 0,75 cm von den Kanten die Nahtlinien auf, dann innerhalb dieser Linien einen Grundraster mit 2 x 2 cm großen Kästchen; beachten Sie hierbei unbedingt, daß die äußersten Rasterlinien nur 1 cm innerhalb der Nahtlinien liegen dürfen, damit das Muster mittig im Block sitzt. Zeichnen Sie in den Raster mit Hilfe einer 2 cm großen Kreisschablone das Sashikomuster ein. Nähen Sie zuerst die senkrechten Wellenlinien in Richtung der roten Pfeile in der Skizze, dann die waagrechten in Richtung der blauen. Näheres zum Sticken von Sashiko finden Sie auf den Seiten 40–41.

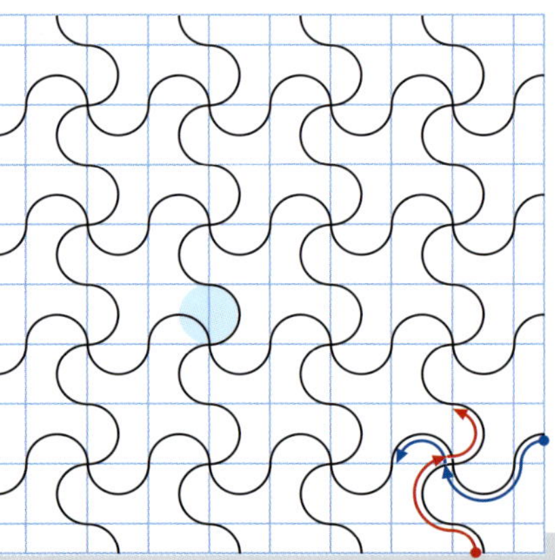

92 *Amimon*

(Netz)

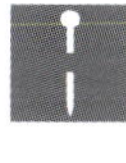

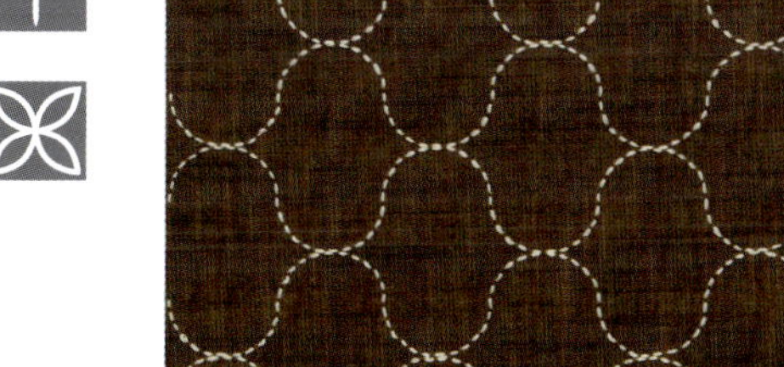

Das Fischernetz gilt als glücksverheißendes Motiv, das zu einem reichen Fang verhelfen soll.

Das Sashikomuster nähen

Schneiden Sie ein 19,5 x 19,5 cm großes Stoffquadrat zu. Zeichnen Sie ringsherum 0,75 cm von den Kanten die Nahtlinien auf, dann innerhalb dieser Linien einen Grundraster mit 3 x 3 cm großen Kästchen. Zeichnen Sie in den Raster mit Hilfe einer 3 cm großen Kreisschablone das Sashikomuster ein. Nähen Sie zuerst in Richtung des roten, dann in Richtung des blauen Pfeils in der Skizze die waagrechten Wellenlinien. Näheres zum Sticken von Sashiko finden Sie auf den Seiten 40–41.

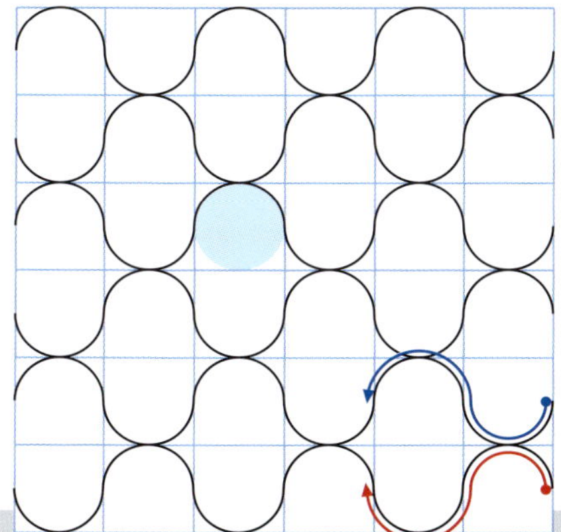

93 *Yabane*

(Pfeile)

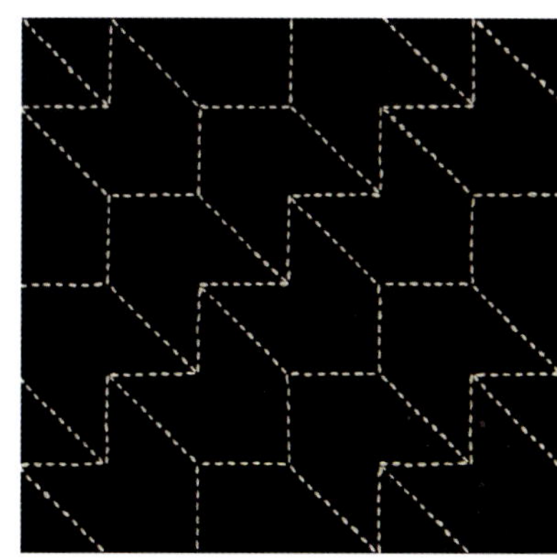

Schon seit frühester Zeit gilt der Pfeil als traditionelles Symbol des Kriegers.

Das Sashikomuster nähen

Schneiden Sie ein 19,5 x 19,5 cm großes Stoffquadrat zu. Zeichnen Sie ringsherum 0,75 cm von den Kanten die Nahtlinien auf, dann innerhalb dieser Linien einen Grundraster mit 3 x 3 cm großen Kästchen. Zeichnen Sie in den Raster das Sashikomuster ein. Nähen Sie das Stufenmuster jeweils in Richtung des roten Pfeils in der Skizze, die kurzen diagonalen Linien jeweils mit fortlaufendem Faden in Richtung der blauen Pfeile; führen Sie den Faden entsprechend der gestrichelten Linien auf der Rückseite des Blocks locker weiter. Näheres zum Sticken von Sashiko finden Sie auf den Seiten 40–41.

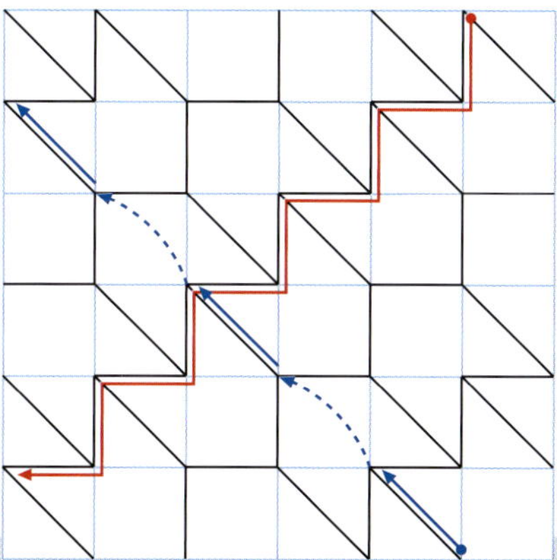

94 *Hiragumi manji tsunagi*

(Verbundene buddhistische Symbole)

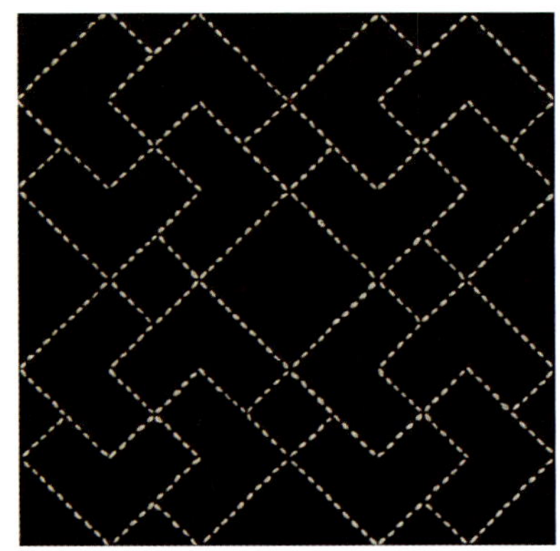

Das manji ist ein altes indisches buddhistisches Symbol, das für das Leben und das Universum steht.

Das Sashikomuster nähen

Schneiden Sie ein 19,5 x 19,5 cm großes Stoffquadrat zu. Zeichnen Sie ringsherum 0,75 cm von den Kanten die Nahtlinien auf, dann innerhalb dieser Linien einen Grundraster mit 3 x 3 cm großen Kästchen. Zeichnen Sie in den Raster das Sashikomuster ein. Nähen Sie in Richtung der roten Pfeile in der Skizze die senkrechten Musterabschnitte mit fortlaufendem Faden, und führen Sie ihn entsprechend der gestrichelten roten Linien auf der Rückseite des Blocks locker weiter. Sticken Sie die waagrechten Musterabschnitte ebenso in Richtung der blauen Pfeile. Näheres zum Sticken von Sashiko finden Sie auf den Seiten 40–41.

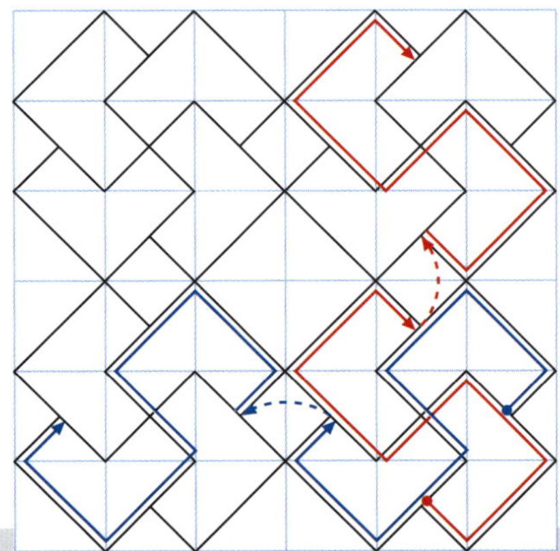

Higaki

(Zypressenzaun)

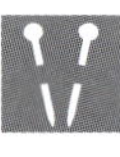

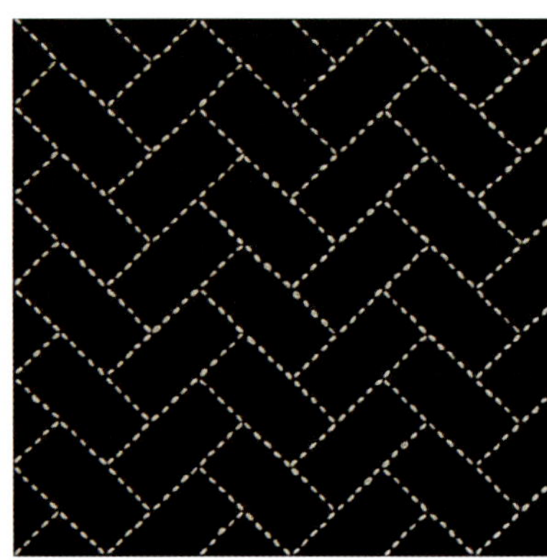

Dieses Muster wird ebenso gern für *rinzu* (Seidendamast) für Frauenkimonos verwendet wie für geflochtene Zäune.

Das Sashikomuster nähen

Schneiden Sie ein 19,5 x 19,5 cm großes Stoffquadrat zu. Zeichnen Sie ringsherum 0,75 cm von den Kanten die Nahtlinien auf, dann innerhalb dieser Linien einen Grundraster mit 1,5 x 1,5 cm großen Kästchen. Zeichnen Sie in den Raster das Sashikomuster ein. Nähen Sie in Richtung der roten Pfeile in der Skizze das Muster in senkrechten Abschnitten mit fortlaufendem Faden, führen Sie diesen entsprechend der gestrichelten Linien auf der Rückseite des Blocks locker weiter. Näheres zum Sticken von Sashiko finden Sie auf den Seiten 40–41.

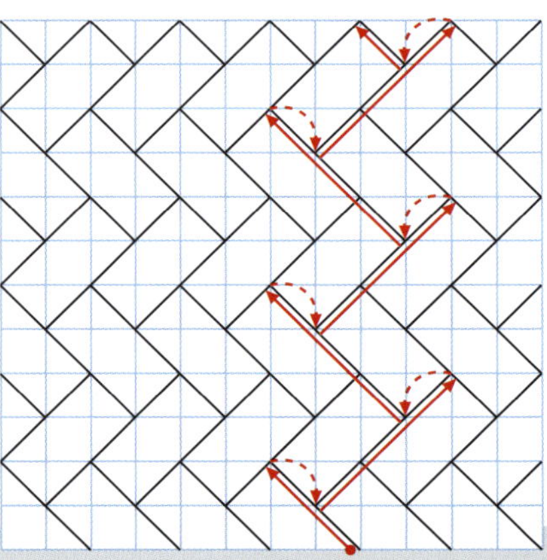

96 *Yatsude asanoha*

(Achtfingriges Hanfblatt)

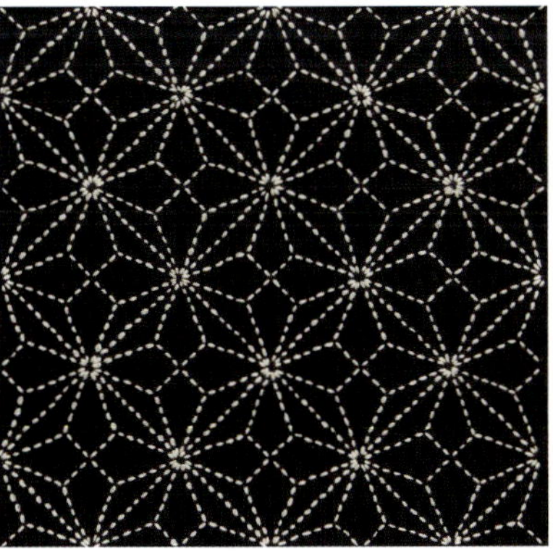

Dieses Muster, das auf dem Blatt der Fingeraralie oder *Fatsia japonica* basiert, sollte den Träger eines Kleidungsstücks vor Unheil bewahren.

Das Sashikomuster nähen

Schneiden Sie ein 19,5 x 19,5 cm großes Stoffquadrat zu. Zeichnen Sie ringsherum 0,75 cm von den Kanten die Nahtlinien auf, dann innerhalb dieser Linien einen Grundraster mit 3 x 3 cm großen Kästchen. Zeichnen Sie in den Raster das Sashikomuster ein. Bitte beachten Sie, daß sich das Muster erheblich leichter exakt einzeichnen läßt, wenn Sie zunächst jedes Rasterkästchen jeweils senkrecht und waagrecht in vier gleich große Abschnitte unterteilen (insgesamt 16 pro Kästchen). Nähen Sie die langen diagonalen Linien in Richtung des roten und des blauen Pfeils in der Skizze, die flachen Zacken in fortlaufenden Linien in Richtung der grünen Pfeile. Sticken Sie die kurzen diagonalen Linien in Richtung der pinkfarbenen Pfeile, führen Sie dabei den Faden entsprechend der gestrichelten Linien locker auf der Rückseite des Blocks weiter. Näheres zum Sticken von Sashiko finden Sie auf den Seiten 40–41.

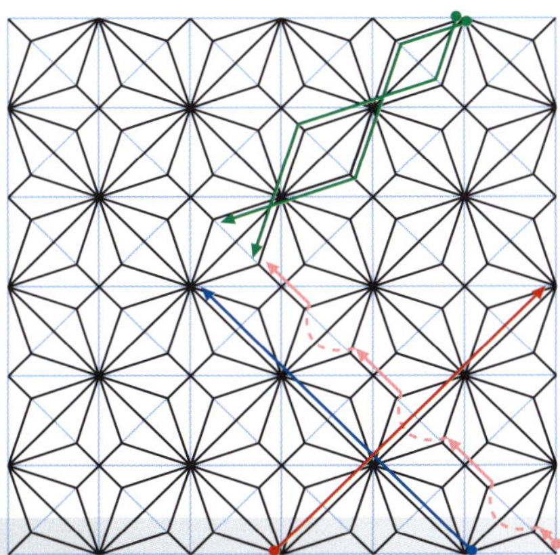

Frisch gemischt

Vorschläge für Blockkombinationen

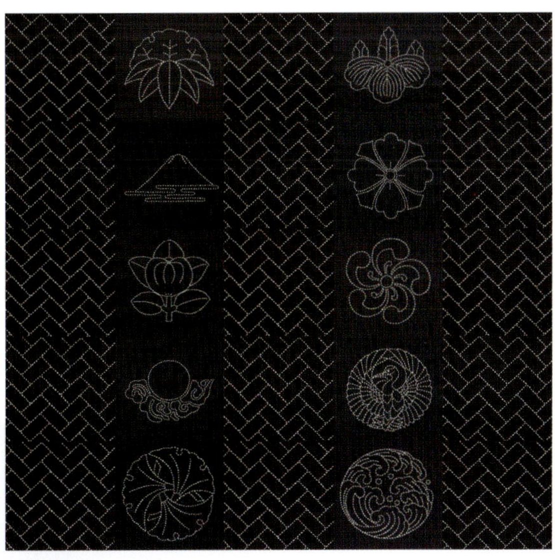

Abbildung oben, von links oben:
15 x Block 95, je 1 x Block 108, 105, 112, 111 und 106 (2. Streifen von links) sowie je 1 x Block 110, 109, 103, 113 und 107 (4. Streifen von links).
Abbildung unten, von links oben: 13 x Block 94 und 12 x Block 119.

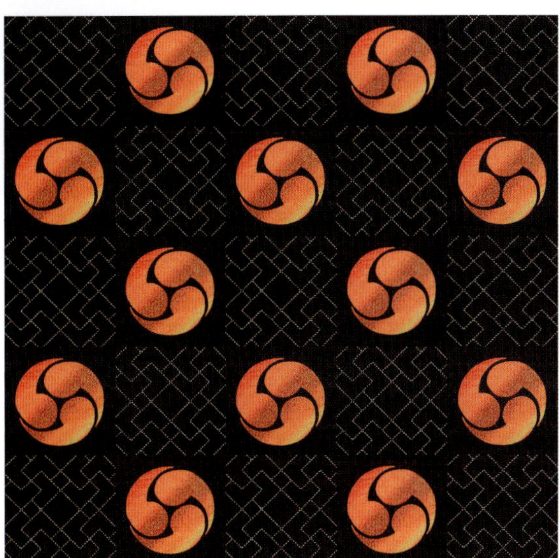

97 *Asanoha*

(Hanfblatt)

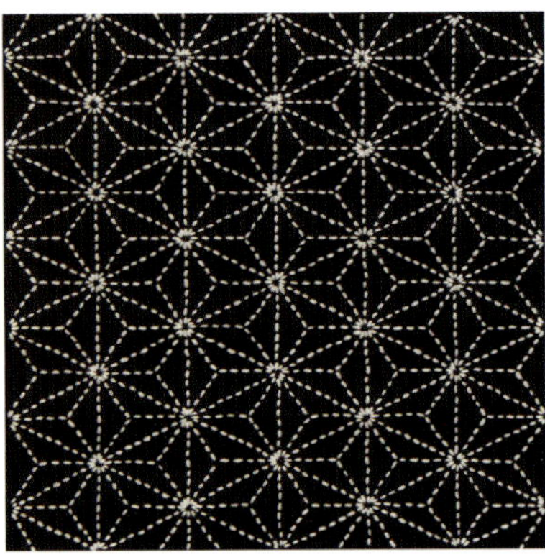

Vor allem Textilien für Babys und Kinder wurden zum Schutz vor bösen Geistern mit *asanoha* bestickt.

Das Sashikomuster nähen

Schneiden Sie ein 19,5 x 19,5 cm großes Stoffquadrat zu. Zeichnen Sie ringsherum 0,75 cm von den Kanten die Nahtlinien auf, dann innerhalb dieser Linien einen Grundraster mit 3 x 1,5 cm großen Kästchen. Zeichnen Sie in den Raster das Sashikomuster ein. Bitte beachten Sie, daß sich das Muster erheblich leichter exakt einzeichnen läßt, wenn Sie zunächst jedes Rasterkästchen senkrecht in vier gleich große Abschnitte unterteilen. Nähen Sie in Richtung des roten Pfeils in der Skizze die senkrechten Linien, in Richtung der blauen Pfeile die breiten Zickzacklinien, so daß sie aufeinandergestellte Achten bilden, und in Richtung der grünen Pfeile die schmalen Zickzacklinien auf die gleiche Art. Sticken Sie in Richtung der pinkfarbenen Pfeile die waagrechten Linien mit fortlaufendem Faden, führen Sie ihn dabei entsprechend der gestrichelten Linien auf der Rückseite des Blocks locker weiter. Näheres zum Sticken von Sashiko finden Sie auf den Seiten 40–41.

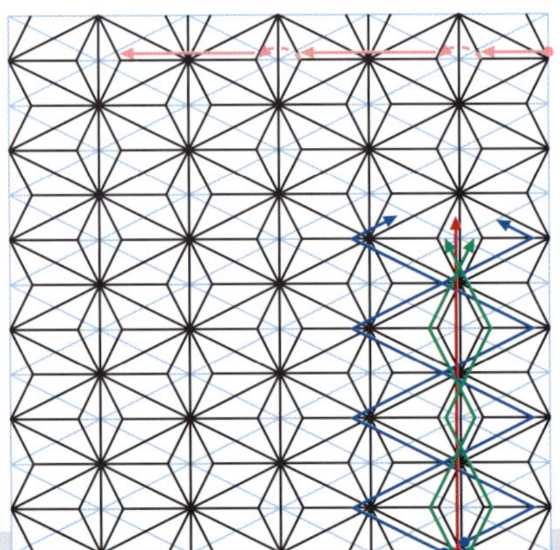

98 *Sayagata*

(*Saya*-Brokatmuster)

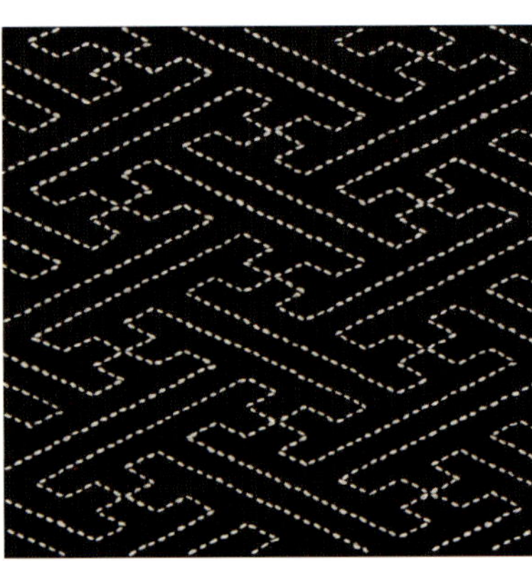

Dieses Brokatmuster gelangte vor mehr als 600 Jahren über die Seidenstraße nach Japan.

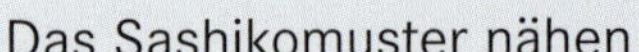

Das Sashikomuster nähen

Schneiden Sie ein 19,5 x 19,5 cm großes Stoffquadrat zu. Zeichnen Sie ringsherum 0,75 cm von den Kanten die Nahtlinien auf, dann innerhalb dieser Linien einen Grundraster mit 1 x 2 cm großen Kästchen. Zeichnen Sie in den Raster das Sashikomuster ein. Nähen Sie zuerst in Richtung des roten, dann des blauen Pfeils in der Skizze jeweils die erste diagonale Linie in der Mitte des Blocks, und sticken Sie dann die weiteren Linien um diese herum. Lassen Sie beim Nähen dieses labyrinthartigen Musters die Skizze vor sich liegen, damit Sie jederzeit überprüfen können, ob Sie entlang der richtigen Linien nähen. Näheres zum Sticken von Sashiko finden Sie auf den Seiten 40–41.

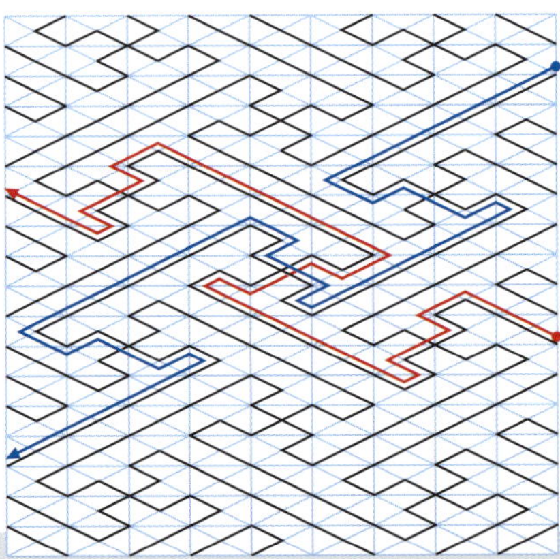

99 *Kikkō hishi tsunagi*

(Verbundener rautenförmiger Schildkrötenpanzer)

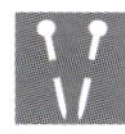

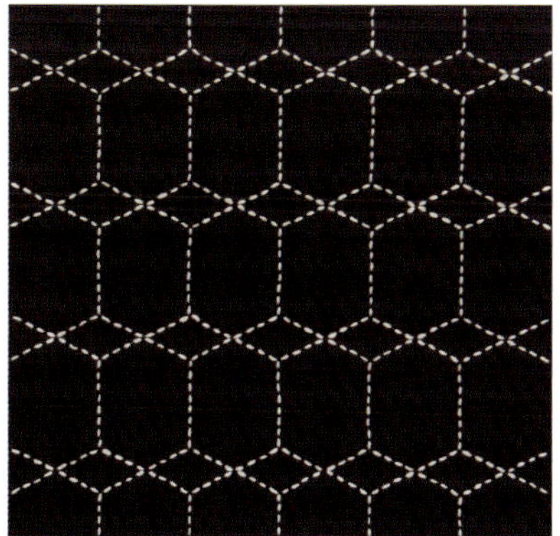

Dieses Muster wird wegen der sich überlappenden Sechsecke auch als *kasane kikkō* (aufeinandergelegte Schildkrötenpanzer) bezeichnet.

Das Sashikomuster nähen

Schneiden Sie ein 19,5 x 19,5 cm großes Stoffquadrat zu. Zeichnen Sie ringsherum 0,75 cm von den Kanten die Nahtlinien auf, dann innerhalb dieser Linien einen Grundraster mit 1,5 x 3 cm großen Kästchen. Zeichnen Sie in den Raster das Sashikomuster ein. Nähen Sie zuerst in Richtung des roten, dann des blauen Pfeils in der Skizze die waagrechten Zickzacklinien, danach mit fortlaufendem Faden in Richtung der grünen Pfeile die senkrechten Linien; führen Sie bei letzteren den Faden entsprechend der gestrichelten Linien auf der Rückseite des Blocks locker weiter. Näheres zum Sticken von Sashiko finden Sie auf den Seiten 40–41.

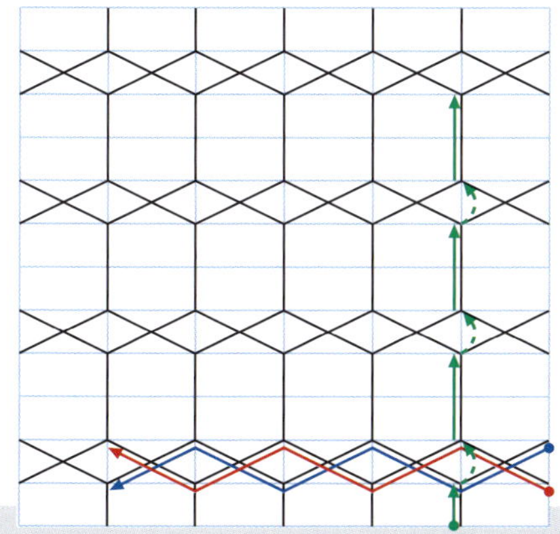

100 *Musubi kikkō*

(Verbundene Schildkrötenpanzer)

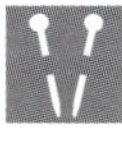
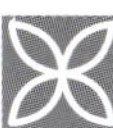
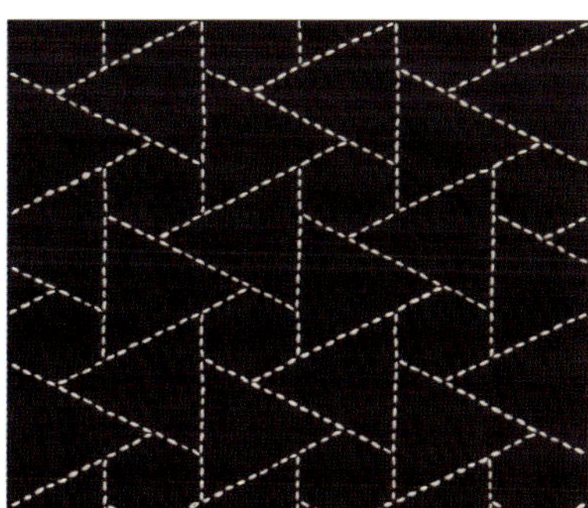

Dieses Muster ist leichter zu nähen als man denkt. Es verbindet die Glückszahl Drei mit dem Sechseck als Symbol für langes Leben.

Das Sashikomuster nähen

Schneiden Sie ein 19,5 x 19,5 cm großes Stoffquadrat zu. Zeichnen Sie ringsherum 0,75 cm von den Kanten die Nahtlinien auf, dann innerhalb dieser Linien einen Grundraster mit 1,5 x 3 cm großen Kästchen. Zeichnen Sie in den Raster das Sashikomuster ein. Nähen Sie die senkrechten Linien in Richtung der roten Pfeile in der Skizze, die diagonalen Linien zuerst in Richtung der blauen Pfeile, dann der grünen. Sticken Sie alle Linien mit fortlaufendem Faden, führen Sie ihn dabei entsprechend der gestrichelten Linien auf der Rückseite des Blocks locker weiter. Näheres zum Sticken von Sashiko finden Sie auf den Seiten 40–41.

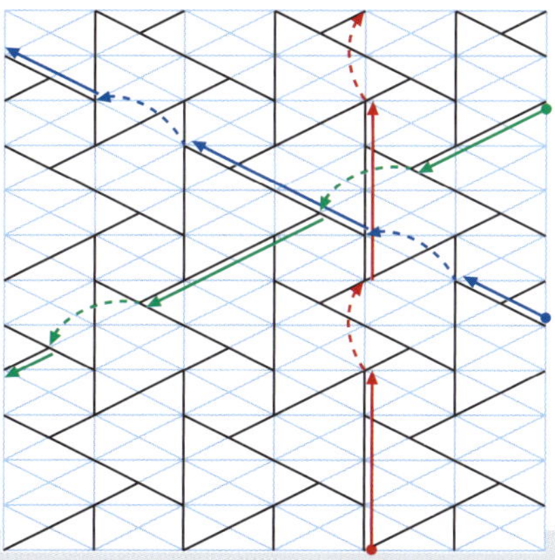

101 *Matsukawabishi*

(Kiefernrindenraute)

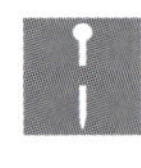

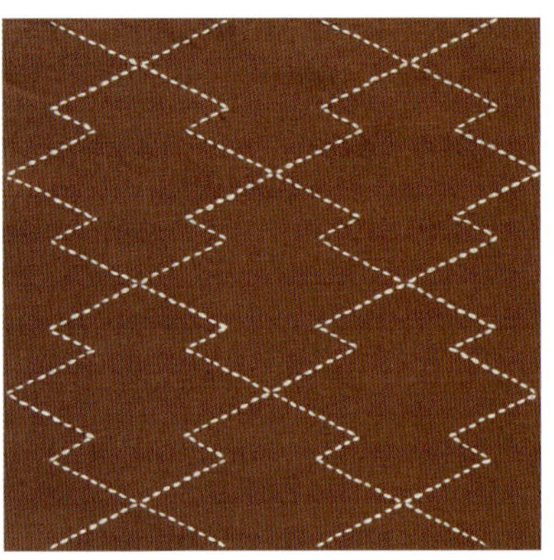

Die Kiefer symbolisiert Glück und langes Leben.

Das Sashikomuster nähen

Schneiden Sie ein 19,5 x 19,5 cm großes Stoffquadrat zu. Zeichnen Sie ringsherum 0,75 cm von den Kanten die Nahtlinien auf, dann innerhalb dieser Linien einen Grundraster mit 1,5 x 3 cm großen Kästchen; beachten Sie hierbei unbedingt, daß die äußersten senkrechten Rasterlinien nur 1,5 cm innerhalb der Nahtlinien liegen dürfen, damit das Muster mittig im Block sitzt. Zeichnen Sie in den Raster das Sashikomuster ein. Nähen Sie das Muster in Richtung des roten und des blauen Pfeils in der Skizze in fortlaufenden Linien. Näheres zum Sticken von Sashiko finden Sie auf den Seiten 40–41.

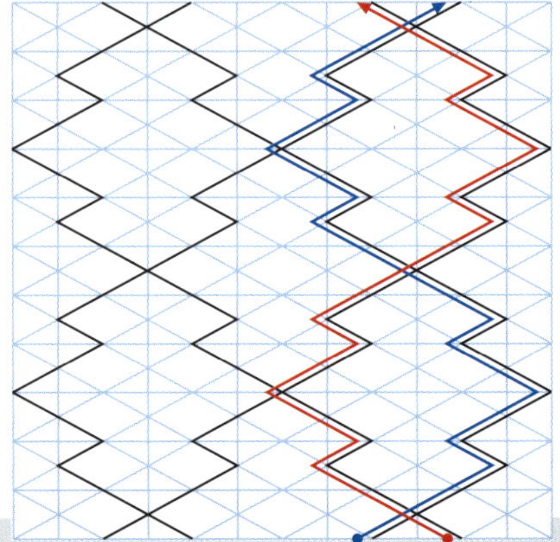

102 *Yamagata*

(Bergform)

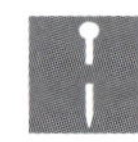

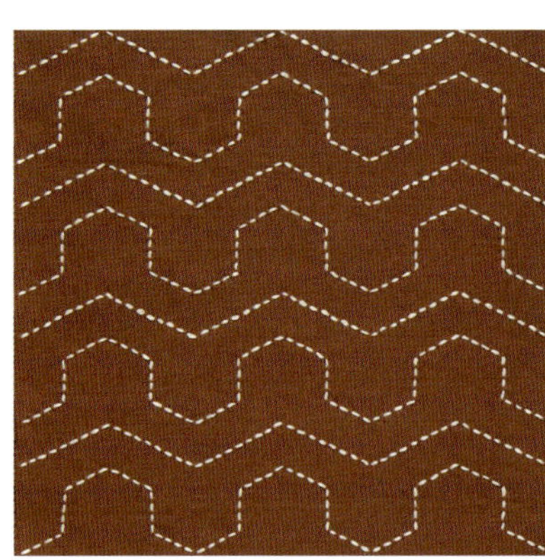

Nach japanischer Überlieferung sind Berge Sitz der Götter.

Das Sashikomuster nähen

Schneiden Sie ein 19,5 x 19,5 cm großes Stoffquadrat zu. Zeichnen Sie ringsherum 0,75 cm von den Kanten die Nahtlinien auf, dann innerhalb dieser Linien einen Grundraster mit 1,5 x 3 cm großen Kästchen. Zeichnen Sie in den Raster das Sashikomuster ein. Nähen Sie die Zickzacklinien in Richtung des roten Pfeils in der Skizze, die gestuften Linien in Richtung des blauen. Näheres zum Sticken von Sashiko finden Sie auf den Seiten 40–41.

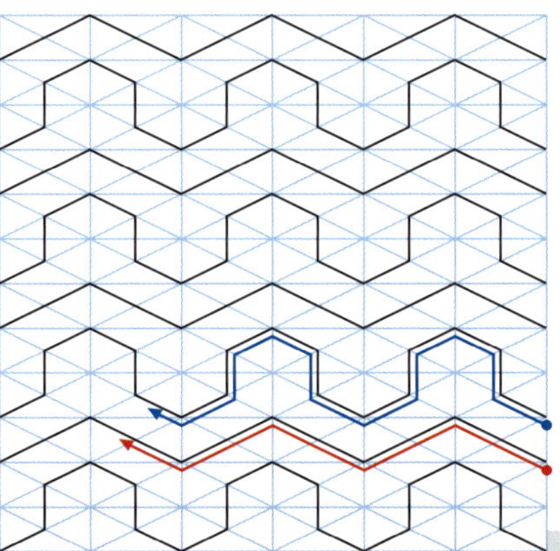

103 *Tomoe ume*

(Pflaumenblüte mit kommaförmigen Blättern)

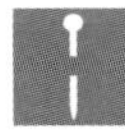

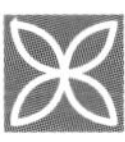

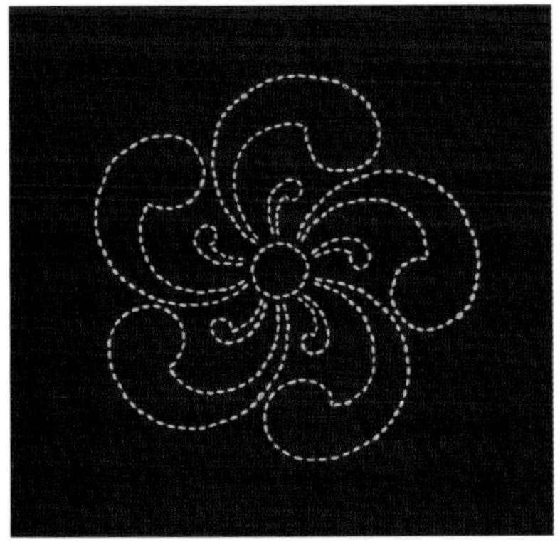

Für ein appliziertes Wappen schneiden Sie Stoffteile für die Bereiche der Vorlage zu, die von durchgehenden Linien begrenzt sind.

Das Wappen sticken

Schneiden Sie ein 19,5 x 19,5 cm großes Stoffquadrat zu. Vergrößern Sie die Vorlage um 190 % und übertragen Sie das Muster auf den Stoff; es muß mittig im Block sitzen. Nähen Sie entlang der Musterlinien; sticken Sie zuerst den Kreis in der Mitte, dann die einzelnen Blütenblätter. Näheres zum Sticken von Sashiko finden Sie auf den Seiten 40–41.

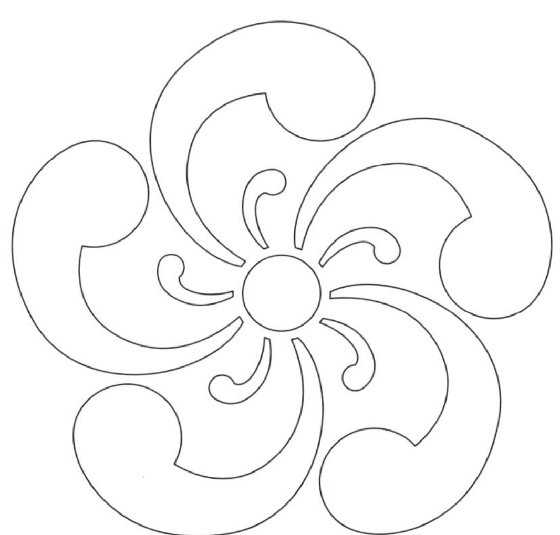

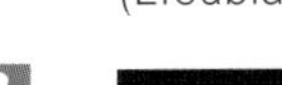

104 *Tsuta*

(Efeublatt)

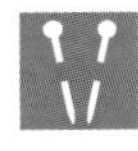

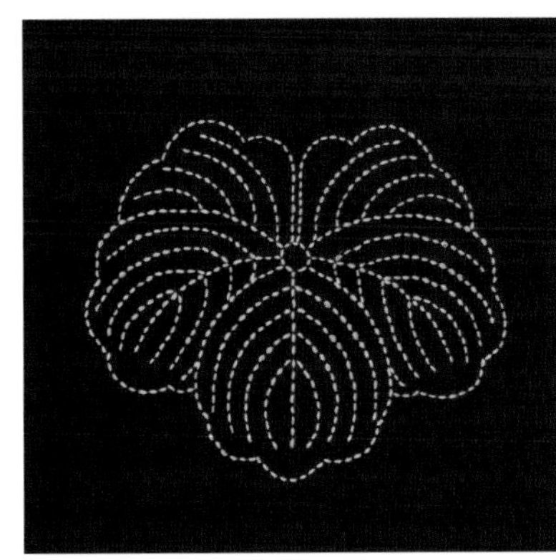

Für ein appliziertes Wappen schneiden Sie Stoffteile für die Bereiche der Vorlage zu, die von durchgehenden Linien begrenzt sind. Sticken Sie die Details in Vorstich gemäß der gestrichelten Linien.

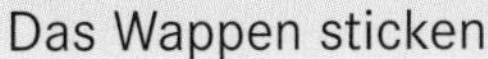

Das Wappen sticken

Schneiden Sie ein 19,5 x 19,5 cm großes Stoffquadrat zu. Vergrößern Sie die Vorlage um 190 % und übertragen Sie das Muster auf den Stoff; es muß mittig im Block sitzen. Nähen Sie entlang der Musterlinien; sticken Sie zuerst die Umrisse der Blätter, dann die Blattrippen. Näheres zum Sticken von Sashiko finden Sie auf den Seiten 40-41.

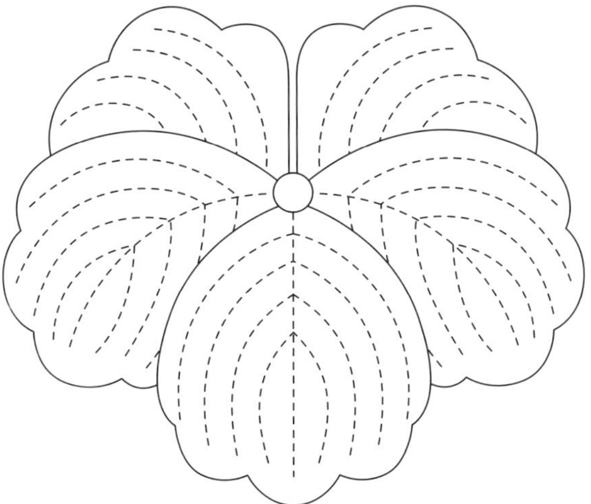

105 *Yama*

(Berg)

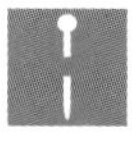
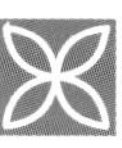
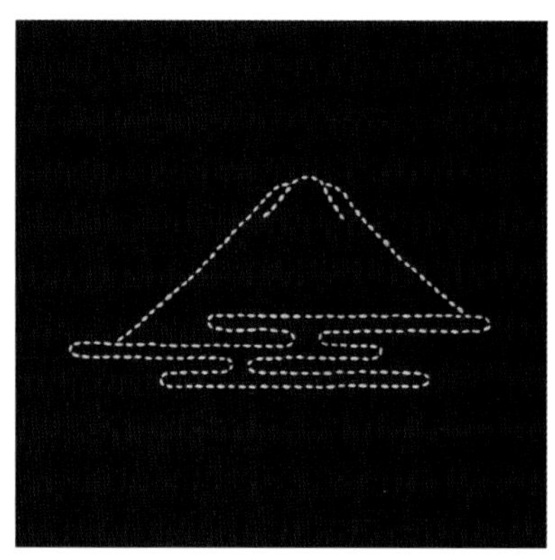

Für ein appliziertes Wappen schneiden Sie Stoffteile für die Bereiche der Vorlage zu, die von durchgehenden Linien begrenzt sind. Sticken Sie die Details in Vorstich gemäß der gestrichelten Linien.

Das Wappen sticken

Schneiden Sie ein 19,5 x 19,5 cm großes Stoffquadrat zu. Vergrößern Sie die Vorlage um 190 %, und übertragen Sie das Muster auf den Stoff; es muß mittig im Block sitzen. Nähen Sie entlang der Musterlinien, beginnen Sie mit der Wolke. Näheres zum Sticken von Sashiko finden Sie auf den Seiten 40–41.

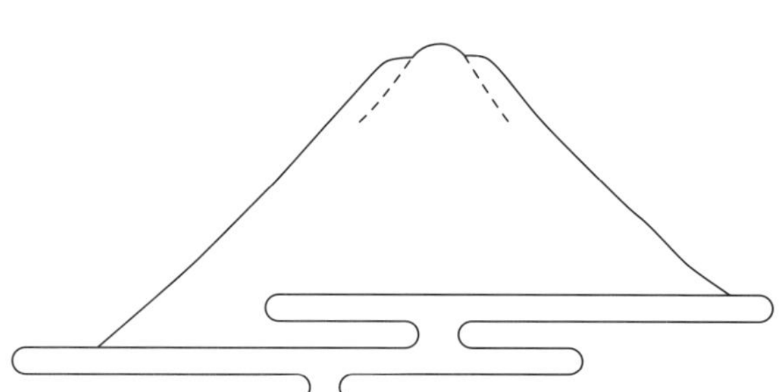

106 *Mitsu ichō*

(Drei Gingkoblätter)

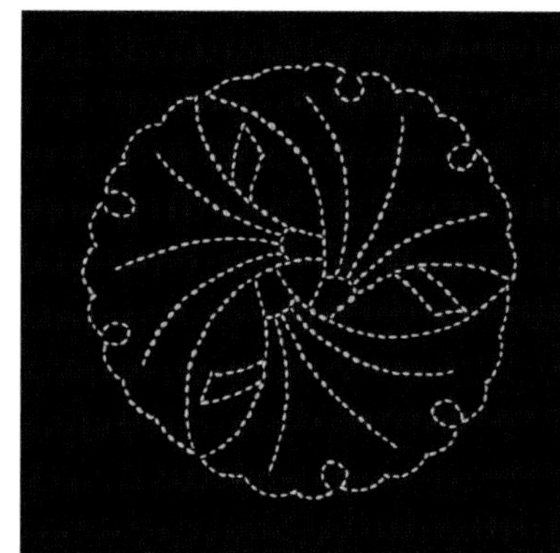

Für ein appliziertes Wappen schneiden Sie Stoffteile für die Bereiche der Vorlage zu, die von durchgehenden Linien begrenzt sind. Beachten Sie, daß sich die Blattstiele überlappen. Sticken Sie die Details in Vorstich gemäß der gestrichelten Linien.

Das Wappen sticken

Schneiden Sie ein 19,5 x 19,5 cm großes Stoffquadrat zu. Vergrößern Sie die Vorlage um 190 %, und übertragen Sie das Muster auf den Stoff; es muß mittig im Block sitzen. Nähen Sie entlang der Musterlinien, beginnen Sie mit dem Umriß des ersten Blattes. Näheres zum Sticken von Sashiko finden Sie auf den Seiten 40–41.

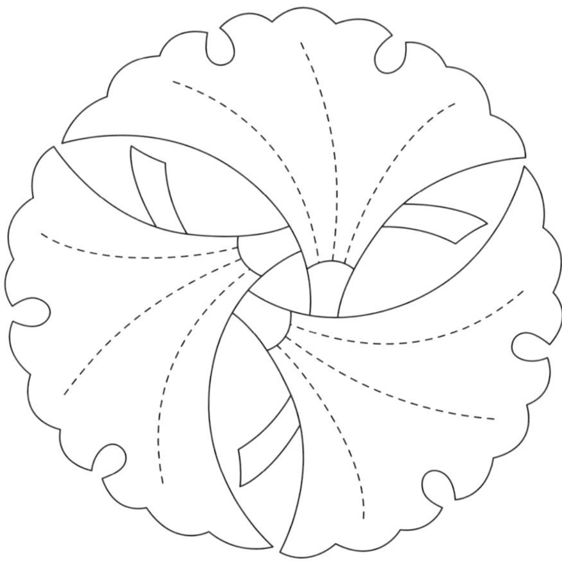

07

Nami

(Welle)

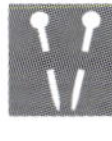

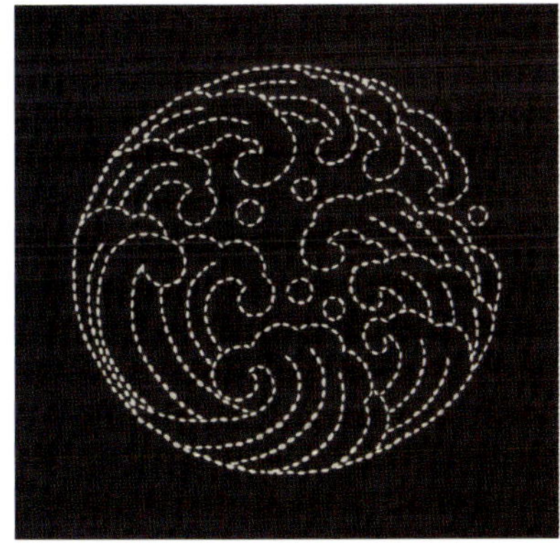

Für ein appliziertes Wappen schneiden Sie Stoffteile für die Bereiche der Vorlage zu, die von durchgehenden Linien begrenzt sind. Sticken Sie die Details in Vorstich gemäß der gestrichelten Linien. Nach Wunsch können Sie die Wellen auch aus mehreren Teilen zusammensetzen und die Wellenkämme mit schattiertem Stoff betonen.

Das Wappen sticken

Schneiden Sie ein 19,5 x 19,5 cm großes Stoffquadrat zu. Vergrößern Sie die Vorlage um 190 %, und übertragen Sie das Muster auf den Stoff; es muß mittig im Block sitzen. Nähen Sie entlang der Musterlinien, beginnen Sie mit dem Umriß der untersten Welle. Näheres zum Sticken von Sashiko finden Sie auf den Seiten 40–41.

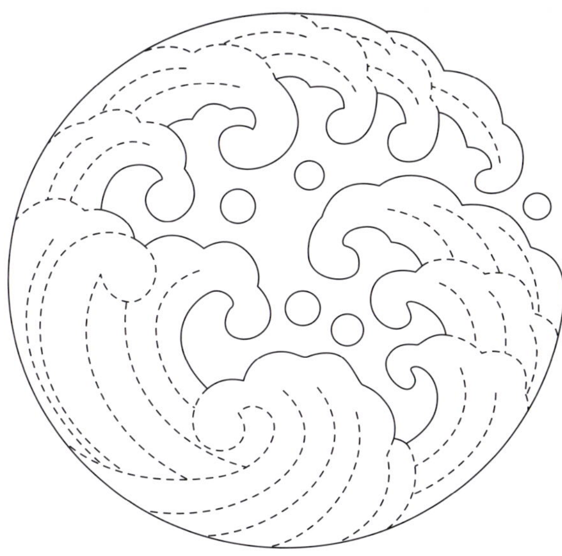

Frisch gemischt

Vorschläge für Blockkombinationen

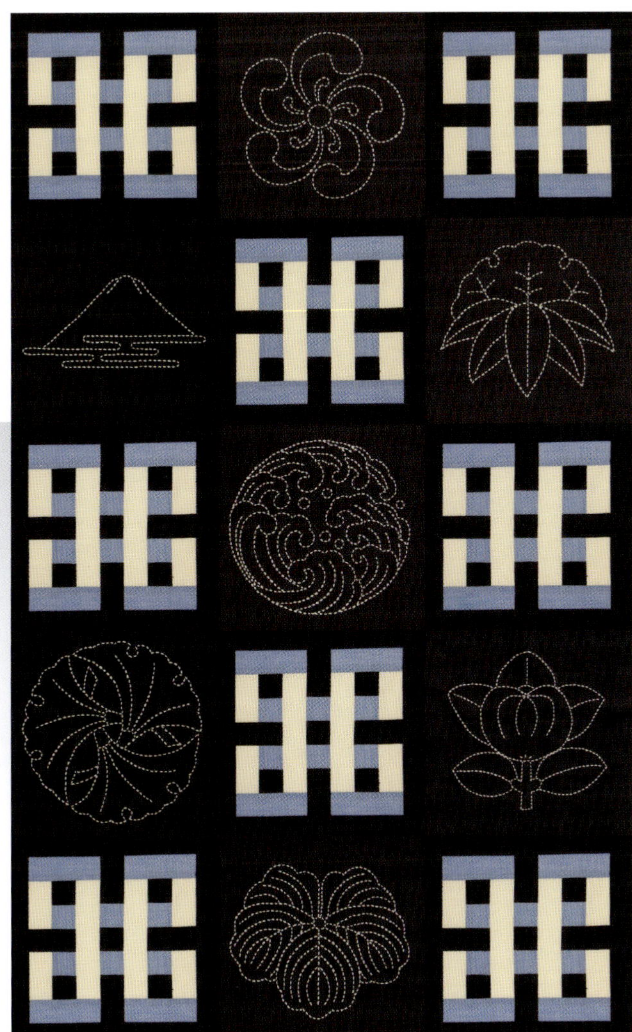

Abbildung oben, von links oben:
8 x Block 14 und je 1 x Block 103, 105, 108, 107, 106, 112 und 104.

108 *Yukimochi sasa*

(Bambus mit Schneeflocke)

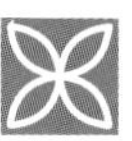
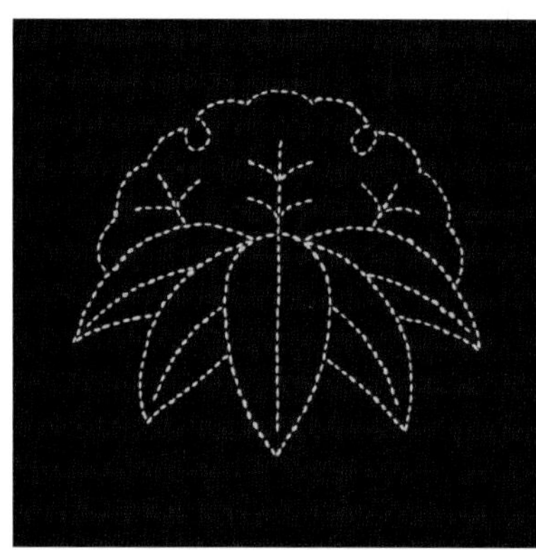

Für ein appliziertes Wappen schneiden Sie Stoffteile für die Bereiche der Vorlage zu, die von durchgehenden Linien begrenzt sind. Sticken Sie die Details in Vorstich gemäß der gestrichelten Linien. In gestreiftem Stoff wirken die Blätter noch realistischer.

Das Wappen sticken

Schneiden Sie ein 19,5 x 19,5 cm großes Stoffquadrat zu. Vergrößern Sie die Vorlage um 190 %, und übertragen Sie das Muster auf den Stoff; es muß mittig im Block sitzen. Nähen Sie entlang der Musterlinien, beginnen Sie mit dem Umriß des untersten Blattes. Näheres zum Sticken von Sashiko finden Sie auf den Seiten 40–41.

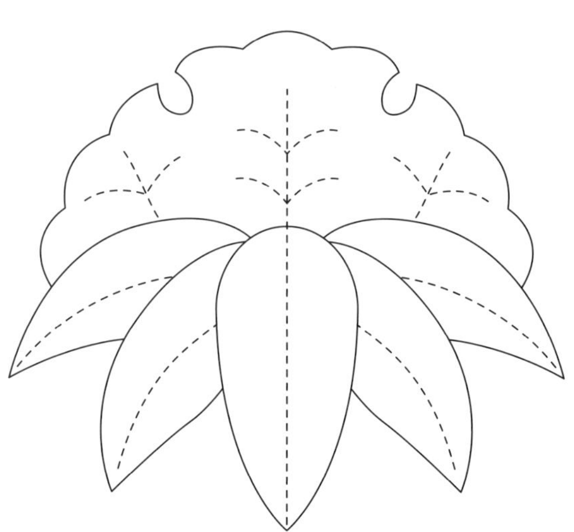

109 *Karabana*

(Chinesische Phantasieblume)

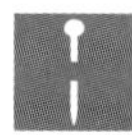
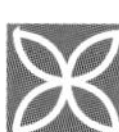
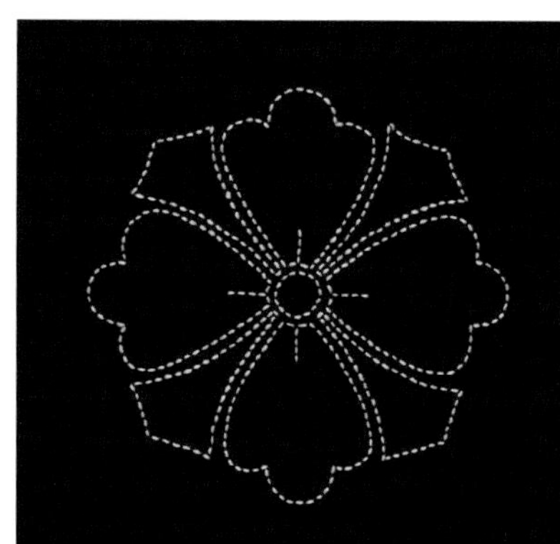

Für ein appliziertes Wappen schneiden Sie Stoffteile für die Bereiche der Vorlage zu, die von durchgehenden Linien begrenzt sind. Sticken Sie die Details in Vorstich gemäß der gestrichelten Linien. Wählen Sie für den Mittelkreis und die gerundeten Blütenblätter denselben Stoff, für die schwertförmigen Blätter einen anderen.

Das Wappen sticken

Schneiden Sie ein 19,5 x 19,5 cm großes Stoffquadrat zu. Vergrößern Sie die Vorlage um 190 %, und übertragen Sie das Muster auf den Stoff; es muß mittig im Block sitzen. Nähen Sie entlang der Musterlinien; sticken Sie zuerst den Kreis in der Mitte, dann jedes gerundete Blatt und jede Schwertklinge. Näheres zum Sticken von Sashiko finden Sie auf den Seiten 40–41.

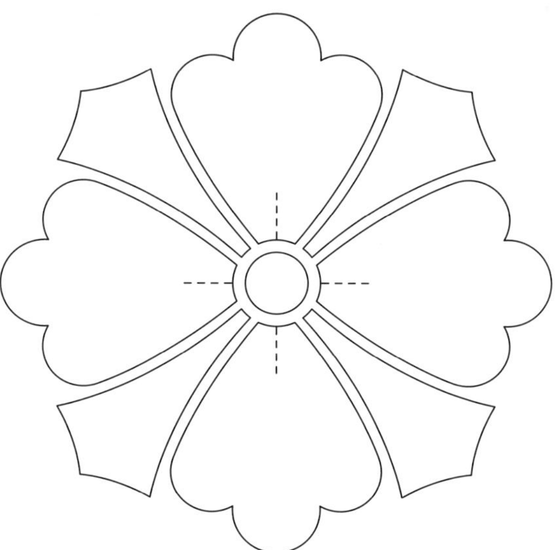

10 *Kiri*

(Blüten und Blatt des Kaiserbaums)

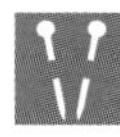
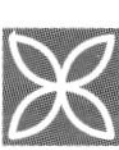

Für ein appliziertes Wappen schneiden Sie Stoffteile für die Bereiche der Vorlage zu, die von durchgehenden Linien begrenzt sind. Sticken Sie die Details in Vorstich gemäß der gestrichelten Linien. In schattierten oder marmorierten Stoffen wirken die Blätter noch realistischer.

Das Wappen sticken

Schneiden Sie ein 19,5 x 19,5 cm großes Stoffquadrat zu. Vergrößern Sie die Vorlage um 190 %, und übertragen Sie das Muster auf den Stoff; es muß mittig im Block sitzen. Nähen Sie entlang der Musterlinien; beginnen Sie mit dem Umriß des untersten Blattes. Näheres zum Sticken von Sashiko finden Sie auf den Seiten 40–41.

111 *Tsuki ni kumo*

(Mond)

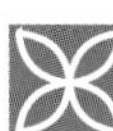
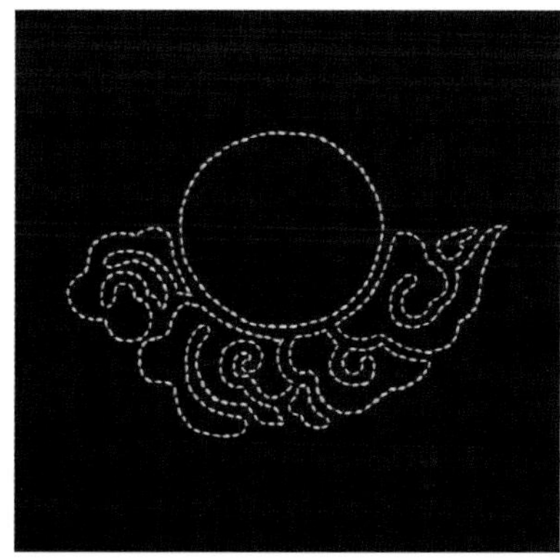

Für ein appliziertes Wappen schneiden Sie Stoffteile für die Bereiche der Vorlage zu, die von durchgehenden Linien begrenzt sind. Wählen Sie für den Mond Stoff in einem blassen Farbton, damit er um so stärker leuchtet.

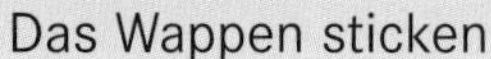

Das Wappen sticken

Schneiden Sie ein 19,5 x 19,5 cm großes Stoffquadrat zu. Vergrößern Sie die Vorlage um 190 %, und übertragen Sie das Muster auf den Stoff; es muß mittig im Block sitzen. Nähen Sie entlang der Musterkonturen, beginnen Sie mit der untersten Wolke. Näheres zum Sticken von Sashiko finden Sie auf den Seiten 40–41.

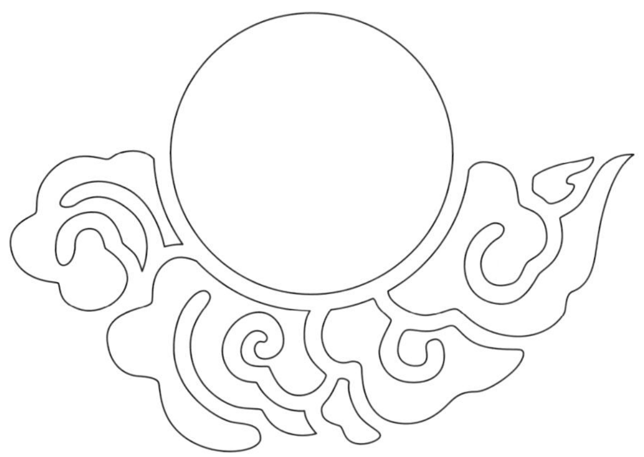

112 *Tachibana*

(Japanische Orangenblüte)

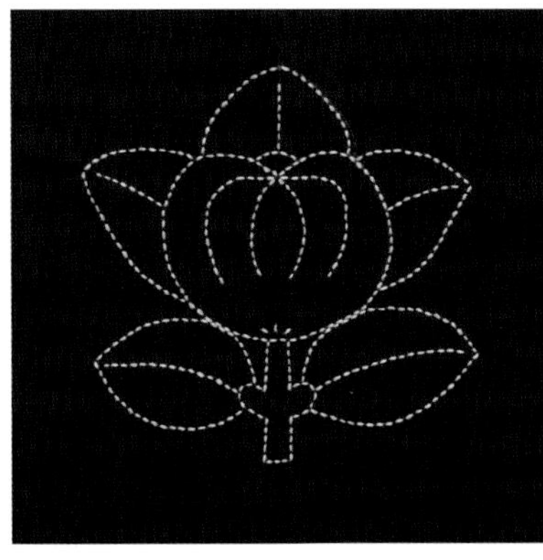

Für ein appliziertes Wappen schneiden Sie Stoffteile für die Bereiche der Vorlage zu, die von durchgehenden Linien begrenzt sind. Sticken Sie die Details in Vorstich gemäß der gestrichelten Linien. Wählen Sie für die Blätter unterhalb und hinter der Blüte denselben Stoff.

Das Wappen sticken

Schneiden Sie ein 19,5 x 19,5 cm großes Stoffquadrat zu. Vergrößern Sie die Vorlage um 190 %, und übertragen Sie das Muster auf den Stoff; es muß mittig im Block sitzen. Nähen Sie entlang der Musterlinien, beginnen Sie mit der Blüte in der Mitte. Näheres zum Sticken von Sashiko finden Sie auf den Seiten 40–41.

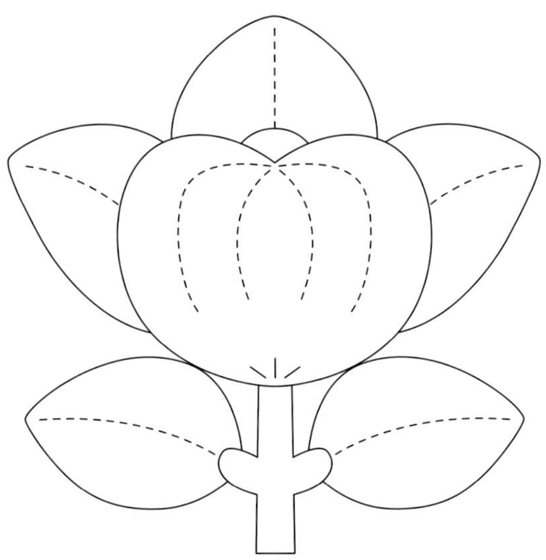

113 *Maru tsuru*

(Kranichkreis)

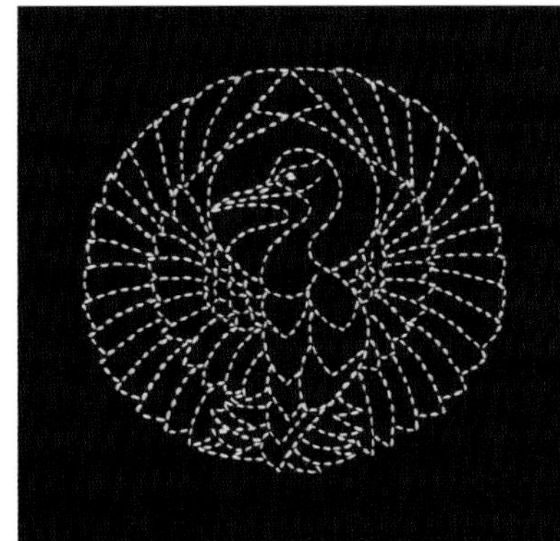

Für ein appliziertes Wappen schneiden Sie Stoffteile für die Bereiche der Vorlage zu, die von durchgehenden Linien begrenzt sind. Sticken Sie die Details in Vorstich gemäß der gestrichelten Linien. Nähen Sie die Flügel aus weißem und hellgrauem Stoff, den Schwanz aus schwarzem und den Körper vom Kopf über den Hals im Farbverlauf von Schwarz bis Weiß.

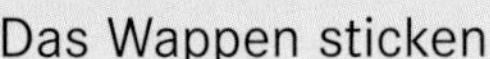

Das Wappen sticken

Schneiden Sie ein 19,5 x 19,5 cm großes Stoffquadrat zu. Vergrößern Sie die Vorlage um 190 %, und übertragen Sie das Muster auf den Stoff; es muß mittig im Block sitzen. Nähen Sie entlang der Musterlinien, beginnen Sie mit dem Umriß des Vogelkörpers. Näheres zum Sticken von Sashiko finden Sie auf den Seiten 40–41.

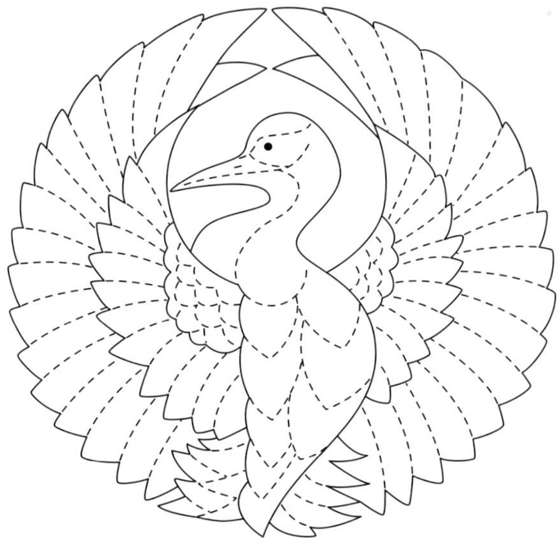

114 *Sakura*

(Kirschblüte)

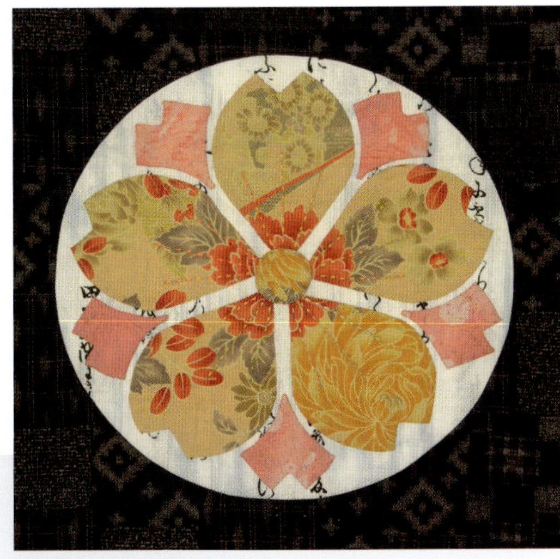

Lassen Sie nach Wunsch den Kreis für den Hintergrund weg. Für Sashiko übertragen Sie das Muster mit Hilfe der Vorlage auf den Hintergrundstoff und sticken dann entlang aller durchgehenden und gestrichelten Linien.

ZUSCHNITT

A 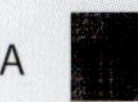

B 

C 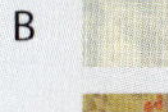

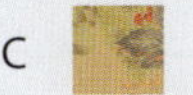

D 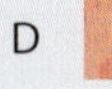

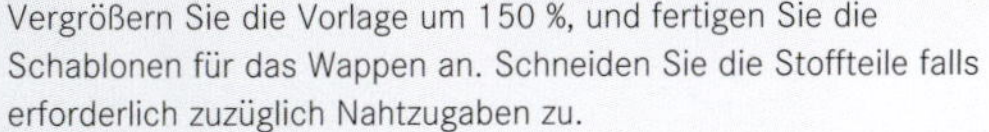

Vergrößern Sie die Vorlage um 150 %, und fertigen Sie die Schablonen für das Wappen an. Schneiden Sie die Stoffteile falls erforderlich zuzüglich Nahtzugaben zu.

- A Ein 19,5 x 19,5 cm großes Quadrat, bei dem in der Mitte ein Kreis von 14 cm Durchmesser herausgeschnitten wurde.
- B Ein Kreis von 16 cm Durchmesser.
- C Fünf große Blütenblätter.
- C Ein kleiner Mittelkreis.
- D Fünf kleine Blütenblätter.

Nähen

Setzen Sie den großen Kreis in das Quadrat ein (Seite 36). Applizieren Sie alle Teile des Wappens auf diesen Hintergrundkreis. Sticken Sie die Details für die großen Blütenblätter in Vorstich entsprechend der gestrichelten Linien. Näheres zum Applizieren finden Sie auf den Seiten 38–39.

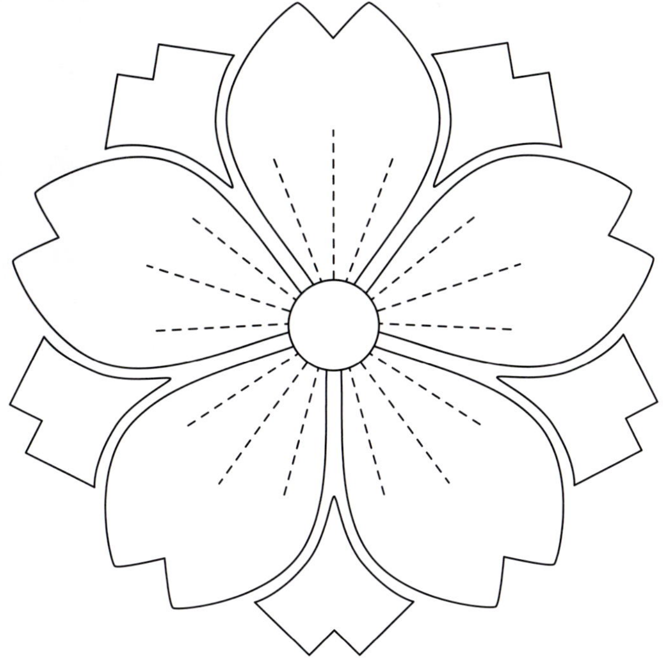

115 *Mitsuho no maru*

(Schiffssegel)

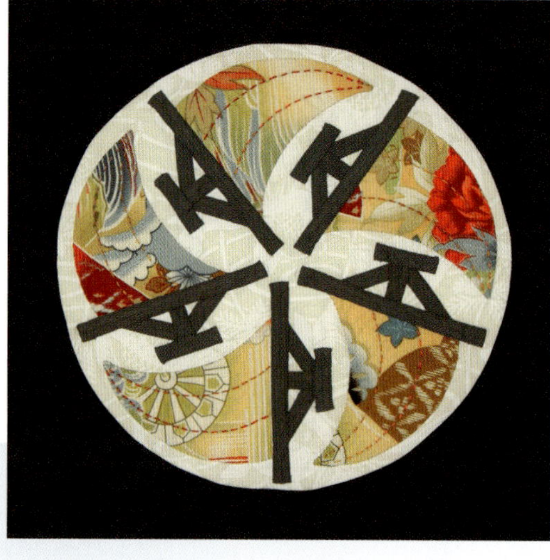

Lassen Sie nach Wunsch den Kreis für den Hintergrund weg. Für Sashiko übertragen Sie das Muster mit Hilfe der Vorlage auf den Hintergrundstoff und sticken dann entlang aller durchgehenden und gestrichelten Linien.

ZUSCHNITT

A 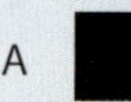
B  
C 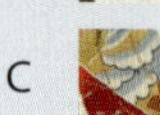
D 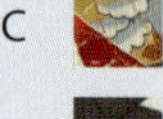 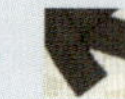

Vergrößern Sie die Vorlage um 150 %, und fertigen Sie die Schablonen für das Wappen an. Schneiden Sie die Stoffteile falls erforderlich zuzüglich Nahtzugaben zu.

- A Ein 19,5 x 19,5 cm großes Quadrat, bei dem in der Mitte ein Kreis von 14 cm Durchmesser herausgeschnitten wurde.
- B Ein Kreis von 16 cm Durchmesser.
- C Fünf Segel.
- D Etwa 1 m Schrägband zum Aufbügeln, 6 mm breit.

Nähen

Setzen Sie den großen Kreis in das Quadrat ein (Seite 36). Applizieren Sie die Segel auf diesen Hintergrundkreis, ohne die geraden Schnittkanten umzufalten oder festzunähen. Applizieren Sie das Schrägband wie folgt: jeweils zuerst die beiden schrägen Teile, dann das kurze senkrechte für den Mast und zuletzt die beiden waagrechten Teile. Sticken Sie die Details für die Segel in Vorstich entsprechend der gestrichelten Linien. Näheres zum Applizieren finden Sie auf den Seiten 38–39.

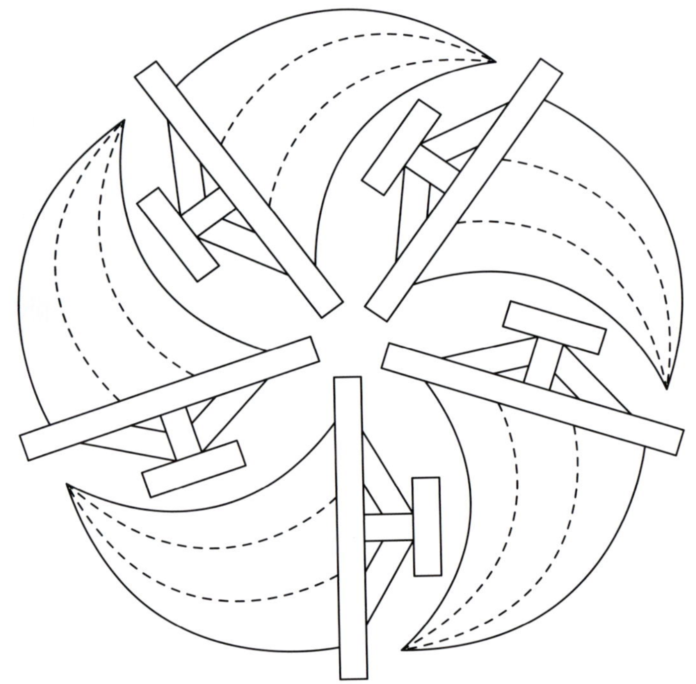

116 *Mitsuya*

(Drei Pfeile)

Schneiden Sie die Federpaare so aus gestreiftem Stoff zu, daß die Streifen symmetrisch angeordnet sind und schräg nach innen zeigen. Lassen Sie nach Wunsch den Kreis für den Hintergrund weg. Für Sashiko übertragen Sie das Muster mit Hilfe der Vorlage auf den Hintergrundstoff und sticken dann entlang aller durchgehenden und gestrichelten Linien.

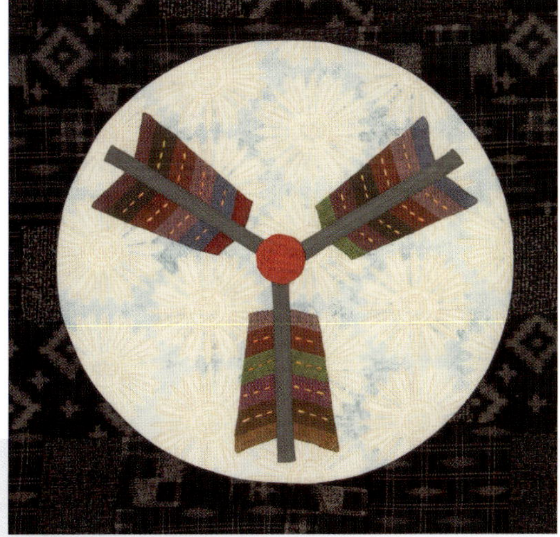

Frisch gemischt

Vorschläge für Blockkombinationen

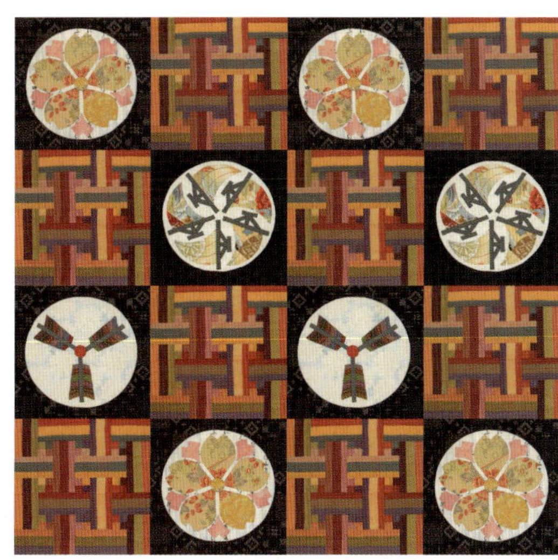

Abbildung oben, von links oben: 4 x Block 114, 8 x Block 51, 2 x Block 115 und 2 x Block 116.

ZUSCHNITT

A 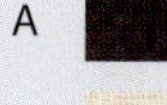

B 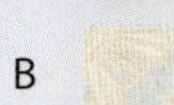

C 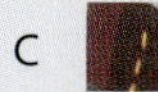

D 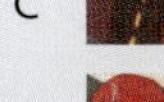 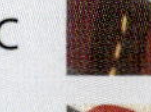

E 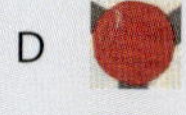

Vergrößern Sie die Vorlage um 150 %, und fertigen Sie die Schablonen für das Wappen an. Schneiden Sie die Stoffteile falls erforderlich zuzüglich Nahtzugaben zu.

- A Ein 19,5 x 19,5 cm großes Quadrat, bei dem in der Mitte ein Kreis von 14 cm Durchmesser herausgeschnitten wurde.
- B Ein Kreis von 16 cm Durchmesser.
- C Drei Paar Pfeilfedern.
- D Ein kleiner Mittelkreis.
- E Etwa 30 cm Schrägband zum Aufbügeln, 6 mm breit.

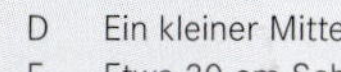

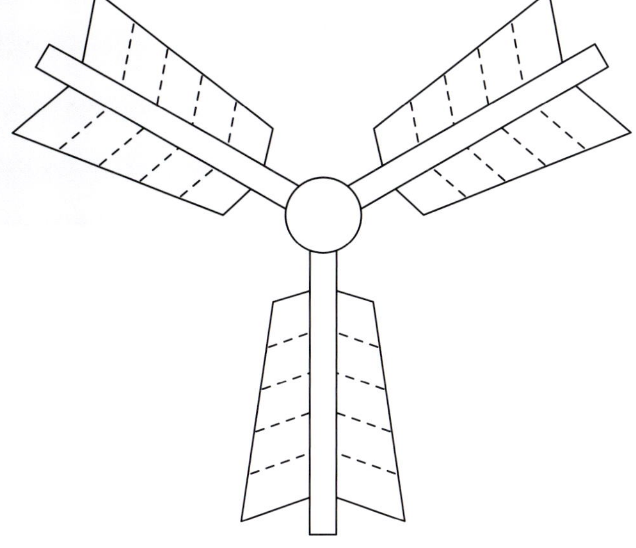

Nähen

Setzen Sie den großen Kreis in das Quadrat ein (Seite 36). Applizieren Sie die Pfeilfedern auf diesen Hintergrundkreis, ohne die nach innen zeigenden langen Schnittkanten umzufalten oder festzunähen, und vergewissern Sie sich, daß diese Kanten später durch das Schrägband verdeckt werden. Applizieren Sie zuerst das Schrägband, dann den Mittelkreis. Sticken Sie die Details für die Federn in Vorstich entsprechend der gestrichelten Linien. Näheres zum Applizieren finden Sie auf den Seiten 38–39.

117 *Ōgi*

(Faltbarer Fächer)

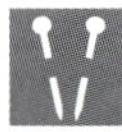

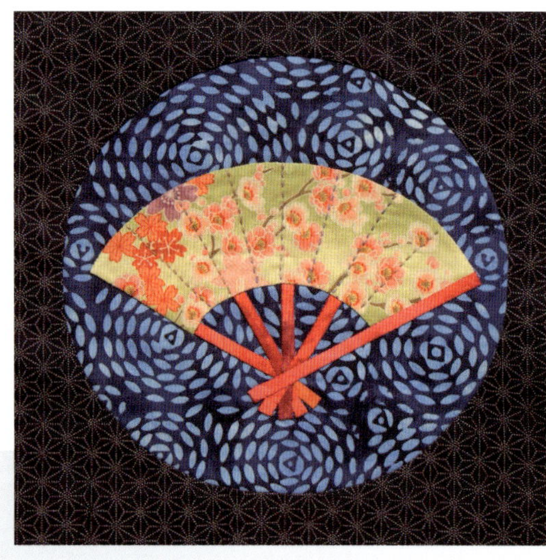

Lassen Sie nach Wunsch den Kreis für den Hintergrund weg. Für Sashiko übertragen Sie das Muster mit Hilfe der Vorlage auf den Hintergrundstoff und sticken dann entlang aller durchgehenden und gestrichelten Linien.

ZUSCHNITT

A  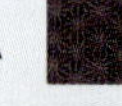

B 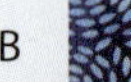

C 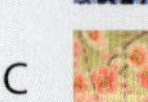

D 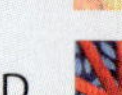

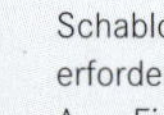

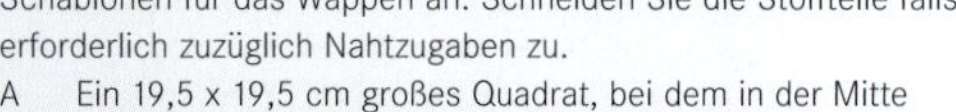

Vergrößern Sie die Vorlage um 150 %, und fertigen Sie die Schablonen für das Wappen an. Schneiden Sie die Stoffteile falls erforderlich zuzüglich Nahtzugaben zu.

- A Ein 19,5 x 19,5 cm großes Quadrat, bei dem in der Mitte ein Kreis von 14 cm Durchmesser herausgeschnitten wurde.
- B Ein Kreis von 16 cm Durchmesser.
- C Ein Fächerpapier.
- D Etwa 1 m Schrägband zum Aufbügeln, 6 mm breit.

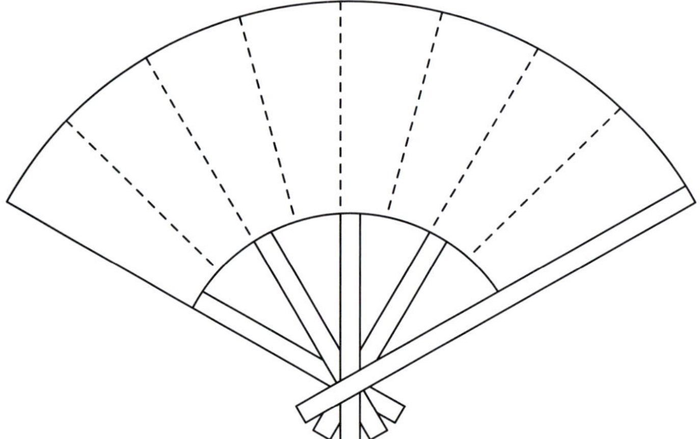

Nähen

Setzen Sie den großen Kreis in das Quadrat ein (Seite 36). Applizieren Sie das Fächerpapier auf diesen Hintergrundkreis, ohne die rechte gerade Schnittkante umzufalten oder festzunähen. Applizieren Sie das Schrägband wie folgt: zuerst die vier kurzen Stäbe des Fächers, dann den langen – dieser muß die rechte Schnittkante des Fächerpapiers verdecken. Sticken Sie die Details für das Fächerpapier in Vorstich entsprechend der gestrichelten Linien. Näheres zum Applizieren finden Sie auf den Seiten 38–39.

118 *Genji guruma*

(Wagenrad)

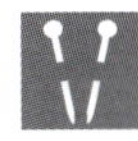

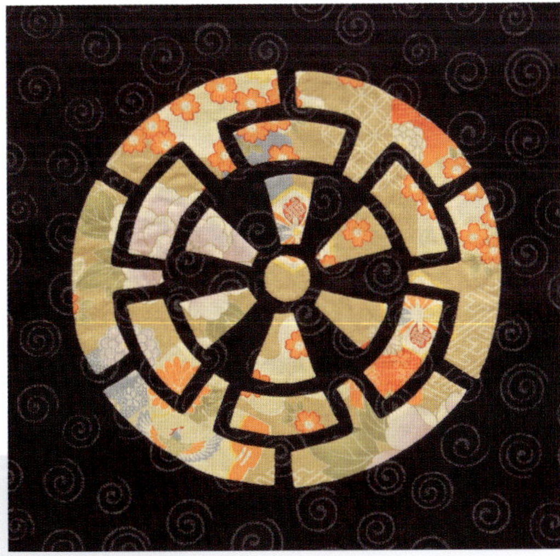

Für Sashiko übertragen Sie das Muster mit Hilfe der Vorlage auf den Hintergrundstoff und sticken dann entlang aller Linien.

ZUSCHNITT

A  

B 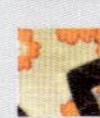 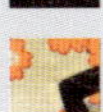

Vergrößern Sie die Vorlage um 150 %, und fertigen Sie die Schablonen für das Wappen an. Schneiden Sie die Stoffteile falls erforderlich zuzüglich Nahtzugaben zu.

A Ein Quadrat, 19,5 x 19,5 cm groß.
B Sechs Außenteile für den Reifen.
B Sechs Innenteile für den Reifen.
B Sechs Speichen.
B Ein kleiner Mittelkreis.

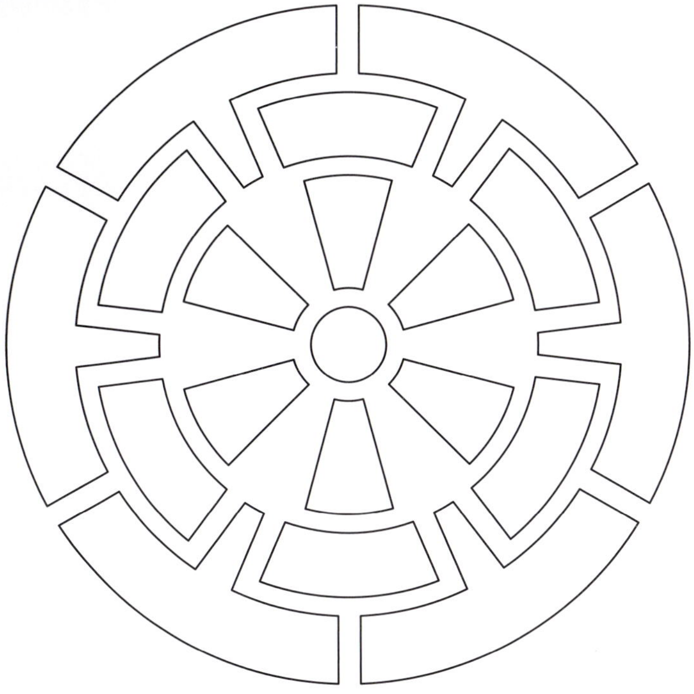

Nähen

Applizieren Sie alle Teile auf das Hintergrundquadrat. Näheres zum Applizieren finden Sie auf den Seiten 38–39.

119 *Tomoe*

(Komma oder Wirbel)

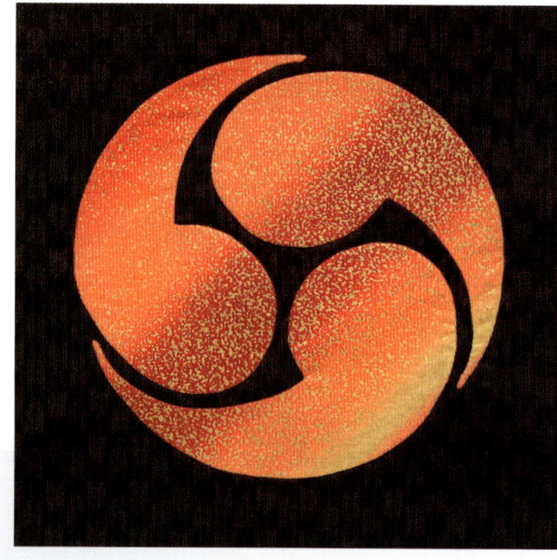

Für Sashiko übertragen Sie das Muster mit Hilfe der Vorlage auf den Hintergrundstoff und sticken dann entlang aller Linien.

ZUSCHNITT

A 

B 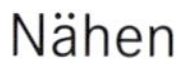

Vergrößern Sie die Vorlage um 150 %, und fertigen Sie die Schablonen für das Wappen an. Schneiden Sie die Stoffteile falls erforderlich zuzüglich Nahtzugaben zu.

A Ein Quadrat, 19,5 x 19,5 cm groß.

B Drei Kommas, entweder unabhängig voneinander zugeschnitten oder so aus einem einzigen Stück Stoff, daß sich das Muster über alle drei Teile fortsetzt.

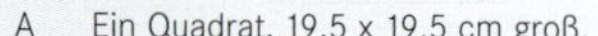

Nähen

Applizieren Sie alle Teile auf das Hintergrundquadrat. Näheres zum Applizieren finden Sie auf den Seiten 38–39.

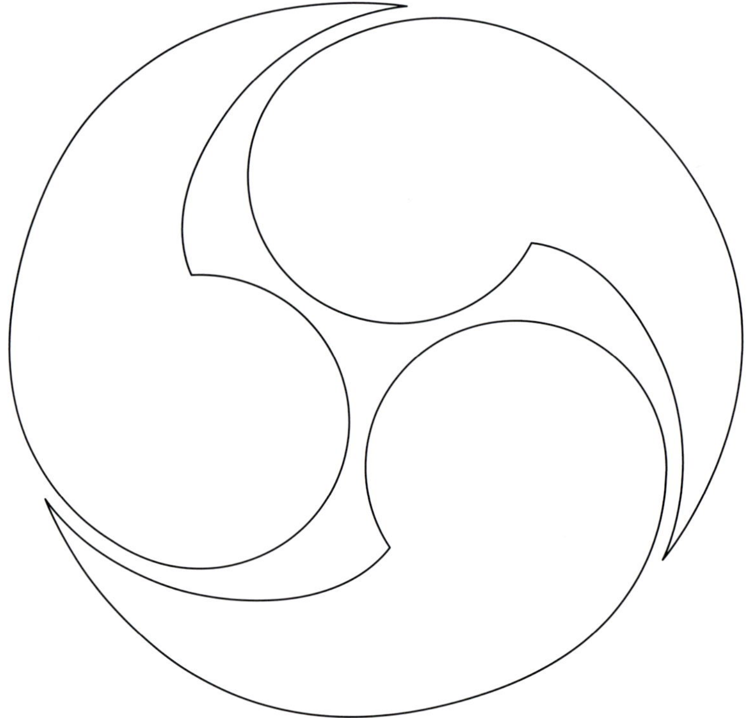

120 *Mitsu ume*

(Drei Pflaumenblüten)

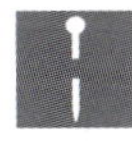

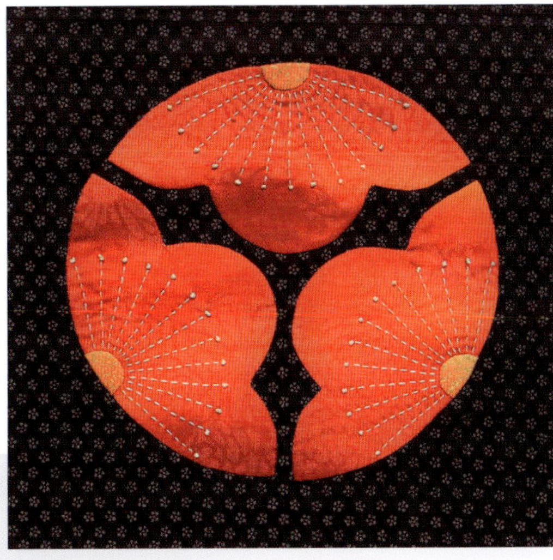

Für Sashiko übertragen Sie das Muster mit Hilfe der Vorlage auf den Hintergrundstoff und sticken dann entlang aller durchgehenden und gestrichelten Linien.

ZUSCHNITT

A 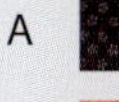

B 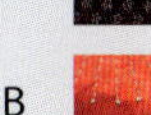

C 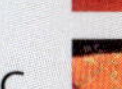 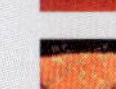

Vergrößern Sie die Vorlage um 150 % und fertigen Sie die Schablonen für das Wappen an. Schneiden Sie die Stoffteile falls erforderlich zuzüglich Nahtzugaben zu.

- A Ein Quadrat, 19,5 x 19,5 cm groß.
- B Drei Blüten, entweder unabhängig voneinander zugeschnitten oder so aus einem einzigen Stück Stoff, daß sich das Muster über alle Teile fortsetzt.
- C Drei Mittelteile für die Blüten.

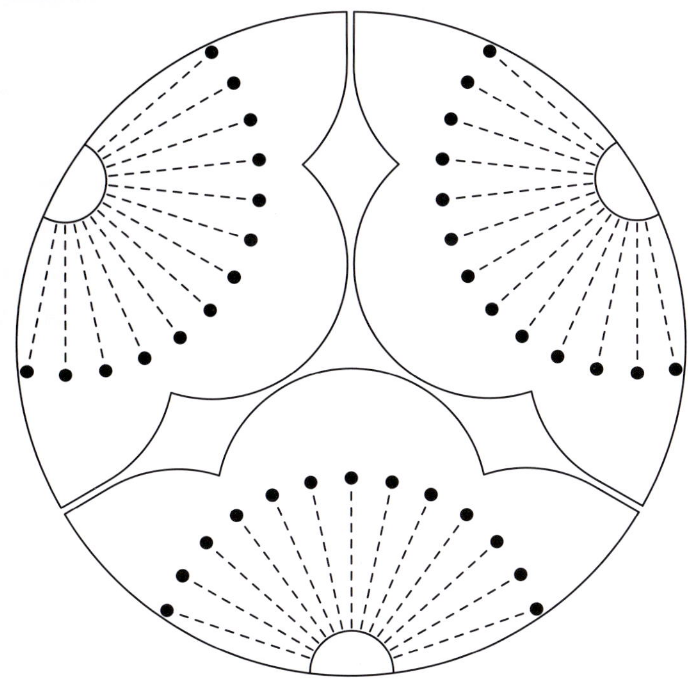

Nähen

Applizieren Sie alle Teile auf das Hintergrundquadrat. Sticken Sie die Details für die Blüten in Vorstich entsprechend der gestrichelten Linien; beenden Sie jede Linie mit einem Knötchenstich (siehe die Punkte in der Vorlage). Näheres zum Applizieren finden Sie auf den Seiten 38–39.

121 *Kikkō tsuru*

(Kranichsechseck)

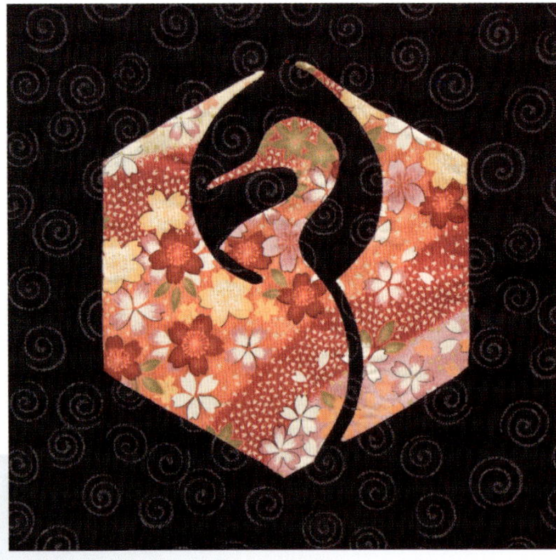

Für Sashiko übertragen Sie das Muster mit Hilfe der Vorlage auf den Hintergrundstoff und sticken dann entlang aller Linien.

ZUSCHNITT

A 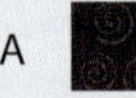 

B 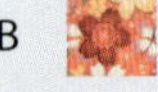

Vergrößern Sie die Vorlage um 150 %, und fertigen Sie die Schablonen für das Wappen an. Schneiden Sie die Stoffteile falls erforderlich zuzüglich Nahtzugaben zu.

A Ein Quadrat, 19,5 x 19,5 cm groß.

B Ein Sechseck mit Kranich, aus einem einzigen Stoffstück so zugeschnitten, daß sich das Muster des einen Teils auf dem anderen fortsetzt.

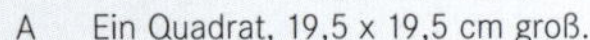

Nähen

Applizieren Sie beide Teile auf das Hintergrundquadrat. Näheres zum Applizieren finden Sie auf den Seiten 38–39.

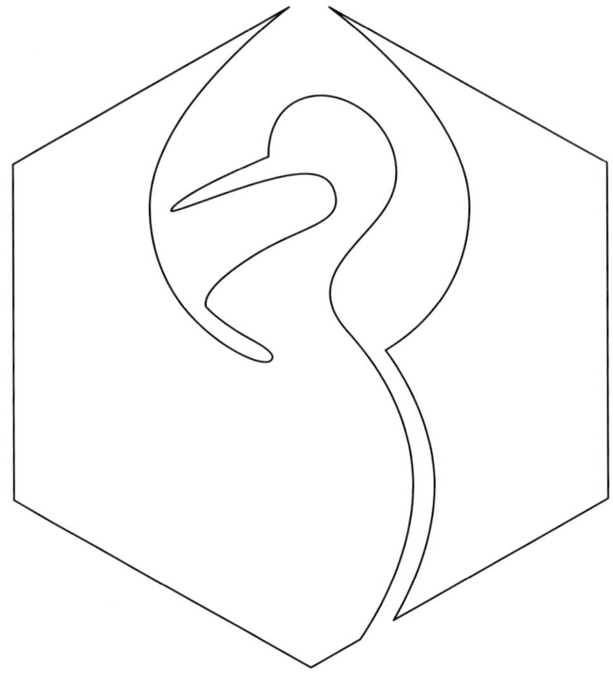

122 *Mitsu fuji tomoe*

(Dreifacher Glyzinienwirbel)

Für Sashiko übertragen Sie das Muster mit Hilfe der Vorlage auf den Hintergrundstoff und sticken dann entlang aller durchgehenden und gestrichelten Linien.

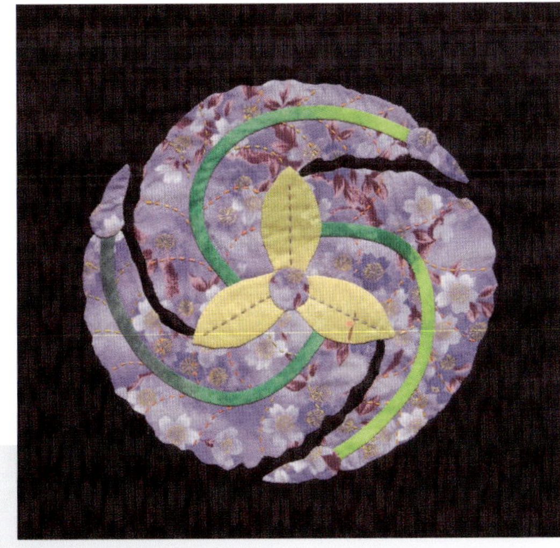

Frisch gemischt

Vorschläge für Blockkombinationen

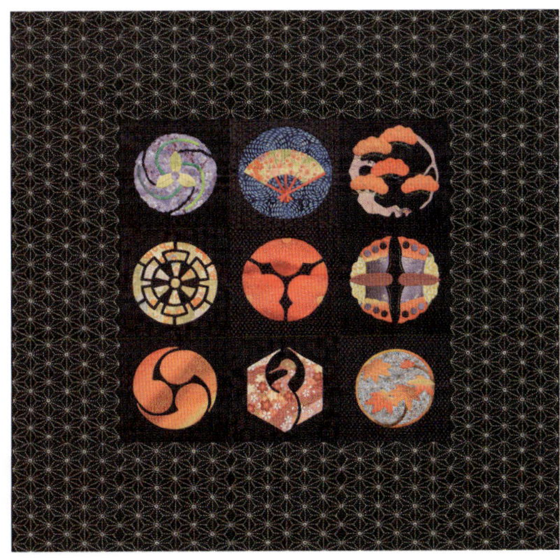

Abbildung oben, von links oben: 16 x Block 97, je 1 x Block 122, 117, 124, 118, 120, 125, 119, 121 und 123.

ZUSCHNITT

A 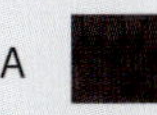

B 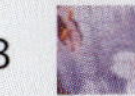

C 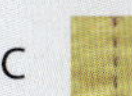

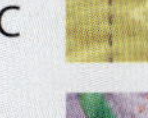

D 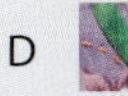

Vergrößern Sie die Vorlage um 150 %, und fertigen Sie die Schablonen für das Wappen an. Schneiden Sie die Stoffteile falls erforderlich zuzüglich Nahtzugaben zu.

- A Ein Quadrat, 19,5 x 19,5 cm groß.
- B Drei Glyzinien-Blütentrauben (jede Blütentraube besteht aus einem einzigen Stoffteil, das links und rechts unter dem Schrägband hervorragt). Schneiden Sie sie aus einem einzigen Stück Stoff so zu, daß sich das Muster über alle Teile fortsetzt.
- B Drei Blütenspitzen.
- B Eine kleine runde Knospe.
- C Drei Blätter.
- D Etwa 60 cm Schrägband zum Aufbügeln, 6 mm breit.

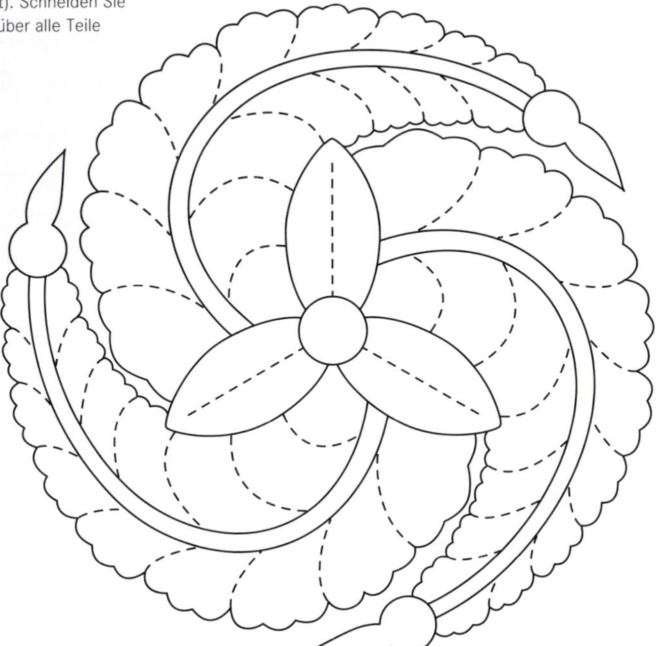

Nähen

Applizieren Sie alle Teile und das Schrägband auf das Hintergrundquadrat; formen Sie das Band nach der Vorlage behutsam zu Bogen, und ordnen Sie die Teile wie dort einander überlappend an. Schnittkanten, die von einem anderen Teil verdeckt werden, müssen Sie nicht umfalten oder festnähen. Sticken Sie die Details für die Blätter und Blütentrauben in Vorstich entsprechend der gestrichelten Linien. Näheres zum Applizieren finden Sie auf den Seiten 38–39.

123 *Momiji*

(Ahornblätter)

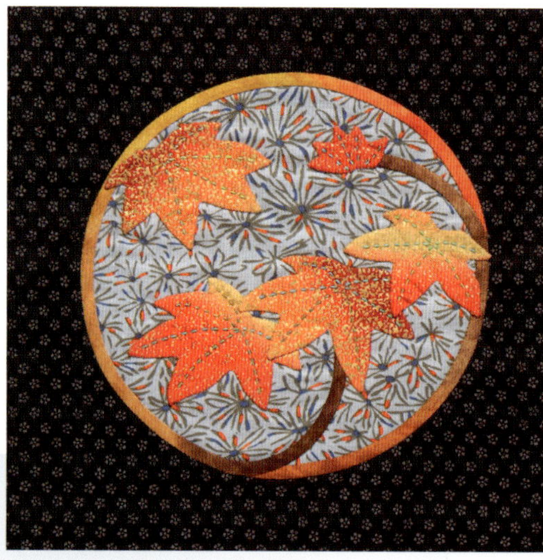

Für Sashiko übertragen Sie das Muster mit Hilfe der Vorlage auf den Hintergrundstoff und sticken dann entlang aller durchgehenden und gestrichelten Linien.

ZUSCHNITT

A 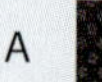

B  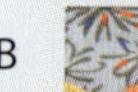

C 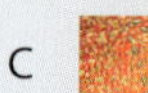 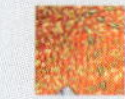 

D  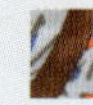

Vergrößern Sie die Vorlage um 150 %, und fertigen Sie die Schablonen für das Wappen an. Schneiden Sie die Stoffteile falls erforderlich zuzüglich Nahtzugaben zu.

A Ein Quadrat, 19,5 x 19,5 cm groß.
B Ein Kreis von 15 cm Durchmesser.
C Fünf Ahornblätter von verschiedener Größe.
D Etwa 1 m Schrägband zum Aufbügeln, 6 mm breit.

Nähen

Applizieren Sie alle Teile und das Schrägband auf das Hintergrundquadrat; formen Sie das Band nach der Vorlage behutsam zu Bogen, und ordnen Sie die Teile wie dort einander überlappend an. Schnittkanten, die wie die des großen Kreises von einem anderen Teil verdeckt werden, müssen Sie nicht umfalten oder festnähen. Sticken Sie die Details für die Ahornblätter in Vorstich entsprechend der gestrichelten Linien. Näheres zum Applizieren finden Sie auf den Seiten 38–39.

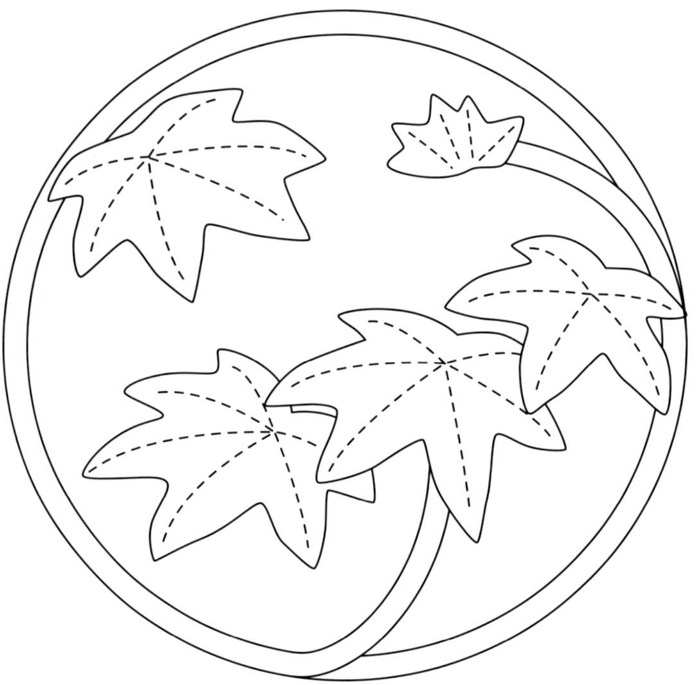

124 *Matsu*

(Kiefer)

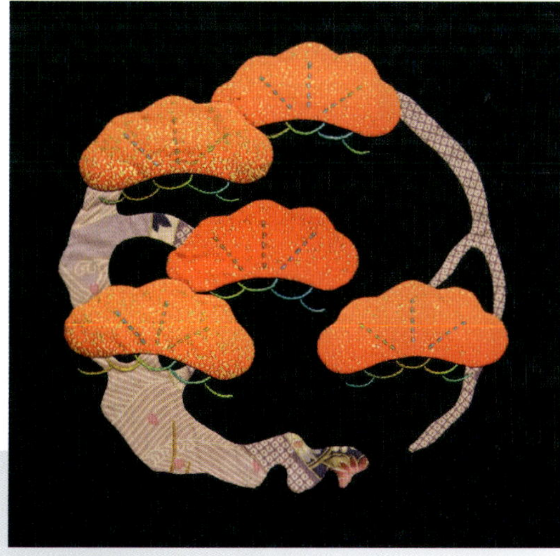

Für Sashiko übertragen Sie das Muster mit Hilfe der Vorlage auf den Hintergrundstoff und sticken dann entlang aller durchgehenden und gestrichelten Linien.

ZUSCHNITT

A 

B  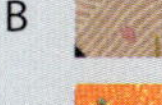

C 

Vergrößern Sie die Vorlage um 150 %, und fertigen Sie die Schablonen für das Wappen an. Schneiden Sie die Stoffteile falls erforderlich zuzüglich Nahtzugaben zu.

- A Ein Quadrat, 19,5 x 19,5 cm groß.
- B Baumstamm in drei Teilen.
- C Fünf Kiefernäste.

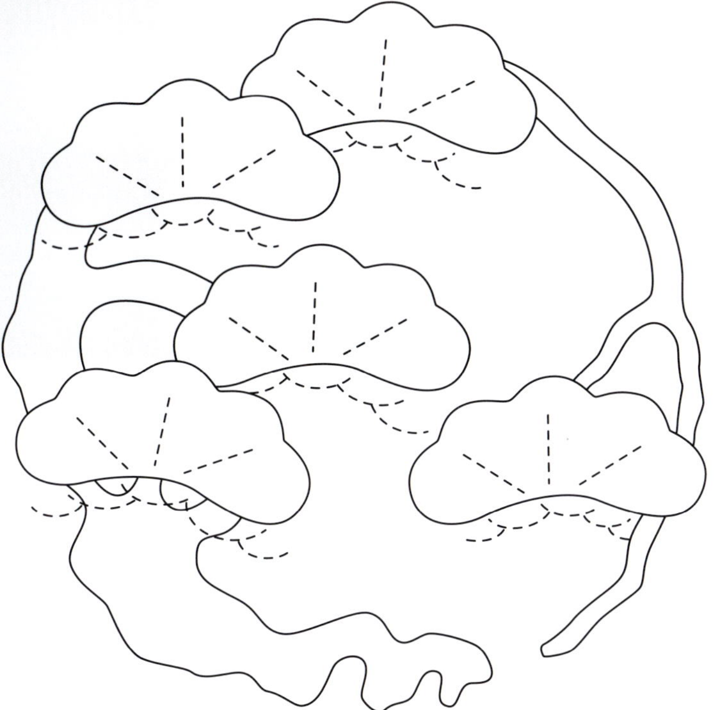

Nähen

Applizieren Sie alle Teile auf das Hintergrundquadrat, ordnen Sie sie gemäß der Vorlage einander überlappend an. Schnittkanten, die von einem anderen Teil verdeckt werden, müssen Sie nicht umfalten oder festnähen. Sticken Sie entsprechend der gestrichelten Linien die Details innerhalb der Äste in Vorstich und die bogenförmigen dünnen Zweige unterhalb der Äste in Stielstich. Näheres zum Applizieren finden Sie auf den Seiten 38–39.

125 *Mukai chō*

(Einander zugewandte Schmetterlinge)

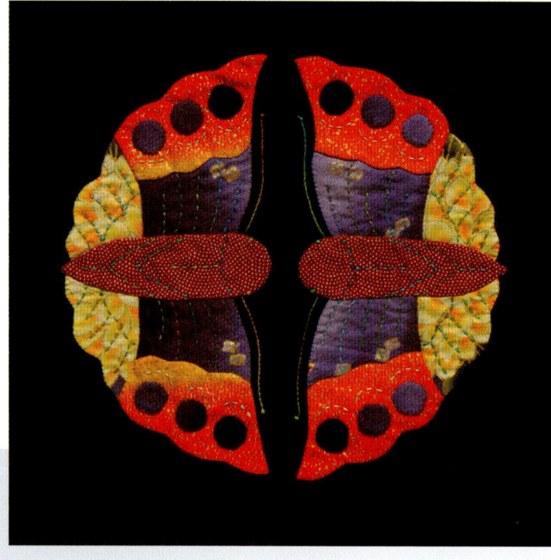

Für Sashiko übertragen Sie das Muster mit Hilfe der Vorlage auf den Hintergrundstoff und sticken dann entlang aller durchgehenden und gestrichelten Linien.

ZUSCHNITT

A  

B 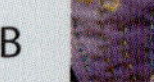 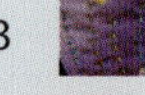

C 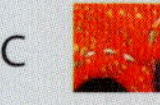

D 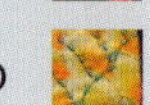 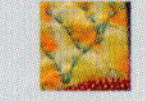

E 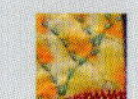 

Vergrößern Sie die Vorlage um 150 %, und fertigen Sie die Schablonen für das Wappen an. Schneiden Sie die Stoffteile falls erforderlich zuzüglich Nahtzugaben zu.

- A Ein Quadrat, 19,5 x 19,5 cm groß.
- B Zwei Paar Innenteile für die vorderen Flügel.
- B Zwölf kleine Kreise.
- C Zwei Paar Außenteile für die vorderen Flügel.
- D Zwei Paar hintere Flügel.
- E Zwei Schmetterlingskörper.

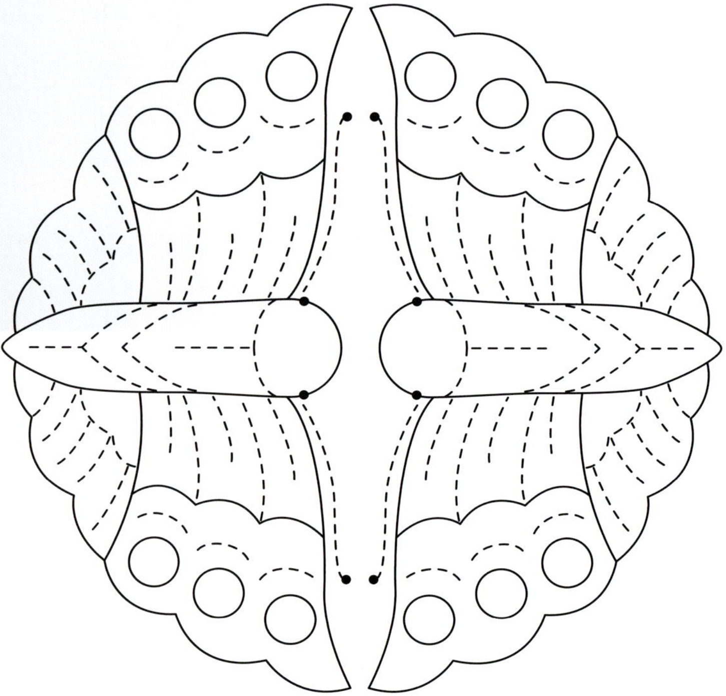

Nähen

Applizieren Sie alle Teile auf das Hintergrundquadrat, ordnen Sie sie gemäß der Vorlage einander überlappend an. Bitte beachten Sie, daß die vorderen Flügel die Schnittkanten der hinteren verbergen und die Außenteile der vorderen Flügel die Schnittkanten ihrer Innenteile. Schnittkanten, die von einem anderen Teil verdeckt werden, müssen Sie nicht umfalten oder festnähen. Sticken Sie entsprechend der gestrichelten Linien die Details innerhalb der Schmetterlinge in Vorstich, die Fühler in Stielstich und die Augen in Knötchenstich. Näheres zum Applizieren finden Sie auf den Seiten 38–39.

126 *Hōjyu*

(Zauberstein)

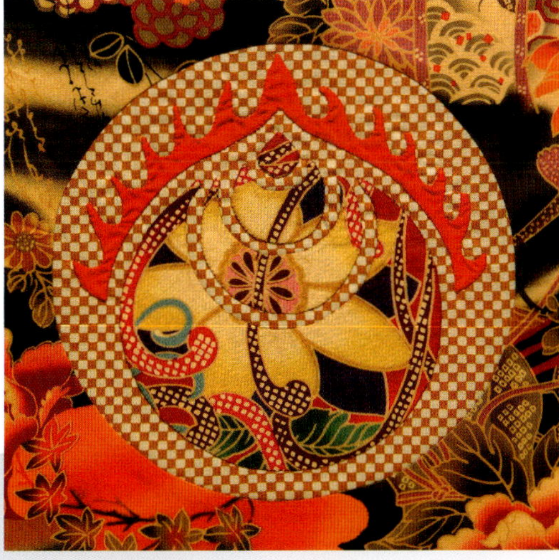

Lassen Sie nach Wunsch den Kreis für den Hintergrund weg, und wählen Sie statt dessen für Hintergrund und Motiv stärker kontrastierende Stoffe. Für Sashiko übertragen Sie das Muster mit Hilfe der Vorlage auf den Hintergrundstoff und sticken dann entlang aller Linien.

ZUSCHNITT

A 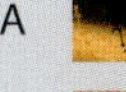 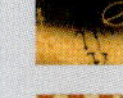

B 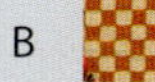 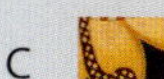

C 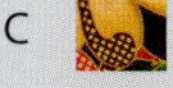

D 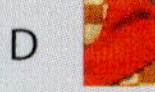

Vergrößern Sie die Vorlage um 150 %, und fertigen Sie die Schablonen für das *takarazukushi*-Motiv an. Schneiden Sie die Stoffteile falls erforderlich zuzüglich Nahtzugaben zu.

- A Ein 19,5 x 19,5 cm großes Quadrat, bei dem in der Mitte ein Kreis von 14 cm Durchmesser herausgeschnitten wurde.
- B Ein Kreis von 16 cm Durchmesser.
- C Ein Juwel aus vier abgestuften Teilen, aus einem einzigen Stück Stoff so zugeschnitten, daß sich das Muster über alle Teile fortsetzt.
- D Ein Teil für die Flammen.

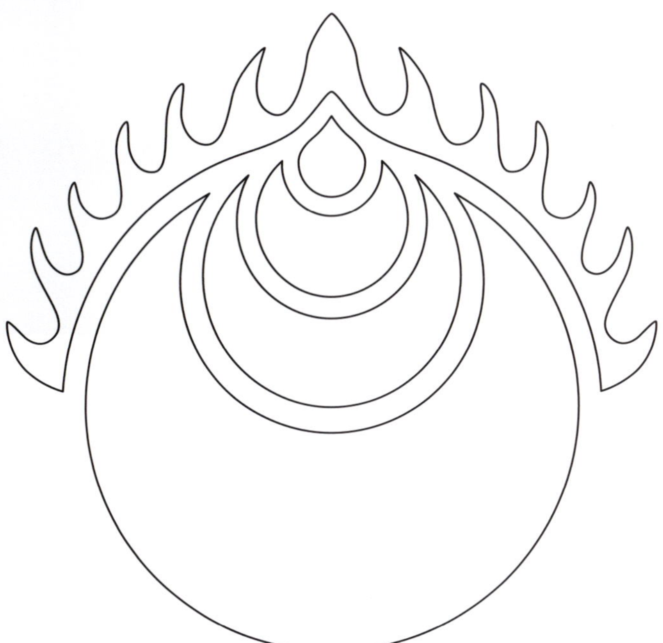

Nähen

Setzen Sie den großen Kreis in das Quadrat ein (Seite 36). Applizieren Sie alle Teile auf diesen Hintergrundkreis. Falls es Ihnen zu kompliziert ist, die züngelnden Flammen aufzunähen, bügeln Sie sie mit Haftvlies auf. Näheres zum Applizieren finden Sie auf den Seiten 38–39.

127 *Kakure gasa kakure mino*

(Strohhut und Tarnmantel)

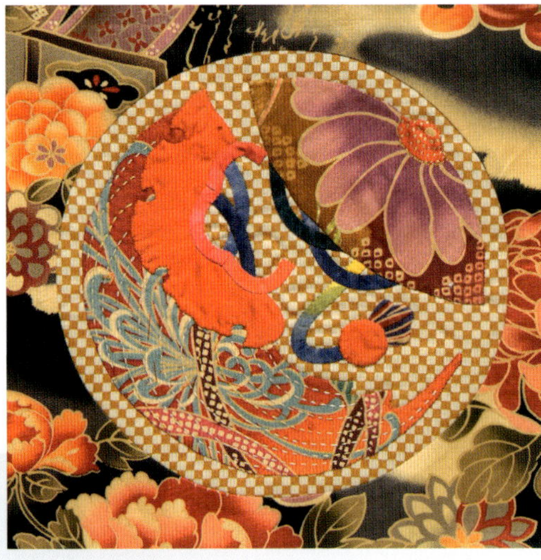

Lassen Sie nach Wunsch den Kreis für den Hintergrund weg, und wählen Sie statt dessen für Hintergrund und Motiv stärker kontrastierende Stoffe. Für Sashiko übertragen Sie das Muster mit Hilfe der Vorlage auf den Hintergrundstoff und sticken dann entlang aller durchgehenden und gestrichelten Linien.

ZUSCHNITT

A 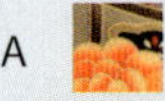
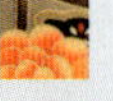
B 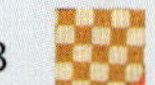
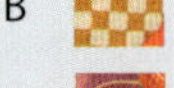
C 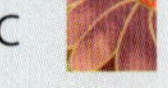
D 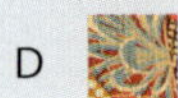
E 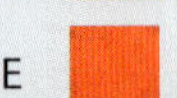

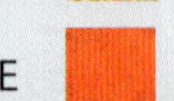
F 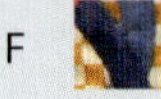

Vergrößern Sie die Vorlage um 150 %, und fertigen Sie die Schablonen für das *takarazukushi*-Motiv an. Schneiden Sie die Stoffteile falls erforderlich zuzüglich Nahtzugaben zu.

- A Ein 19,5 x 19,5 cm großes Quadrat, bei dem in der Mitte ein Kreis von 14 cm Durchmesser herausgeschnitten wurde.
- B Ein Kreis von 16 cm Durchmesser.
- C Ein ovaler Hut.
- D Eine Hutquaste.
- D Ein Umhang.
- E Ein Kragen.
- E Ein kleiner Kreis.
- F Etwa 60 cm Schrägband zum Aufbügeln, 6 mm breit.

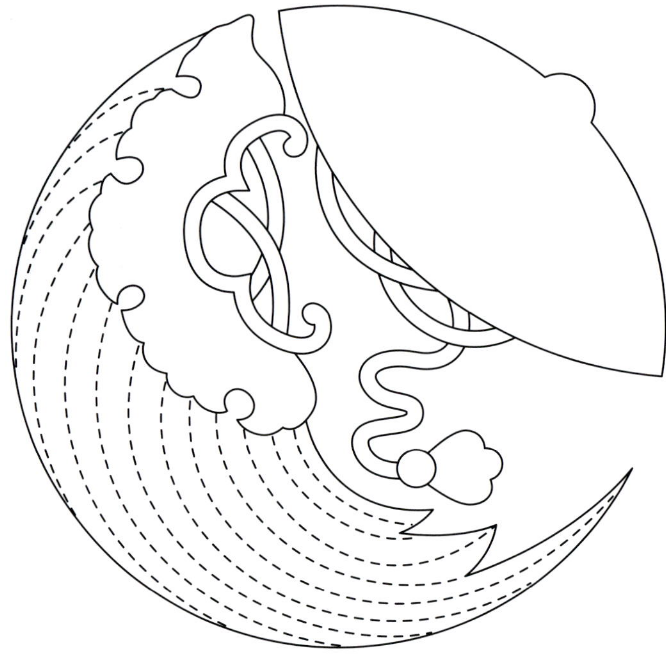

Nähen

Setzen Sie den großen Kreis in das Quadrat ein (Seite 36). Applizieren Sie alle Teile und das Schrägband auf diesen Hintergrundkreis; formen Sie das Band nach der Vorlage behutsam zu Bogen, und ordnen Sie die Teile wie dort einander überlappend an. Schnittkanten, die von einem anderen Teil verdeckt werden, müssen Sie nicht umfalten oder festnähen. Sticken Sie die Details für den Umhang in Vorstich entsprechend der gestrichelten Linien. Näheres zum Applizieren finden Sie auf den Seiten 38–39.

128 *Kinchaku*

(Schatzsäckchen)

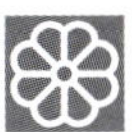

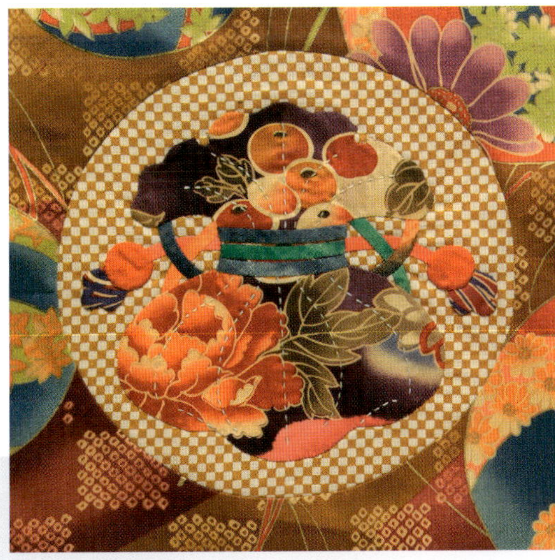

Lassen Sie nach Wunsch den Kreis für den Hintergrund weg und wählen Sie statt dessen für Hintergrund und Motiv stärker kontrastierende Stoffe. Für Sashiko übertragen Sie das Muster mit Hilfe der Vorlage auf den Hintergrundstoff und sticken dann entlang aller durchgehenden und gestrichelten Linien.

ZUSCHNITT

A 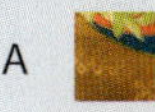

B 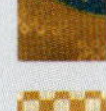

C 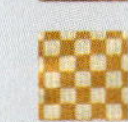

D 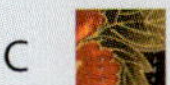

E 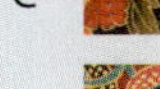

F 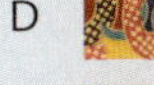

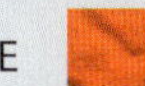

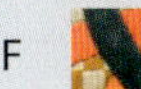

Vergrößern Sie die Vorlage um 150 %, und fertigen Sie die Schablonen für das *takarazukushi*-Motiv an. Schneiden Sie die Stoffteile falls erforderlich zuzüglich Nahtzugaben zu.

- A Ein 19,5 x 19,5 cm großes Quadrat, bei dem in der Mitte ein Kreis von 14 cm Durchmesser herausgeschnitten wurde.
- B Ein Kreis von 16 cm Durchmesser.
- C Ein Säckchen.
- D Zwei Quasten.
- E Zwei kleine Kreise.
- F Etwa 60 cm Schrägband zum Aufbügeln, 6 mm breit.

Nähen

Setzen Sie den großen Kreis in das Quadrat ein (Seite 36). Applizieren Sie alle Teile und das Schrägband auf diesen Hintergrundkreis; formen Sie das Band nach der Vorlage behutsam zu Bogen, und ordnen Sie die Teile wie dort einander überlappend an. Schieben Sie die Enden der auf dem Säckchen liegenden Schrägbandstreifen unter das Säckchen. Sticken Sie die Details für das Säckchen in Vorstich entsprechend der gestrichelten Linien. Näheres zum Applizieren finden Sie auf den Seiten 38–39.

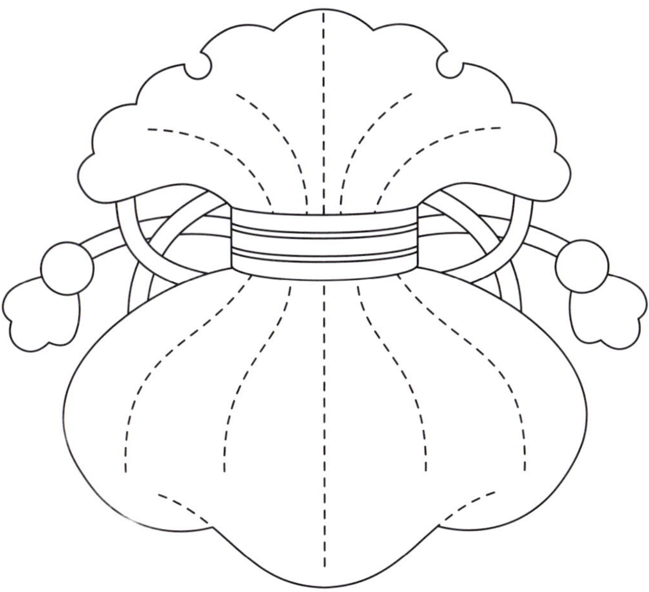

129 *Noshi*

(Zuwachs verheißendes Bündel aus Abalonestreifen)

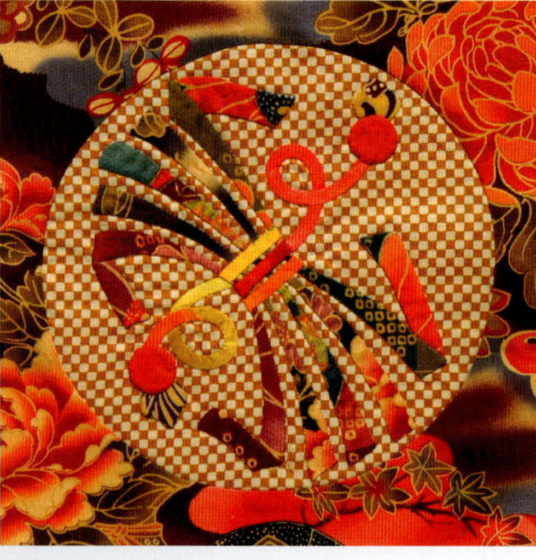

Lassen Sie nach Wunsch den Kreis für den Hintergrund weg, und wählen Sie statt dessen für Hintergrund und Motiv stärker kontrastierende Stoffe. Für Sashiko übertragen Sie das Muster mit Hilfe der Vorlage auf den Hintergrundstoff und sticken dann entlang aller Linien.

A 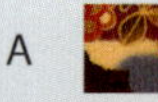

B 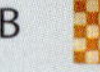

C 

D 

E 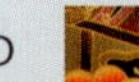

F 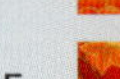

G 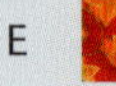

H 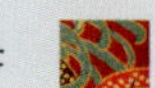

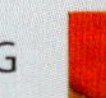

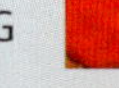

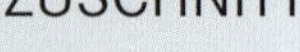

ZUSCHNITT

Vergrößern Sie die Vorlage um 150 %, und fertigen Sie die Schablonen für das *takarazukushi*-Motiv an. Schneiden Sie die Stoffteile falls erforderlich zuzüglich Nahtzugaben zu.

- A Ein 19,5 x 19,5 cm großes Quadrat, bei dem in der Mitte ein Kreis von 14 cm Durchmesser herausgeschnitten wurde.
- B Ein Kreis von 16 cm Durchmesser.
- C Der erste Streifen (von oben).
- D Der zweite und vierte Streifen (von oben).
- E Der dritte und fünfte Streifen (von oben).
- F Zwei Quasten.
- G Zwei kleine Kreise.
- H Etwa 60 cm Schrägband zum Aufbügeln, 6 mm breit.

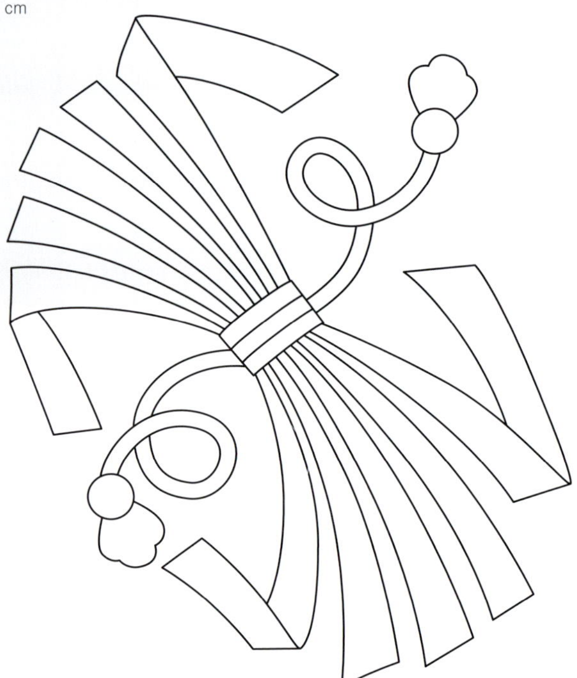

Nähen

Setzen Sie den großen Kreis in das Quadrat ein (Seite 36). Applizieren Sie alle Teile und das Schrägband auf diesen Hintergrundkreis; formen Sie das Band nach der Vorlage behutsam zu Schlaufen und ordnen Sie die Teile wie dort einander überlappend an. Näheres zum Applizieren finden Sie auf den Seiten 38–39.

130 *Hōyaku*

(Schatzhausschlüssel)

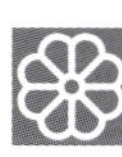

Lassen Sie nach Wunsch den Kreis für den Hintergrund weg, und wählen Sie statt dessen für Hintergrund und Motiv stärker kontrastierende Stoffe. Für Sashiko übertragen Sie das Muster mit Hilfe der Vorlage auf den Hintergrundstoff und sticken dann entlang aller Linien.

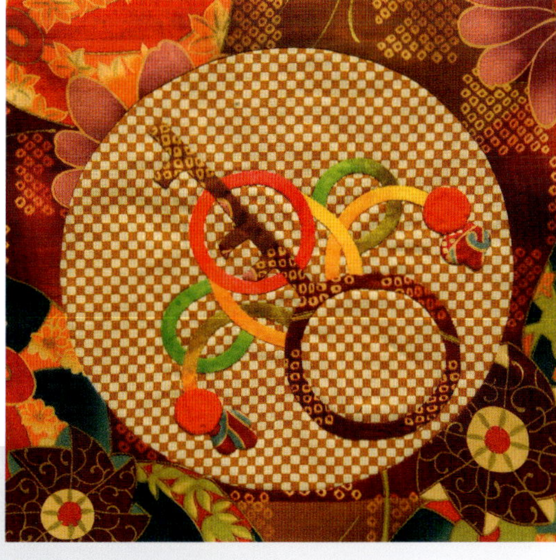

ZUSCHNITT

A 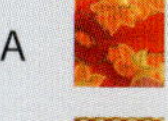

B 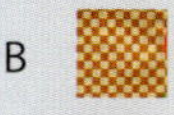

C 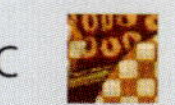

D 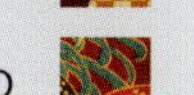

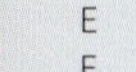

E 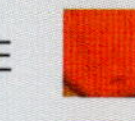

F 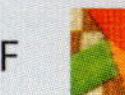

Vergrößern Sie die Vorlage um 150 %, und fertigen Sie die Schablonen für das *takarazukushi*-Motiv an. Schneiden Sie die Stoffteile falls erforderlich zuzüglich Nahtzugaben zu.

- A Ein 19,5 x 19,5 cm großes Quadrat, bei dem in der Mitte ein Kreis von 14 cm Durchmesser herausgeschnitten wurde.
- B Ein Kreis von 16 cm Durchmesser.
- C Ein Schlüssel.
- D Zwei Quasten.
- E Zwei kleine Kreise.
- F Etwa 1 m Schrägband zum Aufbügeln, 6 mm breit.

Nähen

Setzen Sie den großen Kreis in das Quadrat ein (Seite 36). Applizieren Sie alle Teile und das Schrägband auf den Hintergrundkreis; formen Sie das Band nach der Vorlage behutsam zu Kreisen und Bogen, und ordnen Sie die Teile wie dort einander überlappend an. Näheres zum Applizieren finden Sie auf den Seiten 38–39.

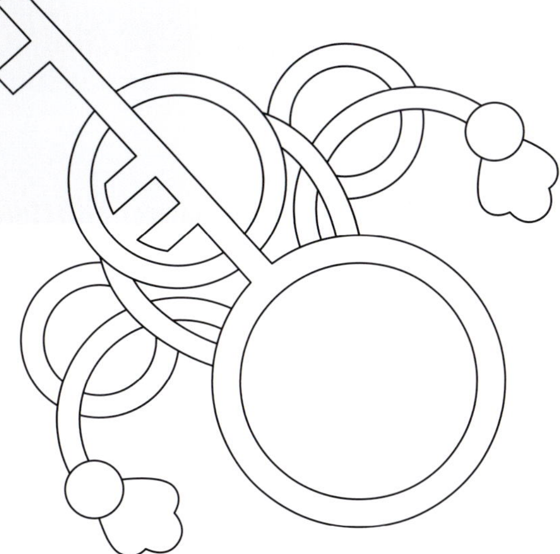

Frisch gemischt

Vorschläge für Blockkombinationen

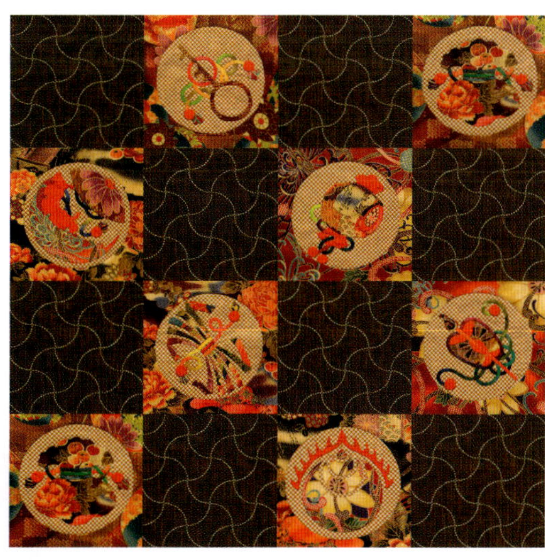

Abbildung oben, von links oben: 8 x Block 84, je 1 x Block 130, 128, 127, 132, 129, 131, 128 und 126.

131 *Gunbai*

(Schiedsrichterfächer)

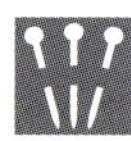
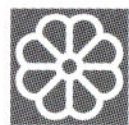

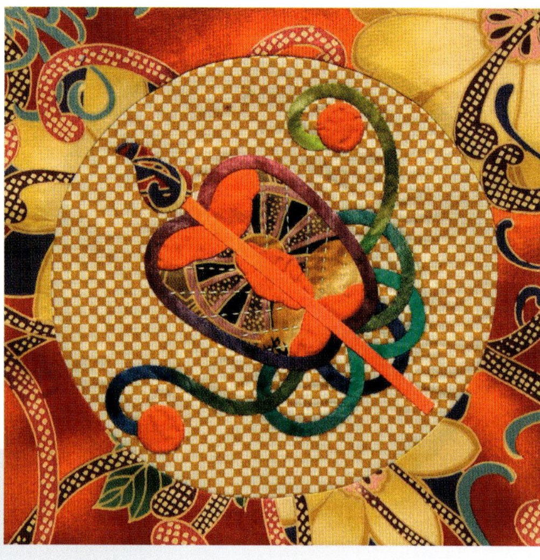

Lassen Sie nach Wunsch den Kreis für den Hintergrund weg, und wählen Sie statt dessen für Hintergrund und Motiv stärker kontrastierende Stoffe. Für Sashiko übertragen Sie das Muster mit Hilfe der Vorlage auf den Hintergrundstoff und sticken dann entlang aller durchgehenden und gestrichelten Linien.

ZUSCHNITT

A 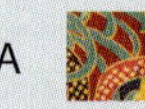 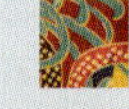

B 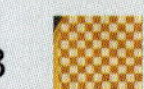

C 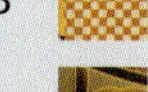 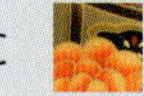

D 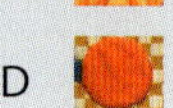 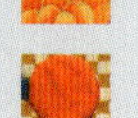

E 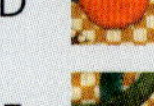

Vergrößern Sie die Vorlage um 150 %, und fertigen Sie die Schablonen für das *takarazukushi*-Motiv an. Schneiden Sie die Stoffteile falls erforderlich zuzüglich Nahtzugaben zu.

- A Ein 19,5 x 19,5 cm großes Quadrat, bei dem in der Mitte ein Kreis von 14 cm Durchmesser herausgeschnitten wurde.
- A Eine Quaste für die Spitze des Fächerstabs.
- B Ein Kreis von 16 cm Durchmesser.
- C Ein Fächer (ein einziges Stoffteil, das links und rechts unter dem Fächerstab hervorragt).
- D Drei Schmuckelemente für den Fächer (jedes von ihnen sollte links und rechts unter dem Fächerstab hervorragen).
- D Zwei kleine Kreise.
- E Etwa 1 m Schrägband zum Aufbügeln, 6 mm breit.

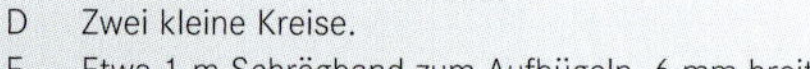

Nähen

Setzen Sie den großen Kreis in das Quadrat ein (Seite 36). Applizieren Sie alle Teile und das Schrägband auf diesen Hintergrundkreis; formen Sie das Band nach der Vorlage behutsam zu Bogen, und ordnen Sie die Teile wie dort einander überlappend an. Schnittkanten, die von einem anderen Teil verdeckt werden, müssen Sie nicht umfalten oder festnähen. Sticken Sie die Details für den Fächer in Vorstich entsprechend der gestrichelten Linien. Näheres zum Applizieren finden Sie auf den Seiten 38–39.

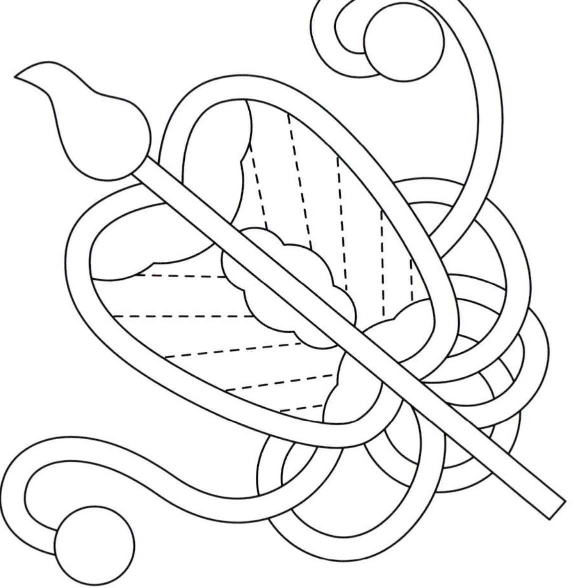

132 *Uchideno kozuchi*

(Zauberschlegel)

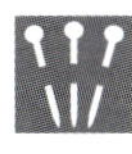

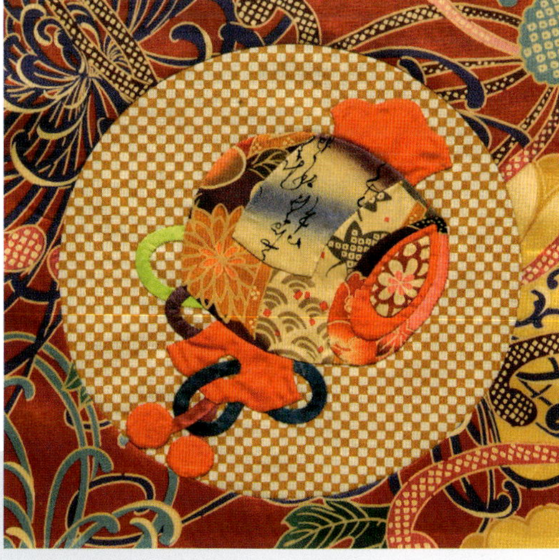

Lassen Sie nach Wunsch den Kreis für den Hintergrund weg, und wählen Sie statt dessen für Hintergrund und Motiv stärker kontrastierende Stoffe. Für Sashiko übertragen Sie das Muster mit Hilfe der Vorlage auf den Hintergrundstoff und sticken dann entlang aller Linien.

ZUSCHNITT

A 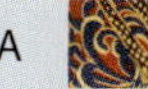

B 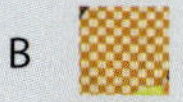

C 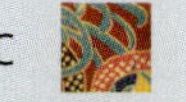

D 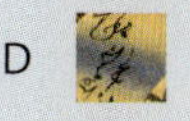

E

F

Vergrößern Sie die Vorlage um 150 %, und fertigen Sie die Schablonen für das *takarazukushi*-Motiv an. Schneiden Sie die Stoffteile falls erforderlich zuzüglich Nahtzugaben zu.

A Ein 19,5 x 19,5 cm großes Quadrat, bei dem in der Mitte ein Kreis von 14 cm Durchmesser herausgeschnitten wurde.
B Ein Kreis von 16 cm Durchmesser.
C Ein Schlegelkopf.
C Zwei Seitenovale für den Schlegel (das größte und das kleinste).
D Eine Mittelabdeckung für den Schlegel.
E Ein Seitenoval für den Schlegel (das mittlere).
E Zwei Schlegelgriffe.
E Zwei kleine Kreise.
F Etwa 60 cm Schrägband zum Aufbügeln, 6 mm breit.

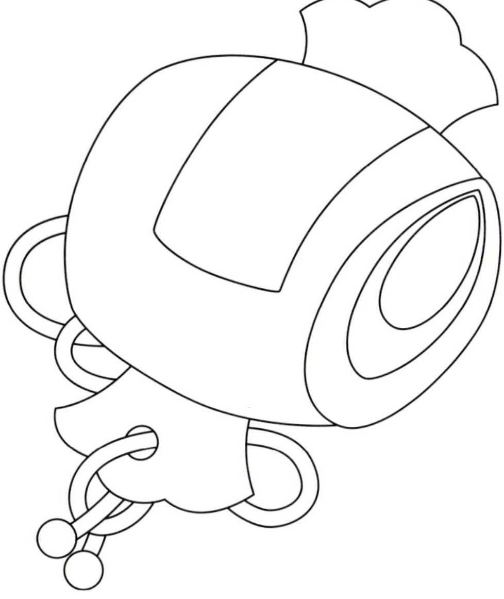

Nähen

Setzen Sie den großen Kreis in das Quadrat ein (Seite 36). Applizieren Sie alle Teile und das Schrägband auf diesen Hintergrundkreis; formen Sie das Band nach der Vorlage behutsam zu Bogen, und ordnen Sie die Teile wie dort einander überlappend an. Bitte beachten Sie, daß ein Teil des Schrägbands durch das Loch im unteren Griff geführt werden muß. Schnittkanten, die von einem anderen Teil verdeckt werden, müssen Sie nicht umfalten oder festnähen. Näheres zum Applizieren finden Sie auf den Seiten 38–39.

Stichwortverzeichnis

Verzeichnis der Blöcke

Die Blöcke sind unter ihrem japanischen Namen verzeichnet, der deutsche Name steht in Klammern. Die japanischen Namen von Patchworkblöcken sind gewöhnlich gedruckt, die von Sashikoblöcken *kursiv*, die von *kamon*-Blöcken **fett** und die von *takarazukushi*-Blöcken ***fett und kursiv***. Die angegebenen Zahlen beziehen sich auf die Seiten, nicht auf die Blöcke.

Allgemeines Stichwortverzeichnis

Bezugsquellen, Literaturhinweise etc.

Bezugsquellen

Materialien für Sashiko erhalten Sie in gut sortierten Fachgeschäften für Patchworkbedarf, aber auch unter folgenden Adressen:

Deutschland

Quiltzauberei
Marschallstraße 9
46539 Dinslaken
Fon: +49 2064 87 79 80
Fax: +49 2064 982 08
info@quiltzauberei.de
www.quiltzauberei.de
Japanische Patchworkstoffe sowie Materialien für Sashiko

Großbritannien
Euro Japan Links Ltd
32 Nant Road, Child's Hill, London NW2 2AT, Großbritannien
Fon: +44 (0)20 8201 9324
eurojapanlinks@aol.com
www.eurojapanlinks.com
Japanische Patchworkstoffe und umfangreiches Sortiment an Materialien für Sashiko (kein Ladenverkauf)

Susan Briscoe Designs
Yamadera
4 Mount Zion
Brymbo
Wrexham LL11 5NB
susan@susanbriscoe.co.uk
www.susanbriscoe.co.uk
Alte japanische Stoffe
(kein Ladenverkauf)

Japanische Kimonos führt:

Kimonos aus Berlin
Anette Maschmann
Zossener Str. 31
10961 Berlin-Kreuzberg
Fon/Fax: +49 30 694 8493
contact@kimono-berlin.de
www.kimono-berlin.de
(Termine nach Vereinbarung)

Literaturhinweise

An Illustrated Encyclopedia of Japanese Family Crests. Graphic-sha Japan Publications, Tokio 2001

Dalby, Lisa: Kimono – Fashioning Culture. Vintage, London 2001

Hibi, Sadao und Niwa, Motoji: Snow, Wave, Pine – Traditional Patterns in Japanese Design. Kodansha International, Tokio 2001

Jackson, Anna: Japanese Country Textiles. V & A Publications, London 1997

Kobayashi, Kazuo: Nippon no Monyo. Nippon Vogue Co., Tokio 1997

Mizoguichi, Saburo: Arts of Japan 1 – Design Motifs. Shibundo, Tokio/Weatherhill, New York 1973

Noma, Seiroku: Japanese Costume and Textile Arts. Heibonsha, Tokio/Weatherhill, New York 1974

Ogikubo, Kiyoko: Kogin and Sashiko Stitch. Kyoto Shoin Co. Ltd, Kyoto 1993

Rathburn, William Jay (Hg.): Beyond the Tanabata Bridge – Traditional Japanese Textiles. Thames and Hudson/Seattle Art Museum, London 1993

Sasakura, Gensho: Tsutsugaki Textiles of Japan. Shikōsha, Kyoto 1987

Yoshida, Eiko: Sashiko Hyakuyo. Bunka Shuppan Kyoku, Tokio 1981

Yoshimoto, Kamon: Traditional Japanese Small Motif. Page One Publishing, Singapur 1993

Danksagung

Ich möchte allen danken, die mir freundlicherweise gestattet haben, ihre Arbeiten im vorliegenden Buch vorzustellen: Diane Abram, Julie-Elizabeth Haslam und verschiedenen Mitgliedern der japanischen Peaceful Heart Quilt Group – Chie Ikeda, Aiko Sakuraba und Yukari Domon sowie Reiko Domon, die mir ihre Werke um den halben Erdball herum zugeschickt haben.

Mein besonderer Dank gilt den Mitarbeitern von Ichiroya, dem japanischen Fachhändler für alte Kimonos, und der japanischen Kimonokünstlerin Izuho Horiuchi für ihre wertvollen Ratschläge in bezug auf *kasuri*-Muster; Nina Conrad von der Firma Clover Euro GmbH für ihre großzügige Versorgung mit farbigem Schrägband zum Applizieren; Michael Oakshott von der englischen Firma Coloursshott für seine herrlichen garngefärbten und handgewebten *Colourshott*-Stoffe für die *meisen*-Blöcke; Carlos Lucero von der amerikanischen Firma Robert Kaufmann Fabrics, der für mich den Stoff für den Rand des Quilts auf Seite 12 ausfindig gemacht hat, sowie der Firma Bernina – meine Nähmaschine vom Typ 153 Quilter's Edition hat Stich für Stich all das perfekt genäht, was ich von ihr verlangt habe.

Last but not least ein herzliches Dankeschön an das ganze Team des Quarto-Verlags, an unseren hervorragenden Fotografen Karl Adamson, von dem die Aufnahmen zu den einzelnen Anleitungsschritten stammen, und an Guy für seine allumfassende Hilfe und Unterstützung.

Widmung

Für meine Quiltlehrerinnen, Val und Reiko.

Bildnachweis